听段法官说维权

段开宏　著

中国农业出版社

图书在版编目（CIP）数据

听段法官说维权／段开宏著．—北京：中国农业出版社，2011.6
ISBN 978-7-109-15638-8

Ⅰ.①听…　Ⅱ.①段…　Ⅲ.①侵权行为-民法-基本知识-中国　Ⅳ.①D923

中国版本图书馆CIP数据核字（2011）第078387号

中国农业出版社出版
（北京市朝阳区农展馆北路2号）
（邮政编码 100125）
责任编辑　周　珊

北京通州皇家印刷厂印刷　　新华书店北京发行所发行
2011年8月第1版　　2011年8月北京第1次印刷

开本：880mm×1230mm 1/32　　印张：10.125
字数：270千字　　印数：1～4 000册
定价：30.00元

导语　用文字建一座法律亲近寻常百姓的桥

十年以前，我曾去法庭旁听过一次，当时怀着好奇的心态去破除神秘感；五年以前，家人遭遇了一次轻微的车祸，当时我已经在学习法律了，但仍不知道维权的路该如何走；现在，我在法院工作，更切身体会到：法律离我们这么近，但离需要它的人却总是那么远。

所以，为了我的父母兄妹，为了我的朋友同学，为了与我素不相识的人，为了日常生活中需要相关法律知识的人，我把我读到的、见到的、想到的内容写下来。我试着架起一座桥，一座随时可以通行的桥，一座成本低廉的桥，它能让法律走近我的亲朋好友，亲近寻常百姓，让大家在平时就努力化解生活中的法律风险。

因为我最初是从“假如我死了”这个节点开始思考的，后来也是沿着这种思路进行写作的，于是给本书命名为《风雨人生之假如我死了》，后来因为出版需要将书名改成《听段法官说维权》，还是让我继续按照当初的思路来说吧。

一、活着真好，好好珍惜！

生命常常是脆弱的。

平平常常的一天，平平常常的一个人，可能被宴会上突然炸裂的啤酒瓶玻璃碎片击中要害而夺走生命（产品缺陷致人损害）；

或被疾驰的汽车撞翻当场毙命（道路交通事故人身损害）；

或因感冒住院被医生误诊导致撒手人寰（医疗损害）；

或因遭受环境污染患上罕见的怪病而撇下白发双亲和孤儿寡母（环境污染损害）；

或在回家途中被突如其来的恶犬咬伤而一命呜呼（饲养动物致人损害）；

或在履行职务过程中葬身山崖（因公殉职）；

或被歹徒从背后敲了一闷棍而命归黄泉（犯罪行为侵害）；

……

世事无常，危险无处不在。因此，我要大声说：生命可贵，好好珍惜！

当我们在路上时，我们是行人或驾驶人；当我们在医院就医时，我们是病人；当我们买牛奶时，我们是消费者；当我们在单位上班时，我们是职工……一旦出了事情，我们面临的不是一个法律问题，而是一大堆法律问题。

也许有人要说：不是还有维权的途径吗？

我明白无误地告诉您：“维权是需要成本的，甚至代价很大并且不一定能成功。事后补救不如事中控制，事中控制不如事前预防——降低风险是最好的维权！”

我们处理的事情一般可以分为重要的事情和紧急的事

情。大多数人做事情都是以压力为导向的，压力之下，总觉得非要先做紧急的事情，而忽视了实质上更为重要的事情。比如治病是紧急的事情，而锻炼身体则是重要的事情，如果不锻炼身体保持健康，就会常常因为病痛而烦恼。同样，事前预防虽然不如事后补救紧急，但却更为重要，如果不注重事前降低风险，等受到损害时再亡羊补牢，则只能是退而求其次了。正因为如此，本书始终突出了一个理念——“首先要降低风险，其次是依法维权”。

生活中存在很多风险，是冒险还是避险？您心中可能有一个初步答案了。

二、本书的用法

闲时备下忙时用，忙时用来不被动。《听段法官说维权》这本书，可以作为家中常备书之一。这本书应当平时有空就读读，而不要等到权利被侵害时才来读。什么样的态度决定什么样的生活，平时积累一些法律知识，可以帮您避开不少危险，也能帮您在遇到问题的时候不至于慌乱无措。

法律给大家的印象是“枯燥”，而我追求的阅读感受却是“轻松”。因此，我试图用具有初中学力的普通百姓能够读懂的语言，选择普通人能够见到、想到、基本上能够做到的内容来写。除了引用法条外尽量用短句，并且对相关的法律原理不作过深的探究。我用简洁的话语引导您在浩如烟海的法律条文中，找到相关的法律规定，因为我想，普通的读者只要能略知三四即可，要想深入学习还得找更为专业的书籍。

除了法律以外，书中还穿插了不少小案例、小故事，因为用故事来讲道理是人们最喜闻乐见的形式。顺便说一下，除部分真实事件外，书中涉及的事例、人名等均为虚构，若有雷同，纯属巧合，请勿对号入座。此外，其间还加了些我的生活经验和想法，难免有失偏颇，但我的目的只有一个：实用。

在结构上，本书的最大看点在于：横向联系。以人生演进为经，重点讲述《侵权责任法》；以权益维护为纬，横跨实体法和程序法。将生活中常见的侵权行为及维权活动，用浅近的述说方式进行囊括；将散见于不同法律文件中的相关规定横向联系起来。在众多的法律条文支撑下，让各种法律制度以丰满和充实的姿态呈现在您面前，使您能够较为全面地把握相关的法律制度，使人生面临的风险、拥有的实体权利和维权之道紧密联系。这虽然比不上单独就某一种侵权行为进行维权的书籍那么专业，但可能会更实用。说得再具体一些：

1. 实体权利和维权程序横向联系

授人以鱼不如授人以渔，除了让大家知道我们有哪些权利，还要让大家知道如何来实现这些权利，让写在纸上的权利较为轻松地变为现实的利益。因此，本书在内容和写法上都与别的“重实体法轻程序法、实体法与程序法分离”的普法书籍不一样。为了更贴近读者需求，写作过程中我虚拟了一个“权利受侵害者”的角色，结合自己在法院审理案件的见闻，引导这位“受害者”在遭受人身损害后，以正确的途径和方法依法维权。“降低您的风险”是最好的维权，我引导您尽量化解人生面临的各种风险，维护好自己的合法权益，使其不受到侵害；当您的权益受到损害时，“维权专列”承载着您在时间、空间与法律之间穿梭，其间既有相关的实体权利告知，也有维权方法特别是维权的合法程序引导。

2. 小标题罗列，方便查找

本书通过展示人生旅程可能面临的风险，将一些与普通百姓息息相关的法律规定罗列出来，并标注了通俗易懂的小标题，方便查找。而附录中的“本书涉及的法律文件索引”可以引导您到书店或网络上进一步查找相应的法律规定。如果您发现不同法律文件规定的内容不同以及有其他疑问，在本书第一章的“法律适用规则”专题中可能会有您要的答案。如果您读了本书仍然有不懂的地方，您可以继续查询相应资料，律师或法官肯定是可以帮您释疑解难的。忠告：不自以为是，多向智者、勇者、能者请教。

作为母亲，想让孩子平安降生，还想把孩子养好，更希望这个孩子是个有用的人。像母亲一样，我想让本书有用、可用，让人能看明白。在写作时，我力求表达出我的意图，但笔总是不听使唤，其真实原因在于自身的根底太浅，所以力不从心。虽然力不从心，但我还是以耕田的牛的韧劲，倔强地、努力地将它写出来，只为一个目的：让您在平时注意降低生活中的风险，在权利受到损害时，能通过合法的程序有效地维权。

当然，一本书不可能解决人们生活中的诸多问题。本书如果能够启迪您去思考自己的权利、督促您去了解法律规定、读完后提高了您的法律意识，知道可以从哪些方面去进一步查找资料和寻求帮助，也就完成了它的使命了。

简言之，本书的生命在法律，重点在维权，着力点在浅显。我选择：对您晓之以理、动之以情、导之以行并持之以恒。

还得说说我的立场。也许在您看来，我的立场有问题。因为我总是站在受害者的角度，站在法院审理案件的角度，也就无法更多地顾及侵权人的利益，无暇顾及行政处理程序以及其他。我站错了没关系，在实际案件中，您还可以查阅资料、咨询律师，用法律武器维护您的合法权益。

生活不是为了掌握法律，但学习法律是为了更好地生活，在生活中学习法律，给自己当法律顾问；法治的最高层次是一种信念，一切法律的基础，应该是对人的价值的尊重。我想，您读了这本书，有可能将法律作为您的一种信仰。

怎一个“用”字了得！

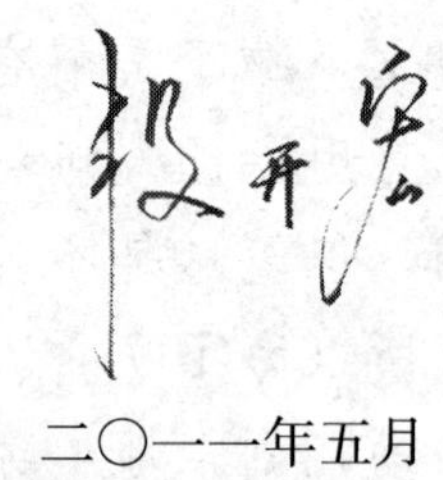

二〇一一年五月

目录

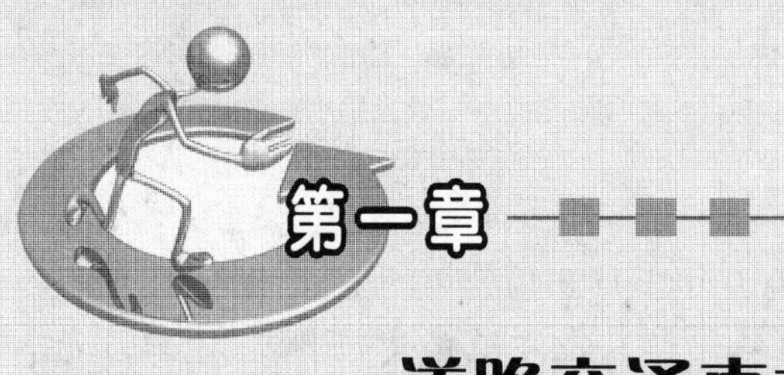

第一章 道路交通事故损害维权

导读：

车祸猛于虎！我就由此说起吧。首先，不想充当“事后诸葛亮”的开宏，会向您唠叨一些您认为是杞人忧天的话题——降低发生交通事故的风险。

如果发生交通事故又该怎么办呢？在“维权专列”中介绍了在交通事故现场的处理程序、事后如何索赔及如何采用诉讼方式进行维权。有关民事诉讼程序的问题，除了在本章有所涉及，在最后一章中我还会详细说到，阅读时请多加关注。

车祸猛于虎!

公安部交通管理局2010年1月9日公布的2009年全国道路交通事故情况显示：2009年，全国共发生道路交通事故238 351起，造成67 759人死亡、275 125人受伤，直接财产损失9.1亿元，全国万车死亡率为3.6%。

“车祸”就在我们身边。2010年的某天，我在街上行走，走了大约300米的距离，就亲眼目睹了三起交通事故，其中一个还是我认识的人。值得庆幸的是，并未造成人员伤亡。2010年4月14日，西双版纳正在举行盛大的“东方狂欢节”——泼水节，车祸就发生在我身上了，当然，这次没有致我于死地——只是轻微受伤。

降低您的风险

“首先要降低风险，其次是依法维权。”这是我将要反复强调的一个观点。在生活中，我们如何来降低所面临的风险呢?

发生突如其来的事故，哭作一团是没有用的，请您把不满和怨气放在一边，您需要沉着、冷静，在办事时要讲究策略、方法和技巧。头脑要清醒，一切都要有分寸，任何时候都不能失去思考力和行动力。

要注意交通事故的现场维护，即使抢救伤员，也要将伤者的位置用画线的方法固定下来。此外，一定要将肇事车辆的外形和车牌号码等信息记下来。

抢救受伤人员时，受伤人员及其家属要相信医生的医德、技术和能力，但也要看医疗机构是否具有资质、医生的抢救方案是否明显失当，看清医生出具的病情证明是否全面，受伤的部位是否全部罗列，护理人数和休息天数是否明确。

树立生命健康权大于财产权的意识，从一开始就要把自己的风险降到最低，不要指望等到权利被侵害时来维权——安全永远比维权更重要。

1. 人人都遵守交通法规，这是降低风险一个很好的途径

开车无难事，只怕有新人！公共道路不是我家的，路上不止我一人。开车和走路都要小心，因为酒后驾驶、无证驾驶、疲劳驾驶等情况很常见。因而我们作为驾驶人、乘车人或行人，时时处处小心谨慎为上。不要抱怨别人不礼让自己，首先要审视一下自己有没有礼让别人。相关的要求在《中华人民共和国道路交通安全法》（以下简称《道路交通安全法》）第三十八条、第四十四条、第四十七条、第五十一条、第六十一条、第六十二条、第六十四条等条文中有明确规定。

驾驶人在考机动车驾驶资格时，一定会学习相应的法律及驾驶理论，在此不再多说。行人走路也是有要求的，是要讲学问的，行人通过路口或者横过道路，应当走人行横道或者过街设施；通过有交通信号灯的人行横道，应当按照交通信号灯指示通行；通过没有交通信号灯、人行横道的路口，或者在没有过街设施的路段横过道路，应当在确认安全后通过。《道路交通安全法》第六十二条对行人的行为进行了规定。无民事行为能力人及其他需要帮助的人得好好照顾，包括走路也得小心照看。走路不遵守交通规则，给自己带来危险不说，维权时也会处于不利地位。

据说中国高速公路的里程已经名列世界第三，可见驾驶人和乘车人基本上无法回避高速公路，现在如此，今后更是。在高速公路上发生故障时如何应急，这是我们应当早知道的问题。根据《道路交通安全法》第六十八条规定，机动车在高速公路上发生故障时：①警告标志应当设置在故障车来车方向一百五十米以外；②车上人员应当迅速转移到右侧路肩上或者应急车道内。

2. 发生事故：既报警，又救人

事发现场，临危不惧！这个可以有，但很多人真没有，因为平时缺乏这样的心理准备和知识能力储备。看来，平时进行预警和应急演练是有必要的。

3. 做一个能干的乘客

很多时间我们是乘客，就此，我想多说几句。“摩的”就不要乘坐了！“摩的”，就是用摩托车载人收费的现象，这种现象在城市和农村都有。因为“摩的”逃避监管，常常是无驾驶证、无行驶证、无保险，驾驶摩托的人往往经济承受能力也很有限，因此，乘坐“摩的”，不仅危险，一旦发生问题也很难索赔。除了“摩的”，您肯定还有别的选择。

即使乘汽车，也要多长个心眼。在城里，有固定的车站，在乡下，路旁有固定的站点，这些地方是专门供人乘车的地方；索要并保管好车票，这就是您与营运车辆或运输公司之间的书面合同；记住您所乘坐车辆的车牌号码、公司名称，出租车司机的姓名和工号也应当留意，并当着司机的面用电话或短信方式告知您的至亲好友。如果造成损失，您才知道与谁交涉，才知道谁是被告。还可以关注一下车辆的营运资格、车况、检验标志、保险标志。乘车时，关注一下车辆是否超载了、车上是否有易燃易爆等违禁物品……如果您乘坐的车辆确实存在危险，您可以选择换乘、与乘务员交涉或报警等等，以降低您的风险。

您去乘车，其实是一个合同行为，这是您与运输公司之间签订了一个客运合同。乘出租汽车时，往往是招手即停，双方意思表示一致时，运输合同就成立了，当您上车时，对方就开始履行合同了，当司机将您送到目的地您付钱后，合同已经履行完毕了。相关的内容在《中华人民共和国合同法》（以下简称《合同法》）第二百八十八条、第二百九十条、第二百九十一条、第二百九十三条中有规定。确因有事要取消行程，您得及时退票，这是根据《合同法》第二百九十五条规定可知的。

您的行李须经过安检。说到安检，我想到电影《人在囧途》中搞笑的场面，主人公上飞机前将一大罐新鲜牛奶当场喝得精光；我还听说一个同事的家人，为了能过安检，将携带的一瓶家乡特产白酒一口气喝掉的。易燃、易爆、有毒、有腐蚀性、有放射性以及有可能危及运输工具上人身和财产安全的危险物品或者其他违禁物品，也自然在禁运之列，旅客不得随身携带或者在行李中夹带。这是《合同法》第二百九十七条和《道路交通安全法》第六十六条等法律条文中规定了的。

维权专列

假如发生交通事故，该怎么办？

一、交通事故现场

交通事故往往会发生在公路、城市道路和广场、公共停车场等用于公众通行的场所，惊心动魄的交通事故中涉及很多法律问题。

1. 您在交通事故现场

如果您在交通事故现场，您必须临危不惧：要应激适当，要有沉着、勇敢、坚强的心理素质和较强的具体办事能力，比如体力好、能够指挥协调、善于求助等。

首先要记住肇事车辆的车牌号码。客车、小轿车、摩托车的车身前后均各有一块车号牌，在货车的尾部车厢上还有放大号。您甚至可以用小石子写在地上或用笔写在纸上、钞票上或衣服上；情急之下，您可以咬破手指，用鲜血将其记录在事故现场；手机的照相功能这时就能很好地发挥作用——把它照下来。

立即拨打急救电话：120。

立即拨打报警电话：110。

沉着！冷静！报警时一定要说清楚事故地点，伤亡情况、车辆类型等，这样才方便医务人员和警察及时有效地施救。

《道路交通安全法》第七十条第一款　在道路上发生交通事故，车辆驾驶人应当立即停车，保护现场；造成人身伤亡的，车辆驾驶人应当立即抢救受伤人员，并迅速报告执勤的交通警察或者公安机关交通管理部门。因抢救受伤人员变动现场的，应当标明位置。乘车人、过往车辆驾驶人、过往行人应当予以协助。

如果您是驾驶人，保护现场是您的法定义务。此外，驾驶人必须在确保安全的原则下，立即组织车上人员疏散到路外安全地点，避免发生次生事故，这是《道路交通事故处理程序规定》第九条的规定。

乘车人和行人也应当协助。驾驶人已因道路交通事故死亡或者受伤无法行动的，车上其他人员应当自行组织疏散。

世界需要热心肠，面对鲜活的生命，您不能冷眼视之，得用您的急救常识对伤者施救。但请注意，抢救受伤人员变动现场的，应当标明位置，这个事发现场很重要，警察将对其进行拍照、绘图、制作勘查笔录等，这些将成为事后维权的证据。

如果肇事者跑了，这就麻烦了，以后的维权之路就会更为艰辛。《道路交通安全法》第七十一条规定，事故现场目击人员和其他知情人员应当向公安机关交通管理部门或者交通警察举报逃逸者。如果您在现场，您得注意并记清肇事车辆的车型、颜色、特征及其逃逸方向、逃逸驾驶人的体貌特征等有关情况，帮助警察获取破案的线索。

2. 交警来到现场

交警来到现场，根据不同的情况，一般要做以下事情：抢救受伤人员、扣留事故车辆、拍摄现场照片、绘制现场图、提取痕迹、物证、制作现场勘查笔录、现场摄像、恢复交通等。您可以将您所见到和听到的告诉警察，也可以看看警察的行为是否适当。

《道路交通安全法》第七十二条　公安机关交通管理部门接到交通事故报警后，应当立即派交通警察赶赴现场，先组织抢救受伤人员，并采取措施，尽快恢复交通。

交通警察应当对交通事故现场进行勘验、检查，收集证据；因收集证据的需要，可以扣留事故车辆，但是应当妥善保管，以备核查。

对当事人的生理、精神状况等专业性较强的检验，公安机关交通管理部门应当委托专门机构进行鉴定。鉴定结论应当由鉴定人签名。

根据《道路交通事故处理程序规定》第二十四条的规定，交警完成相关的“规定动作”后，会将“现场图”、“现场勘查笔录”等让当事人或者见证人签名。注意，让您签名时，您可以大致浏览一下相关的重要内容，做到心中有数。关于签名的问题，后面还会提到。

《道路交通安全法》第七十五条　医疗机构对交通事故中的受伤人员应当及时抢救，不得因抢救费用未及时支付而拖延救治。肇事车辆参加机动车第三者责任强制保险的，由保险公司在责任限额范围内支付抢救费用；抢救费用超过责任限额的，未参加机动车第三者责任强制保险或者肇事后逃逸的，由道路交通事故社会救助基金先行垫付部分或者全部抢救费用，道路交通事故社会救助基金管理机构有权向交通事故责任人追偿。

救死扶伤是医疗机构的职责，不得因抢救费用未及时支付而拖延救治受伤人员。保险公司承担相应的赔偿责任是法定的，保险公司得拿钱来医治。当然，如果医疗机构和保险公司未履行相应的义务，您得想办法让受伤者得到救治，这时银行信用卡就能起到很好的作用，有余额当然更好，没有也没关系，可以透支。

将怨气深埋心里，将证据紧握手中，把伤者妥善安置后，再去找他们算账也不迟。因为医治伤者和维权都需要较长的时间，您得从长计议。眼前，会有一大摊子事等着您去处理，其中有不少的法律事务。作为一个普通百姓，您可能对这些法律事务很生疏，可能也没有足够的时间、财力或精力来应付，这时您可以委托一名亲友或法律专业人士作为代理人，帮您办理这些事。具体可参看第九章“诉讼代理和法律援助”专题关于委托代理的有关知识。

二、交通事故认定书及其复核

在现场勘查结束、恢复交通后，交警就会撤离。您也不能一直在现场呼天抢地，您也得离开，因为处理事故需要一段时间。

1. 检验、鉴定及其他

在处理交通事故的过程中，您必须要有耐心，您可以与交警通过适当的方式进行联系和沟通，比如互留电话等，以免您经常跑到交警大队去问情况。

《道路交通事故处理程序规定》第三十七条 需要进行检验、鉴定的，公安机关交通管理部门应当自事故现场调查结束之日起三日内委托具备资格的鉴定机构进行检验、鉴定。尸体检验应当在死亡之日起三日内委托。

对现场调查结束之日起三日后需要检验、鉴定的，应当报经上一级公安机关交通管理部门批准。

对精神病的鉴定，应当由省级人民政府指定的医院进行。

检验和鉴定的时间可能会比较长，并且还可能会产生检验和鉴定费用。据《道路交通事故处理程序规定》第三十八条规定，公安机关交通管理部门应当与检验、鉴定机构约定在二十日内完成检验、鉴定，若超过二十日的报经上一级公安机关交通管理部门批准，且最长不得超过六十日。

如果须进行尸体检验的，《道路交通事故处理程序规定》中有要求：不得在公众场合进行。需要解剖尸体的，应当征得其家属的同意。检验尸体结束后，应当书面通知死者家属在十日内办理丧葬事宜。无正当理由逾期不办理的应记录在案，并经县级以上公安机关负责人批准，由公安机关处理尸体，逾期存放的费用由死者家属承担。

您能够见到书面检验、鉴定报告，注意：报告应当由检验、鉴定人签名并加盖机构印章。检验、鉴定报告应当载明以下事项：①委托人；②委托事项；③提交的相关材料；④检验、鉴定的时间；⑤依据和结论性意见，通过分析得出结论性意见的，应当有分析过程的说明。如果您作为当事人对检验、鉴定结论有异议的，可以在公安机关交通管理部门送达之日起三日内申请重新检验、鉴定。重新检验、鉴定应当另行委托检验、鉴定机构或者由原检验、鉴定机构另行指派鉴定人。重新检验、鉴定以一次为限。

检验、鉴定结论确定后，交警应当根据《道路交通事故处理程序规定》第四十四条的规定，在检验、鉴定结论确定之日起五日内，通知当事人领取扣留的事故车辆、机动车行驶证以及扣押的物品。如果肇事者是外国人，除了以上规定以外，还有诸如“限制其出境”的规定。这在《道路交通事故处理程序规定》第六十九条有规定。

公安机关交通管理部门应当向您告知在处理道路交通事故中的权利和义务。如果对方不配合处理，您最好申请诉前财产保全。关于诉前财产保全问题在后面的第九章“财产保全和先予执行”专题中会说到。

2. 交通事故认定书

经交警处理的交通事故都会有道路交通事故认定书。

《道路交通安全法》第七十三条　公安机关交通管理部门应当根据交通事故现场勘验、检查、调查情况和有关的检验、鉴定结论，及时制作交通事故认定书，作为处理交通事故的证据。交通事故认定书应当载明交通事故的基本事实、成因和当事人的责任，并送达当事人。

道路交通事故认定书很重要，它直接影响到肇事方的责任，包括刑事责任、行政责任和民事赔偿责任。正因为交通事故认定书重要，如果交警有可能不公正，您可以申请其回避，《道路交通安全法》第八十三条对此作了规定，但实际操作起来可能有一定难度，因为您需要找到其回避的法定理由。

交警认定交通事故当事人责任大小的标准是：事故中的原因力和过错程度。交通事故责任划分为全部责任、主要责任、同等责任、次要责任和无责任几种类型。

《道路交通事故处理程序规定》第四十六条　公安机关交通管理部门应当根据当事人的行为对发生道路交通事故所起的作用以及过错的严重程度，确定当事人的责任。

（一）因一方当事人的过错导致道路交通事故的，承担全部责任；

（二）因两方或者两方以上当事人的过错发生道路交通事故的，

根据其行为对事故发生的作用以及过错的严重程度，分别承担主要责任、同等责任和次要责任；

（三）各方均无导致道路交通事故的过错，属于交通意外事故的，各方均无责任。

一方当事人故意造成道路交通事故的，他方无责任。

省级公安机关可以根据有关法律、法规制定具体的道路交通事故责任确定细则或者标准。

制作和送达交通事故认定书是有时间限制的，交警不能一拖再拖。但，根据不同的事故情形，交警采取的工作方式也不一样，有时需要您的配合。

《道路交通事故处理程序规定》第四十七条　公安机关交通管理部门应当自现场调查之日起十日内制作道路交通事故认定书。交通肇事逃逸案件在查获交通肇事车辆和驾驶人后十日内制作道路交通事故认定书。对需要进行检验、鉴定的，应当在检验、鉴定结论确定之日起五日内制作道路交通事故认定书。

发生死亡事故，公安机关交通管理部门应当在制作道路交通事故认定书前，召集各方当事人到场，公开调查取得证据。证人要求保密或者涉及国家秘密、商业秘密以及个人隐私的证据不得公开。当事人不到场的，公安机关交通管理部门应当予以记录。

这里提到了证据，这一点很重要。此处只是提醒您要具备证据意识，其他的暂不多说，后面会专门讲到，请注意参看。

逃逸交通事故尚未侦破的，经交警处理后，受害一方当事人也可以要求交警出具交通事故认定书，这在《道路交通事故处理程序规定》第四十九条有规定。

3. 交通事故认定书的复核

拿到道路交通事故认定书后，您要仔细阅读，如果其中有重大疏漏或错误，您可以申请复核。

《道路交通事故处理程序规定》第五十一条　当事人对道路交通事故认定有异议的，可以自道路交通事故认定书送达之日起三日内，向上一级公安机关交通管理部门提出书面复核申请。

复核申请应当载明复核请求及其理由和主要证据。

我杜撰了一篇交通事故复核申请书的样本，您可以参看一下。

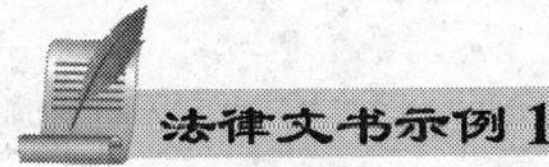

交通事故复核申请书

申请人白娘子，女，1977 年 7 月 7 日出生，汉族，云南省景洪市人，现住景洪市国营景洪农场×分场×队×号，公民身份号码53280119770707××××。联系电话：133××××1111，电子邮箱：kaihong909@163. com。系神舟号 WH100 型普通二轮摩托车的驾驶人段开宏之妻。

被申请人张果老，男，1977 年 7 月 7 日出生，傣族，云南省景洪市人，系景洪市勐养镇×××村民委员会××村民小组村民，现住该村小组 004 号，公民身份号码 53280119770707××××。联系电话：136××××6666。系云 K666×6 号毛驴牌中型自卸货车的驾驶人。

复核请求

请求依法撤销景洪市公安局交警×大队 2010 年 11 月 11 日作出的景公交×认字［2010］第×111 号道路交通事故认定书，并重新认定被申请人张果老承担事故主要责任，摩托车的驾驶人段开宏承担事故次要责任。

事实与理由

申请人于 2010 年×月×日收到景洪市公安局交警×大队 2010 年 11 月 11 日作出的景公交×认字［2010］第×111 号道路交通事故认定书，对道路交通事故认定有异议，现依据《中华人民共和国道路交通安全法》和《道路交通事故处理程序规定》提出复核申请。

2010 年 10 月 10 日 10 时 10 分，段开宏驾驶未登记的神舟号 WH100 型普通二轮摩托车，搭乘乘车人小龙女，从景洪市×××岔路口驶进景大公路时，与由北向南行驶的被申请人张果老驾驶的云 K666×6 号毛驴牌中型自卸货车，在景大公路 K33＋999M 交叉路口处发生侧面相撞，造成段开宏与小龙女两人受伤后经医院抢救无效死亡的道路交通事故。

第一、被申请人张果老驾驶的云 K666×6 号毛驴牌中型自卸货车有严重超速行为，此行为在交通事故认定书中并未体现。在关于云 K666×6 号毛驴牌中型自卸货车车速鉴定结论中交警部门鉴定结论为 90 公里，而实际上该路口限速 40 公里，被申请人超速 50 公里，其超速行为违反了《中华人民共和国道路交通安全法》第四十二条规定的：机动车上道路行驶，不得超过限速标志标明的最高时速。在没有限速标志的路段，应当保持安全车速。由此可见，仅这一行为，被申请人就应当依法承担主要责任。

第二，交通事故认定书认定被申请人张果老的行为构成交通肇事后逃逸是正确的，但依此认定被申请人承担同等责任是与法律规定相背离的。《中华人民共和国道路交通安全法实施条例》第九十二条规定的发生交通事故后当事人逃逸的，逃逸的当事人承担全部责任。但是，有证据证明对方当事人也有过错的，可以减轻责任。申请人考虑到摩托车驾驶人段开宏也有违法行为，愿意承担次要责任，但主要责任必须由被申请人张果老承担。

综上所述，根据《道路交通安全法实施条例》第九十一条的规定，交通事故责任认定原则是“当事人的行为对发生交通事故所起的作用以及过错的严重程度”。景洪市公安局交警×大队作出的景公交×认字［2010］第×111 号道路交通事故认定书，对事故责任的认定与事实不相符，申请人请求上级公安机关本着实事求是、客观公正的执法理念，依法撤销景洪市公安局交警×大队作出的景公交×认字［2010］第×111 号道路交通事故认定书，对本起事故重新作出责任认定。

此致

西双版纳傣族自治州公安局交警支队

申请人（签名）：

年　　月　　日

附：1. 现场照片 5 张；

2. 鉴定复印件2份。

爱心提醒

1. 您对道路交通事故认定有异议的，应当在自收到道路交通事故认定书之日起三日内，向上一级公安机关交通管理部门提出书面复核申请，并提交相应的证据。

2. 在复核期间，您不要去法院起诉，因为任何一方一旦就该事故向人民法院提起诉讼并经法院受理，公安机关交通管理部门的复核程序就会终止。

3. 开宏一家之言，模仿时请谨慎。

但有些情形是无法启动复核程序的。

《道路交通事故处理程序规定》第五十二条　上一级公安机关交通管理部门收到当事人书面复核申请后五日内，应当作出是否受理决定。有下列情形之一的，复核申请不予受理，并书面通知当事人。

（一）任何一方当事人向人民法院提起诉讼并经法院受理的；

（二）人民检察院对交通肇事犯罪嫌疑人批准逮捕的；

（三）适用简易程序处理的道路交通事故；

（四）车辆在道路以外通行时发生的事故。

公安机关交通管理部门受理复核申请的，应当书面通知各方当事人。

第四项中的“道路”，请注意其法定含义：《道路交通安全法》第一百一十九条特别指出，“道路”是指公路、城市道路和虽在单位管辖范围，但允许社会机动车通行的地方，包括广场、公共停车场等用于公众通行的场所。不光是“道路”在法律中的含义与您的理解可能有出入，别的法律用语也会与生活中的语义有不一致的地方，您得注意这一点。

当交警的交通事故责任认定尘埃落定后，接下来就是法律责任问题，这就涉及您可以通过哪些途径来解决纠纷，这个问题在第九章“选择对您有利的途径解决纠纷”专题中会讲到，请注意参看。

解决纠纷的途径是多元的，在发生交通事故后，您可以请求公安机关交通管理部门调解，因为请求交警调解是主张交通事故损害赔偿的一种合法有效的途径。

4. 交警依法调解

《道路交通安全法》第七十四条　对交通事故损害赔偿的争议，当事人可以请求公安机关交通管理部门调解，也可以直接向人民法院提起民事诉讼。

经公安机关交通管理部门调解，当事人未达成协议或者调解书生效后不履行的，当事人可以向人民法院提起民事诉讼。

如果受害人命大，没有死亡，则他可以亲自参加或者委托别人参加调解。如果受害人死亡，则由他的近亲属参加调解。具体的人员范围，在后面“谁可以作原告”专题中会详细讲述，请注意参看。

注意请求调解的时间，应当在收到道路交通事故认定书或者维持认定书的复核结论之日起十日内提出书面申请。具体的时间安排、操作程序等您可以通过电话与交警沟通。

在交警的主持下，您得派出代表参加谈判，这次您得派出一些懂理懂法、能说会道的得力干将去，这些人在适当的时候就能帮您权衡利弊并出谋划策，对您维权有利，当然您也可以单刀赴会以显示您的英雄本色。

《道路交通事故处理程序规定》第六十三条　参加损害赔偿调解的人员包括：

（一）道路交通事故当事人及其代理人；

（二）道路交通事故车辆所有人或者管理人；

（三）公安机关交通管理部门认为有必要参加的其他人员。

委托代理人应当出具由委托人签名或者盖章的授权委托书。授权委托书应当载明委托事项和权限。

参加调解时当事人一方不得超过三人。

调解过程是利益博弈的过程，您得做好充分的心理准备和知识准备，比如：您的一些权利和义务，您对赔偿数额的期望值是多少，法律规定的赔偿项目和赔偿标准如何，您能够让步到什么程度，如果谈不好怎么办……相关的内容在后面会说到，请注意参看。这里先简单地说说相关主体承担赔偿责任的顺序。

《中华人民共和国侵权责任法》（以下简称《侵权责任法》）第五十三条　机动车驾驶人发生交通事故后逃逸，该机动车参加强制保险的，由保险公司在机动车强制保险责任限额范围内予以赔偿；机动车不明或者该机动车未参加强制保险，需要支付被侵权人人身伤亡的抢救、丧葬等费用的，由道路交通事故社会救助基金垫付。道路交通事故社会救助基金垫付后，其管理机构有权向交通事故责任人追偿。

《道路交通安全法》第七十六条　机动车发生交通事故造成人身伤亡、财产损失的，由保险公司在机动车第三者责任强制保险责任限额范围内予以赔偿；不足的部分，按照下列规定承担赔偿责任：

（一）机动车之间发生交通事故的，由有过错的一方承担赔偿责任；双方都有过错的，按照各自过错的比例分担责任。

（二）机动车与非机动车驾驶人、行人之间发生交通事故，非机动车驾驶人、行人没有过错的，由机动车一方承担赔偿责任；有证据证明非机动车驾驶人、行人有过错的，根据过错程度适当减轻机动车一方的赔偿责任；机动车一方没有过错的，承担不超过百分之十的赔偿责任。

交通事故的损失是由非机动车驾驶人、行人故意碰撞机动车造成的，机动车一方不承担赔偿责任。

顺便提下一下，上述法条中所说的“机动车强制保险”与“机动车第三者强制保险”是同一同事。可见，承保交通事故强制保险的保险公司应当首先承担赔偿责任。事实上，很多保险公司不愿意参加调解，也不愿意对事故双方达成的调解协议进行理赔，甚至连法院生效的调解书也敢怠慢。当您了解到这一点后，您在参加交警主持的调解时，您得多长个心眼啊。

《道路交通事故处理程序规定》第六十五条　交通警察调解道路交通事故损害赔偿，按照下列程序实施：

（一）告知道路交通事故各方当事人的权利、义务；

（二）听取当事人各方的请求；

（三）根据道路交通事故认定书认定的事实以及《中华人民共和国道路交通安全法》第七十六条的规定，确定当事人承担的损害赔偿责任；

（四）计算损害赔偿的数额，确定各方当事人各自承担的比例，人身损害赔偿的标准按照《最高人民法院关于审理人身损害赔偿案件适用法律若干问题的解释》规定执行，财产损失的修复费用、折价赔偿费用按照实际价值或者评估机构的评估结论计算；

（五）确定赔偿履行方式及期限。

请注意，交警调解适用的法律与法官适用的法律是完全一致的，说这话的意思是，处理结果应当是一致的，不能因为处理的机关不同而出现不同的结果，特别是针对保险公司的赔偿问题。

如果调解达成了协议，交警会当场制作道路交通事故损害赔偿调解书，由各方当事人签字，分别送达各方当事人。调解书应当载明的内容在《道路交通事故处理程序规定》第六十六条有规定。您在签名前一定要对调解书中的内容了解清楚，如果您认为有不清楚的地方，或者与您表达的意思不一致的地方，应当及时提出与对方协商。当您认为调解书的内容与您的意见一致时，您就可以签名确认了。

如果经调解未达成协议的，交警应当终止调解，制作道路交通事故损害赔偿调解终结书送达各方当事人。

特别提醒：您签名和捺印前，要认真过目审查相关的内容，确信自己已经理解了并认可相应的文字内容，然后再签名。草率地在一些重要文件（如协议书等）上的签名，可能导致您今后处于不利的状态。还要注意不要在空白纸上随意签名，这可能被居心叵测的人恶意利用。如果草率签名，事后又说“我不懂”、“不识字”、“我不知道内容”、“因为当时天快黑了，我就急匆匆地签字了”……您不觉得这些理由是多么苍白无力吗？

任何人不得以不知法来对抗法律。

如果交警在调解时已经明白无误地告诉了您《道路交通安全法》第七十六条的规定，而且说明了他方应承担的责任，而您仍然签订了内容对您不利的协议，即便今后您起诉到法院，法官也会认为您当时是自愿放弃了相应的赔偿权利，如果是这样的话，您就此维权成功的可能性就比较小了。

讲到这里该结束了吧？如果您顺利拿到赔偿款，到这里就结束了；如果对方一毛不拔，这索赔之路才刚刚开始呢。

我知道，您想获得赔偿快似一阵风。我忠告，那不是维权，那是做梦。

三、索赔：您得有证据

首先必须得了解一下您可以获得哪些赔偿吧，不然您自己都是一头雾水，怎么去维权呢？

《侵权责任法》第十六条　侵害他人造成人身损害的，应当赔偿医疗费、护理费、交通费等为治疗和康复支出的合理费用，以及因误工减少的收入。造成残疾的，还应当赔偿残疾生活辅助具费和残疾赔偿金。造成死亡的，还应当赔偿丧葬费和死亡赔偿金。

医疗费、护理费、交通费等为治疗和康复支出的合理费用，误工费、残疾生活辅助具费和残疾赔偿金，或者丧葬费和死亡赔偿金。只有这些吗？

1. 可以获得哪些赔偿呢

我们仔细来看看《侵权责任法》第十六条。医疗费……残疾赔偿金、丧葬费和死亡赔偿金，这些是人身方面的损失，应当赔偿。并且，根据《侵权责任法》第十七条规定，不论您是农民还是工人，也不论您来自发达的上海还是偏远的云南，不论您是汉族还是哈尼族，因同一侵权行为造成多人死亡的，可以获得的死亡赔偿金数额与其他人相同，在赔偿中不得有歧视。

《最高人民法院关于审理人身损害赔偿案件适用法律若干问题的解释》（以下简称《人身损害赔偿解释》）中有比较详细的列举，我们得详细地研读一下。

《人身损害赔偿解释》第十七条　受害人遭受人身损害，因就医治疗支出的各项费用以及因误工减少的收入，包括医疗费、误工费、护理费、交通费、住宿费、住院伙食补助费、必要的营养费，赔偿义务人应当予以赔偿。

受害人因伤致残的，其因增加生活上需要所支出的必要费用以及因丧失劳动能力导致的收入损失，包括残疾赔偿金、残疾辅助器具费、被扶养人生活费，以及因康复护理、继续治疗实际发生的必要的康复费、护理费、后续治疗费，赔偿义务人也应当予以赔偿。

受害人死亡的，赔偿义务人除应当根据抢救治疗情况赔偿本条第一款规定的相关费用外，还应当赔偿丧葬费、被扶养人生活费、死亡补偿费以及受害人亲属办理丧葬事宜支出的交通费、住宿费和误工损失等其他合理费用。

事故造成的损失可不仅仅是人身方面的，精神损害赔偿和财产损害是否应当赔偿?《侵权责任法》第二十二条规定，侵害他人人身权益，造成他人严重精神损害的，被侵权人可以请求精神损害赔偿。关于财产损失的赔偿，《侵权责任法》第十九条、第二十条中有规定。

再归纳一下，造成的人身损害、精神损害和财产损害都应当获得赔偿。

哎，等等，《侵权责任法》中怎么没有规定被扶养人生活费啊?!

对于这个问题，2010 年 6 月 30 日最高人民法院发出的《关于适用〈中华人民共和国侵权责任法〉若干问题的通知》第四条中规定："人民法院适用侵权责任法审理民事纠纷案件，如受害人有被抚养人的，应当依据《最高人民法院关于审理人身损害赔偿案件适用法律若干问题的解释》第二十八条的规定，将被抚养人生活费计入残疾赔偿金或死亡赔偿金。"

综上所述，根据不同的情况可以获得赔偿的项目可能有 16 项，分别为：①医疗费；②误工费；③护理费；④交通费；⑤住宿费；⑥住院伙食补助费；⑦营养费；⑧残疾赔偿金；⑨残疾辅助器具费；⑩被扶养人生活费；⑪康复费、康复护理费、后续治疗费，⑫丧葬费，⑬死亡赔偿金，⑭精神损害抚慰金，⑮财产损失，⑯其他损失（如鉴定费用）等。

您在想什么？在想"为什么维权过程中产生的电话费、交通费、住宿费、打印费、支付给律师的报酬等费用不赔呢”？呵呵，别想了，这个真没有！在维权过程中产生的这些费用，均是您的维权成本，对方是不会承担的。还是接着说赔偿项目的事儿吧。

对人身损害的赔偿项目，我们可以这样分层次来理解：

（1）人身损害的一般赔偿项目有：医疗费、误工费、护理费、交通费、住宿费、住院伙食补助费、营养费、康复费、康复护理费、后续治疗费、精神损害抚慰金、财产损失及其他损失的赔偿等。

（2）人身损害造成残疾的：在前述一般赔偿项目的基础上，还应当赔偿残疾辅助器具费、残疾赔偿金和被扶养人生活费。

（3）人身损害造成死亡的：在前述一般赔偿项目的基础上，还应当赔偿丧葬费、死亡赔偿金和被扶养人生活费。

赔偿项目明确了，那么按照什么标准来赔偿呢？医疗费、误工费以实际产生的损失来计算，死亡赔偿金等项目是按照受诉法院所在地的标准计算。全国没有统一的赔偿标准，各省的赔偿标准不一，根据相关的统计机关的统计数据，每年由各省确定并发文执行。

《人身损害赔偿解释》第三十五条　本解释所称“城镇居民人均可支配收入”、“农村居民人均纯收入”、“城镇居民人均消费性支出”、“农村居民人均年生活消费支出”、“职工平均工资”，按照政府统计部门公布的各省、自治区、直辖市以及经济特区和计划单列市上一年度相关统计数据确定。

“上一年度”，是指一审法庭辩论终结时的上一统计年度。

呵呵，统计数据这么多项目，看得令人眼花。您不要急，在各省下发的文件中会一项一项地说明白。

注意，残疾赔偿金或者死亡赔偿金和被扶养人生活费还有例外的情形，但您得举证予以证明。

《人身损害赔偿解释》第三十条　赔偿权利人举证证明其住所地或者经常居住地城镇居民人均可支配收入或者农村居民人均纯收入高于受诉法院所在地标准的，残疾赔偿金或者死亡赔偿金可以按照其住所地或者经常居住地的相关标准计算。

被扶养人生活费的相关计算标准，依照前款原则确定。

有赔偿项目，又有赔偿标准了，就该获得赔偿了吧？

没那么容易！您所主张的每一项费用均要有相应的证据证明和支持。否则，这将是空中楼阁。交警调解、当事人和解、到法院诉讼，都要凭相应的证据和书面材料，单凭口述的时代已经一去不复返了。

所以，任何时候都要有证据意识。这是我的又一个重要理念。

因为别人（特别是法官等其他裁判人员）没有在事发现场，无法知道客观事实，要让别人相信您说的是真实的，您只有通过证据让别人看到具有法律意义的真实情况，即法律事实。这一点，在民事判决书中往往表述为："本院认定本案的法律事实如下"。

您要凭身份证和户口簿，证明您的身份情况，以及与死者系亲属关系，并证明您有权主张相应的权利；用《道路交通事故认定书》来证明交通事故发生的情况及交警对相关人员的责任认定；用相应的医疗费发票证明产生相应的医疗费用……

究竟如何计算？怎么证明？请看下回分解。

2. 医疗费、误工费及其他

对各种赔偿项目的计算方法，在《人身损害赔偿解释》中说得很清楚。我们一项一项地看。

（1）医疗费

《人身损害赔偿解释》第十九条　医疗费根据医疗机构出具的医药费、住院费等收款凭证，结合病历和诊断证明等相关证据确定。赔偿义务人对治疗的必要性和合理性有异议的，应当承担相应的举证责任。

医疗费的赔偿数额，按照一审法庭辩论终结前实际发生的数额确定。器官功能恢复训练所必要的康复费、适当的整容费以及其他后续治疗费，赔偿权利人可以待实际发生后另行起诉。但根据医疗证明或者鉴定结论确定必然发生的费用，可以与已经发生的医疗费一并予以赔偿。

用相应的病历、入院出院证、收款凭证来证明发生的医疗费，用医疗证明或司法鉴定书证明确定必然发生的后续治疗费，可见，后续治疗费其实可以归为医疗费，对方对此均应予以赔偿。

医疗费的计算式为：医疗费＝医药费＋住院费＋康复费＋整容费＋后续治疗费。

（2）误工费

《人身损害赔偿解释》第二十条　误工费根据受害人的误工时间和收入状况确定。

误工时间根据受害人接受治疗的医疗机构出具的证明确定。受害人因伤致残持续误工的，误工时间可以计算至定残日前一天。

受害人有固定收入的，误工费按照实际减少的收入计算。受害人无固定收入的，按照其最近三年的平均收入计算；受害人不能举证证明其最近三年的平均收入状况的，可以参照受诉法院所在地相同或者相近行业上一年度职工的平均工资计算。

用收入证明（工资证明等）、入院出院证、休息证明、司法鉴定书等，证明误工时间和收入状况。“上一年度职工的平均工资”要由受诉法院所在地的省高级法院下发的相应文件来确定。如果造成我受伤后死亡的，误工费要算到我死亡之日哦。

误工费的计算式为：误工费＝受害人日平均收入（或日平均工资）×误工天数。

日平均工资如何计算？

《劳动部关于贯彻执行〈中华人民共和国劳动法〉若干问题的意见》（以下简称《劳动部意见》）第61条规定，实行计时工资制的劳动者的日工资，按其本人月工资标准除以平均每月法定工作天数（实行每周四十小时工作制的为21.16天，实行每周四十四小时工作制的为23.33天）进行计算。

如果按照这个方式计算日平均工资，则休息日与法定假日是要扣除的。

1996年2月13日《中华人民共和国最高人民法院关于印发国家统计局〈关于对职工日平均工资计算问题的复函〉的通知》中明确：我局现有的劳动统计中没有设置“职工日平均工资”指标，也不计算“职工日平均工资”；建议采用职工年平均工资除以全年法定工作日数的方法计算；劳动部在关于贯彻执行劳动法若干问题的意见中规定，实行每周40小时工作制的年法定工作日数为254天。

在这里，为了让您对相关赔偿数额有个大概了解，请您拿出纸和笔亲自来算一算。一定注意，全国各地的标准是不一样的。

因为计算误工费、残疾赔偿金、被抚养人生活费、死亡赔偿金、丧葬费等均可能用到相关的标准，下面我列出了云南省高级人民法院、云南省公安厅2011年4月20日联合发布的《2011年云南省道路交通事故人身损害赔偿有关费用计算标准》中的部分数据，自2011年5月1日至2012年4月30日期间进行损害赔偿调解和审理工作的均按此标准执行（人民法院审理其他人身损害赔偿案件亦参照此标准执行）：①2010年城镇居民家庭人均全年可支配收入16 065元；②2010年城镇居民家庭人均全年消费性支出11 074元；③2010年农民人均纯收入3 952元；④2010年农村居民人均全年生活消费支出3 398元；⑤2010年国有经济单位在岗职工平均工资34 330元。其中：农、林、牧、渔业在岗职工平均工资16 961元；⑥云南省省级国家机关事业单位出差住宿费处级以下人员的开支标准为每人每天150元；⑦云南省省级国家机关事业单位出差补助费每人每天的伙食补助费开支标准为50元、公杂费开支标准为30元。

（3）护理费

《人身损害赔偿解释》第二十一条　护理费根据护理人员的收入状况和护理人数、护理期限确定。

护理人员有收入的，参照误工费的规定计算；护理人员没有收入或者雇佣护工的，参照当地护工从事同等级别护理的劳务报酬标准计算。护理人员原则上为一人，但医疗机构或者鉴定机构有明确意见的，可以参照确定护理人员人数。

护理期限应计算至受害人恢复生活自理能力时止。受害人因残疾不能恢复生活自理能力的，可以根据其年龄、健康状况等因素确定合理的护理期限，但最长不超过二十年。

受害人定残后的护理，应当根据其护理依赖程度并结合配制残疾辅助器具的情况确定护理级别。

护理人员的收入证明（工资证明等）、护工从事同等级别护理的劳务报酬标准、司法鉴定书、医疗机构出具的护理证明等，可以用来证明护理人员的收入状况和护理人数、护理期限。

如果是可能康复的疾病或伤势，其期限基本能预测或固定；但如果伤者已经是植物人了，康复可能是遥遥无期了，护理费能按照中国人的平均年龄来计算吗？《人身损害赔偿解释》第二十一条中说了，根据其年龄、健康状况等因素确定合理的护理期限，但最长不超过二十年。如果超过前述的二十年，受伤致残的人仍然存活着，您得另行起诉，由法院来确定相应的护理费，赔偿义务人继续给付护理费用五至十年。

《人身损害赔偿解释》第三十二条　超过确定的护理期限、辅助器具费给付年限或者残疾赔偿金给付年限，赔偿权利人向人民法院起诉请求继续给付护理费、辅助器具费或者残疾赔偿金的，人民法院应予受理。赔偿权利人确需继续护理、配制辅助器具，或者没有劳动能力和生活来源的，人民法院应当判令赔偿义务人继续给付相关费用五至十年。

另诉时，您得出具此前的生效法律文书，这可是二十年前的事了，您可能因为疏忽大意将当时的法律文书弄丢了，怎么办呢？您可以到法院的档案室去查询和复制，但最好还是把法律文书放进自己家的保险柜中好好保管。

护理费的计算式为：护理费＝护理标准（或护理人员日平均工资）×护理天数。

（4）交通费

《人身损害赔偿解释》第二十二条　交通费根据受害人及其必要的陪护人员因就医或者转院治疗实际发生的费用计算。交通费应当以正式票据为凭；有关凭据应当与就医地点、时间、人数、次数相符合。

道路交通事故认定书、车票、转院证明、医院的入院出院证明等材料，都可以用来证明受害人及其必要的陪护人员实际发生的交通费用。

交通费的计算式为：交通费＝受害人就医、转院实际发生的交通费用。

（5）住宿费

住宿费在《人身损害赔偿解释》中未作详细规定，但在《最高人民法院关于审理触电人身损害赔偿案件若干问题的解释》（以下简称《触电人身损害赔偿解释》）中作了较为详细规定。《触电人身损害赔偿解释》第四条第一款第（十一）项中对住宿费是这样规定的：受害人因客观原因不能住院也不能住在家里确需就地住宿的费用，其数额参照事故发生地国家机关一般工作人员的出差住宿标准计算。

住宿费的计算式为：住宿费＝事故发生地国家机关一般工作人员的出差住宿标准×住宿天数。

（6）住院伙食补助费

《人身损害赔偿解释》第二十三条　住院伙食补助费可以参照当地国家机关一般工作人员的出差伙食补助标准予以确定。

受害人确有必要到外地治疗，因客观原因不能住院，受害人本人及其陪护人员实际发生的住宿费和伙食费，其合理部分应予赔偿。

受害人的住院伙食补助费，可以用医院的入院和出院证明，结合受诉法院所在地的省高级法院下发的相应文件来证明。

住院伙食补助费的计算式为：住院伙食补助费＝事故发生地国家机关一般工作人员的出差伙食补助标准×住院天数。

（7）营养费

《人身损害赔偿解释》第二十四条　营养费根据受害人伤残情况参照医疗机构的意见确定。

营养费需要用实际的伤残情况以及医疗机构的意见来证明。注意，这与普通人认为的只要受伤就需要加强营养的观念是不同的。

营养费的计算式为：营养费＝根据伤残情况（参照医疗机构的意见）确定。

3. 残疾赔偿金

造成受害人全部或部分丧失劳动能力的，应当支付残疾赔偿金。

《人身损害赔偿解释》第二十五条　残疾赔偿金根据受害人丧失劳动能力程度或者伤残等级，按照受诉法院所在地上一年度城镇居民人均可支配收入或者农村居民人均纯收入标准，自定残之日起按二十年计算。但六十周岁以上的，年龄每增加一岁减少一年；七十五周岁以上的，按五年计算。

受害人因伤致残但实际收入没有减少，或者伤残等级较轻但造成职业妨害严重影响其劳动就业的，可以对残疾赔偿金作相应调整。

因此，残疾赔偿金的计算式为：

①受害人不满60周岁的残疾赔偿金＝城镇居民人均可支配收入（或农村居民人均纯收入）×赔偿年限（20年）×伤残等级系数。

②受害人60周岁以上不满75周岁的残疾赔偿金＝城镇居民人均可支配收入（或农村居民人均纯收入）×赔偿年限［20年－(受害人实际年龄－60岁)］×伤残等级系数。

③受害人75周岁以上的残疾赔偿金＝城镇居民人均可支配收入（或农村居民人均纯收入）×赔偿年限（5年）×伤残等级系数。

需要说明以下几点：

（1）年龄

“六十周岁以上”包括六十周岁吗？《中华人民共和国民法通则》（以下简称《民法通则》）第一百五十五条规定，民法所称的“以上”、“以下”、“以内”、“届满”，包括本数；所称的“不满”、“以外”，不包括本数。比如，《人身损害赔偿解释》第二十五条中的“七十五周岁以上的，按五年计算”，此处就包括七十五周岁的在内，即年满七十五周岁尚未满七十六周岁的应当按五年计算。

年龄可以用身份证、户口簿、出生证明等材料来证明。

（2）伤残等级系数

通常情况下，伤残等级为十级，从轻到重分别为十级、九级……一级。伤残等级为十级的，按全部残疾赔偿金的10%进行赔偿，九级则按全部残疾赔偿金的20%进行赔偿……一级则按全部残疾赔偿金的100%进行赔偿，此处与伤残等级相对应的10%、20%……100%就是伤残等级系数。

伤残情况可以通过司法鉴定书来证明。

（3）户口对赔偿数额的影响

由于在计算赔偿数额的时候，对于城镇居民是采用“城镇居民人均可支配收入”为标准，对于农村居民则是采用“农村居民人均纯收入”为标准，因此不同的户口，可能会导致赔偿额的差别。以云南省2011年的数据为例，云南省2010年城镇居民家庭人均全年可支配收入为16 065元，而2010年农民人均纯收入为3 952元，以此为基数分别计算下来，差别还是很大的。

但户口的影响并不是绝对的。比如，经常居住地在城镇的农村居民，也是有可能按照城镇户口的标准来计算相关的赔偿项目的。根据《最高人民法院民一庭［2005］民他字第25号关于经常居住地在城镇的农村居民因交通事故伤亡如何计算赔偿费用的复函》，如果是经常居住地在城镇的农村居民，“人身损害赔偿案件中，残疾赔偿金、死亡赔偿金和被扶养人生活费的计算，应当根据案件的实际情况，结合受害人住所地、经常居住地等因素，确定适用城镇居民人均可支配收入（人均消费性支出）或者农村居民人均纯收入（人均年生活消费支出）的标准。”也就是说，受害人虽然是农村户口，但如果能够证明在城市经商、居住，其经常居住地和主要收入来源地均为城市，有关损害赔偿费用就应当根据当地城镇居民的相关标准计算。所谓“经常居住地”，根据《最高人民法院关于适用〈中华人民共和国民事诉讼法〉若干问题的意见》（以下简称《适用民事诉讼法的意见》）第5条的规定可知：是指公民离开住所地至起诉时已连续居住一年以上的地方。但公民住院就医的地方除外。也就是，如果受害人是进城务工的农民，只要证明其进城务工一年以上就可以按照城镇居民的相关标准计算有关损害赔偿费用。这一标准同样可以推及到跟随父母在城里就读的学生受到伤害时的相应赔偿问题。

暂住证、个体工商户营业执照、工作证、工资表、租房合同、房产证等，都可以用来证明您在城镇连续工作生活满一年以上，经常居住地和主要收入来源地均为城市，为您争取与城镇户口居民相同的赔偿额。这是合法正当的权益，没什么不好意思的。

根据《人身损害赔偿解释》第三十条的规定，如果您能够证明您的“住所地或者经常居住地城镇居民人均可支配收入或者农村居民人均纯收入高于受诉法院所在地标准”，上述计算式中的相应标准就可以按您已证明的高于受诉法院所在地的标准来计算。用什么能够证明呢？统计机关公布的统计数据（比如《××省××市××县国民经济和社会发展统计公报》）可以作为有力的证据。

举个例子来说明一下：2010 年 8 月 8 日，云南省景洪市嘎洒镇××村委会××村小组的王二狗，在赶集回家的途中被无证驾驶摩托车的李三狗撞伤左手和左脚。王二狗提交的户口簿显示其出生日期为 1944 年 7 月 7 日（受伤时为 66 周岁），为农村户口，提交的司法鉴定书中显示的鉴定结论为伤残七级（伤残等级系数应当为 40％）。按照前述云南省 2011 年的计算标准，受害人王二狗可能获得的残疾赔偿金为：3 952 元（农村居民人均纯收入）×赔偿年限［20 年－（66 周岁－60 岁）］×40％（伤残等级系数）＝22 131.20 元。

（4）残疾辅助器具费

《人身损害赔偿解释》第二十六条　残疾辅助器具费按照普通适用器具的合理费用标准计算。伤情有特殊需要的，可以参照辅助器具配制机构的意见确定相应的合理费用标准。

辅助器具的更换周期和赔偿期限参照配制机构的意见确定。

残疾辅助器具费可以通过司法鉴定书、配制机构的意见书加以证明。

此外，与护理费一样，根据《人身损害赔偿解释》第三十二条的规定，超过确定的辅助器具费给付年限，赔偿权利人可以向人民法院起诉请求继续给付辅助器具费，人民法院应予受理。

4. 被扶养人生活费

《人身损害赔偿解释》第二十八条　被扶养人生活费根据扶养人丧失劳动能力程度，按照受诉法院所在地上一年度城镇居民人均消费性支出和农村居民人均年生活消费支出标准计算。被扶养人为未成年人的，计算至十八周岁；被扶养人无劳动能力又无其他生活来源的，计算二十年。但六十周岁以上的，年龄每增加一岁减少一年；七十五周岁以上的，按五年计算。

被扶养人是指受害人依法应当承担扶养义务的未成年人或者丧失劳动能力又无其他生活来源的成年近亲属。被扶养人还有其他扶养人的，赔偿义务人只赔偿受害人依法应当负担的部分。被扶养人有数人的，年赔偿总额累计不超过上一年度城镇居民人均消费性支出额或者农村居民人均年生活消费支出额。

“被扶养人还有其他扶养人的”怎样理解？举例来说，父母二人都应当对子女进行抚养，如果只有父或母一方伤残或死亡，赔偿义务人只赔偿受害人依法应当负担被扶养人生活费的部分，即只承担伤残或死亡一方所负担对子女进行抚养的部分，其余部分仍然由未受伤害的父或母一方负担。

被抚养人生活费可以通过司法鉴定书、受害人户口簿、受害人与其被扶养人的关系证明（户口簿、出生证明、村委会或派出所出具的证明等）、被扶养人的身份证、被抚养人无劳动能力又无生活来源经济困难的证明等材料来证明。被扶养人生活费分为两种情况，一种是受害人伤残情形下的被扶养人生活费，另一种是受害人死亡情形下的被扶养人生活费。

（1）受害人伤残情形下的被扶养人生活费的计算式为：

①被扶养人为不满18周岁未成年人的生活费＝城镇居民人均消费性支出（或农村居民人均年生活消费支出）×赔偿年限（18岁－被扶养人实际年龄）÷对被扶养人承担抚养义务的人数×伤残等级系数。

②被扶养人为18周岁以上不满60周岁的生活费＝城镇居民人均消费性支出（或农村居民人均年生活消费支出）×赔偿年限（20

年）÷对被扶养人承担抚养义务的人数×伤残等级系数。

③被扶养人为60周岁以上至不满75周岁的生活费＝城镇居民人均消费性支出（或农村居民人均年生活消费支出）×赔偿年限［20年－（被扶养人实际年龄－60岁）］÷对被扶养人承担抚养义务的人数×伤残等级系数。

④被扶养人在75周岁以上的生活费＝城镇居民人均消费性支出（或农村居民人均年生活消费支出）×赔偿年限（5年）÷对被扶养人承担抚养义务的人数×伤残等级系数。

注意：被扶养人生活费的计算使用的不是“城镇居民人均可支配收入”和“农村居民人均纯收入”标准，而是受诉法院所在地上一年度“城镇居民人均消费性支出”（对于城镇户口居民）和“农村居民人均年生活消费支出”（对于农村户口居民）的标准。其他关于年龄、户口等指标的理解与上文“残疾赔偿金”中的讲解相同，不再赘述。同样，您也可以举证证明经常居住地的支出标准高于受诉法院标准，从而请求法院采用经常居住地的计算标准。

举个例子来说明一下：2010年8月8日，云南省勐海县打洛镇××村委会××村小组的飞机（呵呵，这是一个人名），在回家的途中被无证驾驶摩托车的大炮撞伤左手和左脚。飞机提交的户口簿显示，飞机与热气球、孔明灯系父子、母子关系，热气球的出生日期为1946年7月7日（现年64周岁），孔明灯的出生日期为1944年7月7日（现年66周岁），热气球与孔明灯共生育子女降落伞和飞机2人（飞机与降落伞共同赡养父母，即扶养义务人为2人），热气球一家均为农村户口，飞机提交的景洪市公安局出具的暂住证、劳动合同书、所在单位出具的工资证明，能证明其经常居住地和主要收入来源地均为城市，相应的赔偿项目应当按城镇标准计算，提交的司法鉴定书中显示的鉴定结论为伤残八级（伤残等级系数应当为30%），勐海县打洛镇××村委会为热气球与孔明灯出具的书面证明，证明被抚养人无劳动能力又无生活来源经济困难。根据云南省2011年的计算标准（2010年城镇居民家庭人均全年消费性支出为11 074元），可以计算出被抚养人生活费。

被扶养人热气球（飞机的父亲）的生活费＝11 074 元（城镇居民人均消费性支出）×［20 年－（64 岁－60 岁）］赔偿年限÷2（对被扶养人承担抚养义务的人数）×30%（伤残等级系数）＝26 577.60元。

被扶养人孔明灯（飞机的母亲）的生活费＝11 074 元（城镇居民人均消费性支出）×［20 年－（66 岁－60 岁）］赔偿年限÷2（对被扶养人承担抚养义务的人数）×30%（伤残等级系数）＝23 255.40元。

（2）受害人死亡情形下的被扶养人生活费的计算式，与受害人伤残情形下的被扶养人生活费的计算式基本相同，唯一不同的地方在于：受害人死亡的不需要乘以伤残等级系数。比如：受害人（农民）死亡时被扶养人为不满 18 周岁未成年人的生活费＝农村居民人均年生活消费支出×赔偿年限（18 岁－被扶养人实际年龄）÷对被扶养人承担抚养义务的人数。

5. 死亡赔偿金

如果受害人死了，对方还应当向您赔偿死亡赔偿金和丧葬费。

《人身损害赔偿解释》第二十九条　死亡赔偿金按照受诉法院所在地上一年度城镇居民人均可支配收入或者农村居民人均纯收入标准，按二十年计算。但六十周岁以上的，年龄每增加一岁减少一年；七十五周岁以上的，按五年计算。

用受害人户口簿、您与死者的关系证明（结婚证、户口簿、出生证明、收养证明、村委会或派出所出具的证明等）、交通事故责任认定书、死亡证明等，证明应当支付死亡赔偿金。顺便说一下，自 1994 年 2 月 1 日民政部《婚姻登记管理条例》实施以后结婚的，均应用结婚证来证明双方具有夫妻关系。

死亡赔偿金的计算式为：

①受害人不满 60 周岁的死亡赔偿金＝城镇居民人均可支配收入（或农村居民人均纯收入）×赔偿年限（20 年）。

②受害人在 60 周岁以上不满 75 周岁的死亡赔偿金＝城镇居民人均可支配收入（或农村居民人均纯收入）×赔偿年限［20 年－

（受害人实际年龄－60岁）]。

③受害人在75周岁以上的死亡赔偿金＝城镇居民人均可支配收入（或农村居民人均纯收入）×赔偿年限（5年）。

上式中“城镇居民人均可支配收入（或农村居民人均纯收入）”是指受诉法院所在地上一年度“城镇居民人均可支配收入”（对于城镇户口居民）或“农村居民人均纯收入”（对于农村户口居民）。同样，您也可以举证证明经常居住地的支出标准高于受诉法院标准，从而请求法院采用经常居住地的计算标准。

遇到受害人死亡的情况，还涉及丧葬费的问题。

《人身损害赔偿解释》第二十七条　丧葬费按照受诉法院所在地上一年度职工月平均工资标准，以六个月总额计算。

用道路交通事故认定书、死亡证明书，证明需要支付丧葬费。

丧葬费＝受诉法院所在地上一年度职工月平均工资×6月。

6. 精神损害赔偿

前面说的主要是人身损害中的生命权、健康权和身体权的损害。车祸中，被撞坏的不光是我的身体，还有我用250元在网上秒杀到的瑞士金表，它的市场价格为300 000元，这不是钱的问题——这是不可替代的金婚纪念品。受害人及家人的精神受到重大的打击，处于十分痛苦之中……

侵权行为给自然人造成精神活动的破坏，导致精神痛苦和精神利益的丧失或减损。也就是说，当受到打击后，我们会陷入痛苦的精神状态，还会产生比如悲伤、恐惧等不良的情感，这就是精神损害。精神损害一直是人们谈论的热点问题，这在《侵权责任法》中也有明确的规定。

《侵权责任法》第二十二条　侵害他人人身权益，造成他人严重精神损害的，被侵权人可以请求精神损害赔偿。

精神损害赔偿责任的承担方式有哪些？《最高人民法院关于确定民事侵权精神损害赔偿责任若干问题的解释》（以下简称为《精神损害赔偿解释》）第八条规定的有：停止侵害、恢复名誉、消除影响、赔礼道歉和精神损害抚慰金。

有一点须明确：致人精神损害未造成严重后果，受害人请求赔偿精神损害的，一般不会得到法院支持。只有造成严重后果的，法院才会判令其赔偿相应的精神损害抚慰金。可见，精神损害赔偿还是以精神方面的抚慰为主，以赔偿金钱的方式弥补为辅。究竟能赔偿多少精神损害抚慰金？这个没有明确的规定，往往是法官根据具体的案情结合当地的实际情况进行裁量。

《精神损害赔偿解释》第十条　精神损害的赔偿数额根据以下因素确定：

（一）侵权人的过错程度，法律另有规定的除外；

（二）侵害的手段、场合、行为方式等具体情节；

（三）侵权行为所造成的后果；

（四）侵权人的获利情况；

（五）侵权人承担责任的经济能力；

（六）受诉法院所在地平均生活水平。

法律、行政法规对残疾赔偿金、死亡赔偿金等有明确规定的，适用法律、行政法规的规定。

虽然有严重后果，但还是要看这个后果是谁造成的，根据过错程度来决定由谁承担或分担精神损害赔偿责任。根据《精神损害赔偿解释》第十一条的规定，如果受害人对损害事实和损害后果的发生有过错，那么其主张精神损害赔偿得到支持的可能性就比较小了。关于精神损害赔偿的问题，在后面的第八章中还会讲到。

需要注意的是：如果要提出精神损害赔偿的诉讼请求，应当在侵权诉讼中同时提出。如果在侵权诉讼终结后又基于同一个侵权事实主张精神损害赔偿，法院是不会支持的。这在《精神损害赔偿解释》第六条中有规定。这是法律中“一事不再理”原则的体现（见第九章“‘一事不再理’是怎么回事”专题）。

7. 财产损失

车祸中，我除了人身受到伤害外，财产也可能会受到伤害，比如我价值 5 000 元的名牌西装被搞烂了。财产权，包括物权（比如我对自己手机的所有权）、债权（我花钱请保姆为我洗衣）、知识产权（我的发明专利权）、股权（比如我在微软公司的股份）等各种财产权利和利益，这一点在《侵权责任法》第二条中有列举。

《侵权责任法》第十九条　侵害他人财产的，财产损失按照损失发生时的市场价格或者其他方式计算。

财产损失既包括财产价值的减少（即直接损失），也包括可得利益的丧失（即间接损失）。不论侵害他人哪种形式的财产，都应当予以赔偿，这是全面赔偿原则的体现。究竟赔多少呢？全部赔偿、合理赔偿。我国民事法律体系确定了侵权损害赔偿的“填平”原则，损失得多，赔偿得多，反之亦然。“填平”即回复到损害发生前的状态，也就是补偿性原则，这一点在财产损害的赔偿问题上就体现得更为明显了。可见，获得赔偿不是发家之路。

《侵权责任法》第二十条　侵害他人人身权益造成财产损失的，按照被侵权人因此受到的损失赔偿；被侵权人的损失难以确定，侵权人因此获得利益的，按照其获得的利益赔偿；侵权人因此获得的利益难以确定，被侵权人和侵权人就赔偿数额协商不一致，向人民法院提起诉讼的，由人民法院根据实际情况确定赔偿数额。

《侵权责任法》第二十条中提到的这三种赔偿数额的确定方法，我在第八章“人格权益维权”中还会说到，请注意参看。

前面已经反复提到要有证据意识，如何证明财产受到损失呢？如果我的西装是新买的，好，相应的发票就可以证明财产损失的价格；可是我的车辆却已经开了两年，众所周知，摩托车不像2010年的房产会升值，它也不是文物越旧越值钱——一般的财产都会产生折旧，说了半天，我受损的摩托车如何计算其损失呢？①评估。还记得我在前面说到的“检验、鉴定及其他”吗？可以在这个环节提出申请，将受损车辆的价格以《评估报告》的形式予以确定。②协商。这在《侵权责任法》第二十条中明确讲了。如果还有其他形式的财产损失（比如支付给第三方的费用），也应当有相应的证据加以证明。对了，您明白我的意图了，我是再讲财产损失的证据问题。

8. 举证责任以及对证据的要求

您知道吗？在民事诉讼中，有一个“谁主张、谁举证”的原则。《中华人民共和国民事诉讼法》（以下简称《民事诉讼法》）第六十四条规定：当事人对自己提出的主张，有责任提供证据。因此，光“有理”还不行，您得在合理期限内积极、全面、正确、诚实地收集证据并完成举证，让法院相信您所说的是真的。

如果您举证不力，将承担败诉的风险。这一点我没有胡说，在《最高人民法院关于民事诉讼证据的若干规定》（以下简称《民事诉讼证据规定》）第二条中是这样规定的：“没有证据或者证据不足以证明当事人的事实主张的，由负有举证责任的当事人承担不利后果。”

在起诉后，法院会根据《民事诉讼证据规定》第三十三条发给您举证通知书，其中必定会载明您应当承担的举证责任及其分配原则与要求等内容，您不光要仔细阅读，更重要的是按照上面的要求去做。在举证期限内按照法院的要求进行证据交换也是很重要的，好在这些事情法官会对您进行引导，您一定要听法官的指挥。如果诉讼中存在以下情况，可以免除您的举证之苦：

《民事诉讼证据规定》第八条第一款　诉讼过程中，一方当事人对另一方当事人陈述的案件事实明确表示承认的，另一方当事人无需举证。但涉及身分关系的案件除外。

《民事诉讼证据规定》第九条　下列事实，当事人无需举证证明：

（一）众所周知的事实；

（二）自然规律及定理；

（三）根据法律规定或者已知事实和日常生活经验法则，能推定出的另一事实；

（四）已为人民法院发生法律效力的裁判所确认的事实；

（五）已为仲裁机构的生效裁决所确认的事实；

（六）已为有效公证文书所证明的事实。

前款（一）、（三）、（四）、（五）、（六）项，当事人有相反证据足以推翻的除外。

请注意《民事诉讼证据规定》第九条第二款中例外情形，如果存在这种情况，您必须举证证明您的观点。同时提醒一下，对于上述免除举证的情况，您不要自作聪明。一句话，您得尽力收集和提交对您有利的证据，胜诉把握就更大些。

法律对证据是有要求的，不是可以胡乱出具的。先看看《民事诉讼法》第六十三条规定的证据种类：①书证；②物证；③视听资料；④证人证言；⑤当事人的陈述；⑥鉴定结论；⑦勘验笔录。除了《民事诉讼法》有规定外，在《适用民事诉讼法的意见》和《民事诉讼证据规定》等司法解释中有更具体和详细的规定。

《民事诉讼证据规定》第十条　当事人向人民法院提供证据，应当提供原件或者原物。如需自己保存证据原件、原物或者提供原件、原物确有困难的，可以提供经人民法院核对无异的复制件或者复制品。

证据以提交原件或原物为原则，比如医疗费发票等。如果是复制件或者复制品，须经人民法院核对无异。比如您提交的结婚证等，除了在此次诉讼过程中需要它们作为证据，在其他场合，比如办理房产登记或向银行贷款等，还会用到，所以，只能将该类证据的原件供法院核对后取回而提交复印件。此外，单位出具证明的情况很多，注意单位负责人签名和加盖单位公章。

《适用民事诉讼法的意见》第77条　依照民事诉讼法第六十五条由有关单位向人民法院提出的证明文书，应由单位负责人签名或盖章，并加盖单位印章。

在国外形成的证据须经所在国公证并经我国使领馆予以认证等程序，这在《民事诉讼证据规定》第十一条和第十二条有规定。如果在诉讼中需要鉴定，您得依《民事诉讼证据规定》第二十五条的规定来操作："应当在举证期限内提出"。

证人证言虽然效力往往不太高，但有时证人的证言可能是唯一的证据，也是非常重要的。《民事诉讼证据规定》第五十四条规定，申请证人出庭作证，应当在举证期限届满十日前提出，并经人民法院许可。注意，证人通常情况下必须出庭作证，否则其书面证言难以得到来信。

《民事诉讼证据规定》第五十五条　证人应当出庭作证，接受当事人的质询。

证人在人民法院组织双方当事人交换证据时出席陈述证言的，可视为出庭作证。

证人也有自己的生活，会存在各种各样的特殊情况，确实无法出庭作证的，又怎么办呢？

《民事诉讼证据规定》第五十六条　《民事诉讼法》第七十条规定的“证人确有困难不能出庭”，是指有下列情形：

（一）年迈体弱或者行动不便无法出庭的；

（二）特殊岗位确实无法离开的；

（三）路途特别遥远，交通不便难以出庭的；

（四）因自然灾害等不可抗力的原因无法出庭的；

（五）其他无法出庭的特殊情况。

前款情形，经人民法院许可，证人可以提交书面证言或者视听资料或者通过双向视听传输技术手段作证。

网络这时就可以起到很好的作用了，您可以向法院申请用视频电话等方式来进行。如果法院许可证人提交书面证言也可以，还可以申请法院进行证据保全。

要特别注意的是证据的合法性，也就是您不要一味地追求您的利益而采用侵害他人合法权益或者违反法律禁止性规定的方法取得的证据，即使您提交了这种证据，法官也不会采信。

证据还存在证明力的问题，也就是说并不是每个证据的说服力都是一样的，有一些证据就会因为其来源、形式等存在瑕疵，不能单独作为认定案件事实的依据。对于这些证据，您还得提出与之能相互印证的其他证据，形成一个完整的证据锁链，才能击退对方的质疑，同时也让法官采信。

《民事诉讼证据规定》第六十九条　下列证据不能单独作为认定案件事实的依据：

（一）未成年人所作的与其年龄和智力状况不相当的证言；

（二）与一方当事人或者其代理人有利害关系的证人出具的证言；

（三）存有疑点的视听资料；

（四）无法与原件、原物核对的复印件、复制品；

（五）无正当理由未出庭作证的证人证言。

比如，7 岁的龙太子完全能够从颜色和数字上识别 100 元和 50 元的人民币，虽然他只有 7 岁，他的这种证言完全可以作为证据使用；如果您让 7 岁的龙太子证实是孙悟空还是六耳猕猴打伤了我，这就难了，因为这事曾让神仙大伤脑筋。再比如，杨百万独自一人在交通事故现场亲眼目睹了肇事车辆逃逸，虽然证人杨百万与我有亲戚关系，出具了对我有利的证言，但我的妻子白娘子还出具了交警安装的电子眼监控录像，证明确实是由被告张果老开车撞了我，杨百万的证言与监控录像相结合仍然可以作为定案的依据。

在诉讼过程中，您提交的证据材料应当事先根据您欲证明的事实，按照一定的逻辑顺序分类并逐一编号，形成一份证据目录。这样既方便您举证，也方便对方质证，同时还方便书记员记录和法官审核认定，这也是《民事诉讼证据规定》第十四条的规定。这些证据要交几份到法院呢？交一份是不够的，按照法律的规定，要按照对方当事人的人数加上法官的人数来提交。虽然原件只有一份，但您可以多交几份复印件。您作为原告，对当事人的人数是基本清楚的，至于法官人数您就不一定清楚了。我来告诉您：如果是适用简易程序，则只有一个法官，如果是普通程序，则有三个人。如果份数还不够，您按照法官要求的数量补交就可以了。

在诉讼过程中，《民事诉讼证据规定》这个司法解释是十分重要的，您得了解一下，必要的时候要全文阅读。另外，申请证人出庭作证，还要写一份申请书，这不复杂，但您要写明证人的基本情况、欲证明的事实等，并附上证人的身份证复印件。

我为您准备了一份证据目录，您可以参考一下。

证据目录

案由：机动车交通事故责任纠纷

案号：(2011) ×民一初字第××××号

提交人：原告白娘子、原告龙太子

委托代理人：兰采和、林肯

序号	证据名称	形式	页数	证据主要内容	证明目的	页码
1	白娘子、龙太子、段开宏的户口簿	复印件	5	原告及段开宏的身份情况	原告的身份真实，原告的年龄及死者段开宏的年龄，计算死亡赔偿金、被抚养人生活费等均应按照城镇户口标准计算	1—5
2	白娘子与段开宏的结婚证	复印件	1	白娘子与段开宏系夫妻关系	原告白娘子主体合法，有权主张相应的赔偿	6
3	景洪市公安局交警×大队作出景公交×认字［2010］第×111号道路交通事故认定书，西双版纳傣族自治州公安局复核决定书	原件	4	段开宏与被告张果老发生交通事故的事实	被告张果老侵犯段开宏的生命权的事实、被告张果老侵权与段开宏受伤、死亡存在因果关系、被告张果老与段开宏均为驾驶人双方对段开宏的死亡均具有过错的事实	7—10
4	入院证、死亡证、病情证明、护理证明	原件	4	段开宏就医的时间、医疗机构、医治情况、死亡时间及原因	段开宏与被告张果老发生交通事故后受伤就医的事实，产生医疗费、护理费、住院伙食补助费、误工费、精神损害的事实	11—14

（续）

序号	证据名称	形式	页数	证据主要内容	证明目的	页码
5	医疗费用票据（10张）	原件	5	段开宏因交通事故就医产生医疗费的时间、金额	产生医疗费的事实	15—19
6	段开宏、白娘子的工资证明及被扣工资证明	原件	2	段开宏与白娘子的收入及误工损失情况	产生误工费、护理费的事实	20—21
7	车票（33张）	原件	1	交通费发生的时间、起止站点和金额	产生交通费的事实	22
8	住宿发票（5张）	原件	1	住宿费发生的时间、人数和金额	产生住宿费的事实	23
9	版纳司法鉴定中心［2010］西法技鉴字001号鉴定意见书	原件	5	段开宏死亡的时间、死亡原因	段开宏死亡时的年龄，计算死亡赔偿金、精神抚慰金的依据	24—28
10	西双司法鉴定中心［2010］西法技鉴字002号鉴定意见书	原件	3	神舟号WH100型普通二轮摩托车受损情况	神舟号WH100型普通二轮摩托车受损情况	29—31

（续）

序号	证据名称	形式	页数	证据主要内容	证明目的	页码
11	购买神舟号WH100型普通二轮摩托车的发票	原件	1	神舟号WH100型二轮摩托车的所有人为段开宏、购买价格为××××元	神舟号WH100型普通二轮摩托车损失费的依据	32
12	鉴定费发票	原件	2	司法鉴定费用	产生鉴定费的依据	33—34
13	火化尸体费发票	原件	1	段开宏尸体火化的时间、火化费用的金额	赔偿丧葬费的依据	35
14	交强险查询结果证明	原件	1	张果老为肇事货车在仙人洞版纳公司投保交通事故责任强制保险的情况	张果老在仙人洞版纳公司投保了交强险，本次交通事故发生在保险期间内，被告仙人洞版纳公司应当在交强险责任限额范围内赔偿原告的损失	36
15	调解终结书	原件	1	经交警调解未达成协议	具有诉讼时效中断的情形	37
16						

提交人（签名）：

年　月　日

爱心提醒

1. 证据目录中的核心内容是“证据名称”和“证明目的”，因而您在提交证据之前应当清楚您有些什么证据，提交这些证据欲证明什么法律事实。

2. 各种具体证据应当与证据目录相对应。有的小型的纸张证据（比如医疗费发票、车票等），应当用A4纸张粘贴加以固定；物证可以进行适当的包装，以便保管；视听资料宜用磁盘等进行复制，以利于播放等；申请证人出庭作证，应当另行制作证人出庭作证申请书；申请鉴定、评估的，应当另行制作相应的申请书。

3. 开宏一家之言，模仿时请谨慎。

9. 法院调查和证据保全

一般情况是“谁主张，谁举证”，但有时主张权利一方确实无法获得相应的证据，比如到银行查询对方的存款等，您是无法做到的，只有申请法院进行司法查询。

哪些情形下，当事人及其诉讼代理人可以申请人民法院调查收集证据呢？根据《民事诉讼证据规定》第十七条规定，以下三种情况可以申请：①申请调查收集的证据属于国家有关部门保存并须人民法院依职权调取的档案材料；②涉及国家秘密、商业秘密、个人隐私的材料；③当事人及其诉讼代理人确因客观原因不能自行收集的其他材料。

申请法院调查有一定的时间限制。《民事诉讼证据规定》第十九条规定，不得迟于举证期限届满前七日向人民法院提出调查收集证据的申请。您的申请不一定能够得到人民法院准许的，如果没有得到批准，您或您的诉讼代理人可以在收到通知书的次日起三日内向受理申请的人民法院书面申请复议一次。法院应当在收到复议申请之日起五日内作出答复。

在证据可能灭失或者以后难以取得的情况下，您也可以向人民法院申请保全证据。同样，申请证据保全也不得迟于举证期限届满前七日向法院提出。据《民事诉讼证据规定》第二十三条规定，人民法院可能会要求您提供相应的担保。在一定情况下，人民法院也可以主动采取保全措施。

您在维权的过程中勇往直前时，一定要注意维权行为必须符合法律规定。如果您伪造、毁灭证据，提供假证据，阻止证人作证，指使、贿买、胁迫他人作伪证，或者对证人、鉴定人、勘验人打击报复的，人民法院可以依照《民事诉讼法》第一百零二条根据情节轻重予以罚款、拘留，构成犯罪的，依法追究刑事责任。

四、机动车交通事故责任

沟通从心开始！这一点您自始至终都要重视。打官司，就是与法官沟通。沟通什么呢？感情交流？可以，您可以用您的伤口博得法官的同情。但是，作为法律职业者，法官关注的不仅仅是感情问题，他关注的是证据和法律关系等法律问题。因此，除了要学会如何收集证据、举证，您还需要了解一些关于法律关系、法律责任等的基本法律概念。

法律关系包括民事法律关系、刑事法律关系和行政法律关系。在交通事故损害维权以及本书涉及的其他维权中，主要涉及民事法律关系。

1. 民事法律关系

民事法律关系是一个很抽象的理论问题，我想把它说得具体一点。就从2011年2月18日《最高人民法院关于印发修改后的〈民事案件案由规定〉的通知》（以下简称《民事案件案由通知》）这个法律文件开始说吧。

民事案件案由依据当事人主张的民事法律关系的性质来确定。民事案件案由的表达方式原则上确定为“法律关系性质”加“纠纷”。如果您因为在交通事故中受到伤害进行维权，来到法院起诉肇事司机，要求其赔偿损失，法官就会在卷宗封面上的“案由”一栏写上“机动车交通事故责任纠纷”的字样。此“机动车交通事故责任纠纷”就是民事案件案由，而“机动车交通事故责任”就是法律关系性质。

法律关系由法律关系主体、法律关系内容（权利义务）和法律关系客体三要素构成。民事主体，包括自然人、法人和其他组织以及国家；民事法律关系的内容，是民事主体享有的权利和负担的义务；民事法律关系的客体，是权利和义务共同指向的对象，主要包括物、人身、精神产品和行为等。民事法律关系理论上有多种分类方法，按其内容可分为财产关系和人身关系。生活中最常见的法律关系有身份关系、合同关系和侵权关系等等。

如果在吃早饭时林黛玉抢走了贾宝玉的玩具手机，贾宝玉告到法院要求林黛玉返还被抢走的那个玩具手机，这中间就存在民事法律关系。贾宝玉与林黛玉是民事法律关系主体，被抢走的玩具手机是法律关系客体，贾宝玉对此玩具手机具有所有权，林黛玉负有不得侵犯别人所有权的义务，如果未尽到相应的义务，侵犯了别人的权利，就应当承担相应的民事责任，这是民事法律关系的内容。贾宝玉为此把林黛玉告到法院时，这次法官会写：“返还原物纠纷”。这就是一个以民事法律关系为基础的民事诉讼了。

并非所有的争议都是民事法律关系。贾宝玉与林黛玉争得面红耳赤，为的是明天早晨究竟是吃肉包子还是吃菜包子。如果此争议能够进入法院，法官必会在案由栏写上“早晨吃肉包子还是吃菜包子纠纷”，哈哈，这是不可能的，这根本就不是一个民事法律关系问题。同样，纯粹的情感纠纷等也都不受民事法律调整，这些情况，法院是不会受理的。

读到这里，您可能会问，确定案由是法院的事，与我有什么关系？问得好，确定案由确实是法院的事，但法院是以什么为基础来确定案由的呢？对了，法官是以您据以提出诉讼请求的法律关系来确定案由的。如果您理不清楚法律关系，原告如何确定？被告如何确定？诉讼请求如何提出？事实与理由怎么可能说得到关键点上呢？如何提交证据才对您更有利？诉讼请求怎么能得到法院的支持？所以，理清相应的法律关系，对您维权来说至关重要，这是您维权的核心环节！不光如此，您还得结合“法规竞合”（在第九章中“选择对您有利的途径解决纠纷”）与下面将会说到的“侵权责任构成要件”的知识，才能够融会贯通。

2. 凭什么说他构成侵权

维权时您的观点是什么？您是从哪些方面来树立您的观点的？您的观点正确吗？要解决这些问题，就不得不说说“侵权责任构成要件”，这是针对侵权行为进行维权的核心问题。

还得先说说归责原则。归责原则可分为：过错责任原则、过错推定责任原则和无过错责任原则三种。

（1）过错责任原则

过错责任原则，是以行为人主观上的过错，作为承担民事责任基本条件的责任认定准则。《侵权责任法》第六条第一款规定，行为人因过错侵害他人民事权益，应当承担侵权责任，这就是“过错责任原则”。过错责任原则是基本归责原则，适用于一般侵权行为。在过错责任原则下，行为人仅在有过错的情况下，才承担民事责任，没有过错，即便是造成了受害人损害，也不承担民事责任。

因此，在“过错责任原则”下，侵权责任有四个构成要件：①违法行为；②损害事实；③因果关系；④过错。您作为原告，就得从这四个方面证明您的主张是符合法律规定的。

什么叫过错？

民事法律上的过错，与人们日常生活中所说是非、对错评价中所说的过错，有很大的不一致。民法上的过错，是指行为人的一种主观心理状态，包括故意和过失两种情况。故意可以理解为明知会发生损害后果，并积极追求或放任损害后果的发生的心理状态。过失可以理解为应当且能够预见到会发生损害后果，但因为疏忽而未能预见或已经预见到但因为懈怠而未能避免损害后果发生的心理状态。根据过失的程度轻重至少可以将过失分为：重大过失、一般过失等，这在下面引用的法律条文中会出现。

通常情况下，侵权人故意造成损害，应当承担侵权责任。侵权人故意造成损害可以免责的情形只有两种情况，就是在后面会专门说到的正当防卫和紧急避险。而“过失”需要承担责任的前提条件是：行为人对其行为具有谨慎的注意义务，对损害后果能够预见并可以避免。谨慎的注意义务，我认为可以理解为：您知道您应该怎么做，您必须这样做，即：以一个谨慎的、正常的、合理的人的状态，以自己的智慧、经验、注意能力等积极照管自己权利，以及用照管自己权利同样的方式照管他人的权利，防止损害乃至不愉快的事情发生。这种行为还得与行为人的年龄、职业等因素相匹配，即具有相同年龄、职业通常具有的水平。否则，即未尽到谨慎的注意义务。

被侵权人与侵权人均有过错的，称为混合过错。受害人故意造成损害的，侵权人一般是可以免责，这一点在《侵权责任法》第二十七条有规定：“损害是因受害人故意造成的，行为人不承担责任。”

而被侵权人有重大过失的，一般可以减轻侵权人的责任，这叫过失相抵。《侵权责任法》第二十六条规定：被侵权人对损害的发生也有过错的，可以减轻侵权人的责任。我们还可以结合《人身损害赔偿解释》第二条来理解：

《人身损害赔偿解释》第二条　受害人对同一损害的发生或者扩大有故意、过失的，依照民法通则第一百三十一条的规定，可以减轻或者免除赔偿义务人的赔偿责任。但侵权人因故意或者重大过失致人损害，受害人只有一般过失的，不减轻赔偿义务人的赔偿责任。

适用民法通则第一百零六条第三款规定确定赔偿义务人的赔偿责任时，受害人有重大过失的，可以减轻赔偿义务人的赔偿责任。

这样说还有点抽象，我给您举个例子来说。根据《道路交通安全法》第七十六条的规定：“机动车之间发生交通事故的，由有过错的一方承担赔偿责任；双方都有过错的，按照各自过错的比例分担责任。”可见，机动车之间发生交通事故，适用的过错责任，如果受害方也有过错，就应当适用过失相抵。

例如，2010 年 10 月 10 日 10 时 10 分，段开宏驾驶未登记的神舟号 WH100 型普通二轮摩托车，搭乘乘车人小龙女，从景洪市××岔路口驶进景大公路时，与由北向南行驶的张果老驾驶的云 K066××号毛驴牌中型自卸货车，在景大公路 K33+999M 交叉路口处发生侧面相撞，造成段开宏与小龙女两人受伤后经医院抢救无效死亡的道路交通事故。2010 年 11 月 11 日景洪市公安局交警大队作出景公交×事认字［2010］第××号道路交通事故认定书，认定段开宏与张果老负此事故的同等责任，小龙女无责任。

在这个案件中，段开宏作为机动车驾驶人应当谨慎驾驶（其具有这样的注意义务），从岔路驶进景大公路，应当让直行的毛驴牌货车先行却未让行，即未尽到该义务，存在过错。该过错就是减轻张果老的责任而由开宏承担责任的理由。这就是过失相抵。

段开宏不光应当对自己的死亡承担责任，还应当对小龙女的死亡承担责任，这一点接下来马上就会说到。过失在被侵权人与侵权人之间有实在意义，在数个被侵权人共同过失致人损害等情形时，也是各侵权人之间分担责任的依据，这在《人身损害赔偿解释》第三条第二款中有规定。段开宏与张果老的行为共同造成小龙女死亡，因此其二人应当根据过失大小或者原因力比例对小龙女的死亡承担赔偿责任。对于小龙女，本是受害人的段开宏也成了侵权人。

什么叫因果关系？

原因是引起一定现象的现象，结果是指由于原因的作用而引起的现象，二者的关系属于引起和被引起的关系。原因在先，结果在后，即先因后果，这是因果联系的特点之一。原因和结果还必须同时具有必然的联系。也即，违法行为在先，损害后果在后，损害后果是由违法行为导致的，它们之间存在客观的逻辑联系。在我们日常生活中经常说成："因为……所以……"

在过错责任原则中，您得提出相应的证据来证明：①对方主观上存在过错；②其行为具有民事违法性；③对方的行为造成了损害后果；④对方的侵害行为与造成的损害后果之间存在因果关系。如果您举证不力，应当承担败诉的后果。

（2）过错推定责任原则

《侵权责任法》第六条第二款规定：根据法律规定推定行为人有过错，行为人不能证明自己没有过错的，应当承担侵权责任。这就叫“过错推定责任”，就是在行为人不能证明自己没有过错的情况下，依法推定其具有过错，应承担赔偿损害责任。请注意，这一推定是“法定”的，即须有法律明确规定适用“推定”的情形中才能适用，而不是由您任意推定。

在“过错推定责任原则”下，侵权责任也有四个构成要件：①违法行为；②损害事实；③因果关系；④过错。只不过与“过错责任原则”相比，在“过错”这个问题上的举证责任不同，即不是由受害人（原告）举证证明对方有过错，而是由侵权行为人（被告）举证证明“自己没有过错”。如果其举证不力，则要承担相应的侵权责任。比如《侵权责任法》第八十五条规定，建筑物、构筑物的所有人、管理人或者使用人不能证明自己没有过错的，应当承担侵权责任。也可以说，“过错推定责任”的一个显著标志就是“举证责任倒置”。

（3）无过错责任原则

除了“过错责任”和“过错推定责任”，还有一种“无过错责任”。无过错责任，即：行为人的行为造成了被侵权人的损害，不论行为人有无过错，只要法律规定应当承担侵权责任的，行为人都应当承担侵权责任。也有人称之为“严格责任”。

《侵权责任法》第七条　行为人损害他人民事权益，不论行为人有无过错，法律规定应当承担侵权责任的，依照其规定。

适用“无过错责任”，必须有法律明确规定，并且一般适用于特殊侵权行为。比如《侵权责任法》第六十五条就规定环境污染者承担无过错责任。这种法律直接规定其承担责任的情形，不考虑行为人是否有过错。除非被告举出能证明其具有减轻或免除责任的证据，才可以减轻或者免除责任。

在“无过错责任原则”下，侵权责任的构成要件只有三个：

①违法行为；②因果关系；③损害事实。因此，原告不需要证明被告具有过错，只需要证明其具有违法行为、因果关系和损害事实即可。损害事实和违法行为都比较容易证明，因而要证明损害事实与违法行为之间具有因果关系就变得至关重要，有因果关系就构成侵权，没有因果关系就不构成侵权。

了解了归责原则，我们来再次分析《道路交通安全法》第七十六条的规定。

《道路交通安全法》第七十六条　机动车发生交通事故造成人身伤亡、财产损失的，①由保险公司在机动车第三者责任强制保险责任限额范围内予以赔偿；②不足的部分，按照下列规定承担赔偿责任：

（一）机动车之间发生交通事故的，a 由有过错的一方承担赔偿责任；b 双方都有过错的，按照各自过错的比例分担责任。

（二）机动车与非机动车驾驶人、行人之间发生交通事故，c 非机动车驾驶人、行人没有过错的，由机动车一方承担赔偿责任；d 有证据证明非机动车驾驶人、行人有过错的，根据过错程度适当减轻机动车一方的赔偿责任；e 机动车一方没有过错的，承担不超过百分之十的赔偿责任。

f 交通事故的损失是由非机动车驾驶人、行人故意碰撞机动车造成的，机动车一方不承担赔偿责任。*

在承保交强险的保险公司承担赔偿责任后，还存在上述 a、b、c、d、e、f 六种情形，需分别处理。

机动车虽然是高速运输交通工具，但并未完全适用无过错责任的归责原则。机动车之间发生交通事故的，适用过错责任；机动车与非机动车驾驶人、行人之间发生交通事故的，适用无过错责任；如果非机动车驾驶人、行人对事故的造成具有过错，机动车驾驶可以适用过失相抵，根据过错程度适当减轻机动车一方的赔偿责任。

需要注意的是，与非机动车驾驶人、行人之间发生交通事故的

---

* 本法条中的序号①、②、a、b、c、d、e、f 系作者所加。

情况下，机动车的免责情形——非机动车驾驶人、行人故意碰撞机动车。这里表述得很清楚：故意，且故意碰撞机动车。因此，在机动车与非机动车驾驶人、行人之间发生交通事故时，证明“受害方存在过错”的责任在机动车方；非机动车驾驶人、行人没有义务证明自己有无过错。

非机动车驾驶人、行人的责任从何而来？因为《道路交通安全法》中专门规定了非机动车驾驶人、行人的义务。如果违反这些法定义务，您的法律责任也会接踵而至。请依法行走（行车）。这也是降低您风险的有效途径！一方面可以让您免遭伤害，另一方面，即使受到人身伤害，也不会再因此让钱财受损。

除了以上三种归责原则，还有一种分担损失的情形，即通常说的“公平原则”。这在《侵权责任法》第二十四条有规定：受害人和行为人对损害的发生都没有过错的，可以根据实际情况，由双方分担损失。

从这里，您也就更直观地了解到《道路交通事故责任认定书》的重要作用。因为《道路交通事故责任认定书》中记载的内容就已经将相关的侵权责任构成要件（过错、违法行为、因果关系、损害后果）基本上都包括了，如果此责任认定书被采信，您只需要进一步证明您的医疗情况及其他损失等，获得赔偿是没有多大问题的。

关于侵权责任构成要件的问题，我讲了这么多，您明白了吗？

3. 民事责任的承担方式

民事责任、行政责任和刑事责任，各有各的责任承担方式，我主要说说承担民事责任的主要方式。

《民法通则》规定了十种主要方式，但不是全部方式，并且，这些责任方式可以合并适用。

《民法通则》第一百三十四条　承担民事责任的方式主要有：

（一）停止侵害；

（二）排除妨碍；

（三）消除危险；

（四）返还财产；

（五）恢复原状；

（六）修理、重作、更换；

（七）赔偿损失；

（八）支付违约金；

（九）消除影响、恢复名誉；

（十）赔礼道歉。

以上承担民事责任的方式，可以单独适用，也可以合并适用。人民法院审理民事案件，除适用上述规定外，还可以予以训诫、责令具结悔过，收缴进行非法活动的财物和非法所得，并可以依照法律规定处以罚款、拘留。

《民法通则》第一百三十四条中的“修理、重作、更换”和“支付违约金”主要是合同责任的承担方式，在此不多说。因此，侵权责任的承担主要是以下八种。

《侵权责任法》第十五条　承担侵权责任的方式主要有：

（一）停止侵害；

（二）排除妨碍；

（三）消除危险；

（四）返还财产；

（五）恢复原状；

（六）赔偿损失；

（七）赔礼道歉；

（八）消除影响、恢复名誉。

以上承担侵权责任的方式，可以单独适用，也可以合并适用。

从这里您可以知道，人们经常说的“赔偿损失”，只是承担侵权责任的方式之一，不可否认，这是侵权责任的最基本的且是最核心方式，可以说是承担侵权责任的“万能钥匙”。

《侵权责任法》第二十二条　侵害他人人身权益，造成他人严重精神损害的，被侵权人可以请求精神损害赔偿。

《精神损害赔偿解释》第八条　因侵权致人精神损害，但未造成严重后果，受害人请求赔偿精神损害的，一般不予支持，人民法院可以根据情形判令侵权人停止侵害、恢复名誉、消除影响、赔礼道歉。

因侵权致人精神损害，造成严重后果的，人民法院除判令侵权人承担停止侵害、恢复名誉、消除影响、赔礼道歉等民事责任外，可以根据受害人一方的请求判令其赔偿相应的精神损害抚慰金。

可见，精神损害赔偿还是以精神方面的抚慰为主，以赔偿金钱的方式弥补为辅。您不要小看这几条！当您到法院打官司时，您得提出您的诉讼请求。在您的诉讼请求中，就必须明确由对方承担什么样的民事责任，因而，您应当根据具体情况恰当地选择承担侵权责任的方式——上述方式中的一种或几种，这可是您亮出的第一个招式——非常重要的一招。

4. 谁可以作原告

法官不会主动来处理您的事务，因为法院遵循的一个准则是“不告不理”。要到法院打官司，首先得有人去启动诉讼程序，民事诉讼中启动程序的一方就是原告。《侵权责任法》第三条规定，被侵权人有权请求侵权人承担侵权责任。因此，如果我作为受害人只是受伤并没有死亡，则以我的名义去起诉，哪怕我是没有感觉、没有思考力的植物人。这会涉及民事权利能力和民事行为能力，在后面会讲到。此时我是原告。

假如我死了，要到法院去维权，谁可以作原告？《侵权责任法》第十八条第一款规定：被侵权人死亡的，其近亲属有权请求侵权人承担侵权责任。哪些人是我的近亲属？根据《最高人民法院关于贯彻执行〈中华人民共和国民法通则〉若干问题的意见（试行）》（以下简称《贯彻民法通则意见》）第12条的规定，民法通则中规定的近亲属，包括配偶、父母、子女、兄弟姐妹、祖父母、外祖父母、孙子女、外孙子女。在这几类人中，又有亲疏远近之分。

《中华人民共和国继承法》（以下简称《继承法》）第十条　遗产按照下列顺序继承：

第一顺序：配偶、子女、父母。

第二顺序：兄弟姐妹、祖父母、外祖父母。

继承开始后，由第一顺序继承人继承，第二顺序继承人不继承。没有第一顺序继承人继承的，由第二顺序继承人继承。

本法所说的子女，包括婚生子女、非婚生子女、养子女和有扶养关系的继子女。

本法所说的父母，包括生父母、养父母和有扶养关系的继父母。

本法所说的兄弟姐妹，包括同父母的兄弟姐妹、同父异母或者同母异父的兄弟姐妹、养兄弟姐妹、有扶养关系的继兄弟姐妹。

究竟哪些人可以以原告的身份到法院起诉呢？一般按《继承法》中确定的第一顺序继承人的范围来操作；如果没有第一顺序继承人，才轮得到第二顺序继承人以原告身份到法院起诉。既然可以到法院进行诉讼，同样的道理，也可以由这些人到相关部门，同相关的人协调和处理相应的事务，比如报案、就医、火化尸体、申请复议、调解等等。

什么可以证明您是我的近亲属？前面已经说过，结婚证、出生证明、收养证明、户口簿或相应机构（村委会、派出所等）出具的证明等，都可以。

配偶、子女、父母可以到法院起诉，如果他们其中部分人起诉，部分人没有起诉，法院有可能通知没有起诉的人参加诉讼，除非尚未起诉的人书面放弃。《适用民事诉讼法的意见》第58条中有规定。

《适用民事诉讼法的意见》第58条　人民法院追加共同诉讼的当事人时，应通知其他当事人。应当追加的原告，已明确表示放弃实体权利的，可不予追加；既不愿意参加诉讼，又不放弃实体权利的，仍追加为共同原告，其不参加诉讼，不影响人民法院对案件的审理和依法作出判决。

5. 被告如何确定

冤有头，债有主，您得找对承担责任的人。告谁去呢？我再说说如何确定被告的问题。

一般来说，自己对自己的行为负责，在刑事法律中叫“罪责自负”，在侵权责任法领域有人称为“自己责任”。但有例外，比如监护人责任，就是无民事行为能力人的监护人对其被监护人的侵权行为承担责任，这一点在后面的第三章“未成年人权益的维护”中还会说到。其实类似监护人责任这样的情形还有好几种，用人单位（含雇主）对其员工（含雇员）的职务行为侵权而承担的民事责任（比如医疗机构对医生造成的医疗损害承担的民事责任）、产品责任、高度危险责任、饲养动物损害责任等，这种行为人与责任人不相一致的情形，可以叫做“替代责任”。替代责任往往存在于责任人与其管领的物或他人之间。

因为“替代责任”法律制度的存在，在交通事故损害赔偿纠纷中，可以成为被告的人可能较多：驾驶人、车辆所有人、承保交强险的保险公司、车辆买受人、驾驶人的父母或成年子女、驾驶人的单位、雇主、承揽人、被帮工人、合伙人、盗抢车辆的盗窃人、抢劫人或者抢夺人，等等，都可能成为被告。实际生活中还存在如下情况：车辆被修理、委托保管、扣押、出质、留置等状态，此时的修理人、保管人、扣押人、质权人、留置权人也可以成为被告；车辆挂靠在别的单位的，挂靠单位可以作为被告；驾驶员培训学校的学员肇事的，可以把驾驶员培训学校为被告。如果发生事故后肇事者离婚了或者死亡了，起诉时，可以将曾经的配偶作为被告。《最高人民法院关于适用〈中华人民共和国婚姻法〉若干问题的解释（二）》（以下简称《婚姻法解释（二）》）第二十五条和第二十六条中有规定，这一点在后面的“连带责任”专题中还会讲到。

这么多人究竟以谁为被告？可能有的被告在天南地北，势必增加维权成本，给维权带来巨大的障碍。具体案件还得具体分析。

（1）驾驶人

首当其冲的是肇事司机，因为他是侵权人，是他的行为直接造成我死亡的。

《侵权责任法》第三条　被侵权人有权请求侵权人承担侵权责任。

如果是连环撞车，或几辆车相继造成我死亡的，有的撞、有的碾……真是太惨了！将几个驾驶人一起告！

《侵权责任法》第八条　二人以上共同实施侵权行为，造成他人损害的，应当承担连带责任。

《侵权责任法》第十条　二人以上实施危及他人人身、财产安全的行为，其中一人或者数人的行为造成他人损害，能够确定具体侵权人的，由侵权人承担责任；不能确定具体侵权人的，行为人承担连带责任。

如果他们分别从不同的方向向我冲过来，将我夹在中间压成了"照片"，他们是叠加的共同侵权行为，应当承担连带责任。

《侵权责任法》第十一条　二人以上分别实施侵权行为造成同一损害，每个人的侵权行为都足以造成全部损害的，行为人承担连带责任。

他们在冲撞、碾压我时，事先没有商量，是分别实施侵权行为，能够确定责任大小的，各自承担相应的责任；难以确定责任大小的，平均承担赔偿责任。

《侵权责任法》第十二条　二人以上分别实施侵权行为造成同一损害，能够确定责任大小的，各自承担相应的责任；难以确定责任大小的，平均承担赔偿责任。

生活中还有一种"好意同乘"（即免费搭车）的情况，法律没有明文规定，但一般认为驾驶人仍然有安全注意义务，对同乘人的损害负有一定的赔偿责任。但运输合同中免票儿童乘车不属于前述的"好意同乘"的性质。

（2）教唆者、帮助者

以朋友的名义！有的朋友没能帮助您真正成功，却帮助或者教唆您一次就成功地"失败"。这也许就发生在一瞬间，或一个细微的举动，比如乘车的老板叫了一声"冲过去！"有这句话就足够了，法律责任来了，乘车的老板作为教唆者应当承担连带责任。如果是有人进行了教唆或者帮助等，教唆者和帮助者也跑不掉。

《侵权责任法》第九条　教唆、帮助他人实施侵权行为的，应当与行为人承担连带责任。

教唆、帮助无民事行为能力人、限制民事行为能力人实施侵权行为的，应当承担侵权责任；该无民事行为能力人、限制民事行为能力人的监护人未尽到监护责任的，应当承担相应的责任。

酒后驾驶也好，吸毒驾驶也好，完全民事行为能力人都要拿出勇气来承担责任，这一点规定在《侵权责任法》第三十三条中。

（3）监护人

未成年人肇事的，把他的父母也作为被告，他的父母要承担连带责任；精神病人肇事的，将其父母或其成年子女也作为被告。如果无民事行为能力人、限制民事行为能力人有财产，就从其本人财产中支付赔偿费用。不足部分，由其监护人赔偿。

《侵权责任法》第三十二条第一款　无民事行为能力人、限制民事行为能力人造成他人损害的，由监护人承担侵权责任。监护人尽到监护责任的，可以减轻其侵权责任。

（4）配偶

人的婚姻关系不一定稳固。当婚姻关系存续期间，配偶一方因交通事故造成他人损害的，本应当用侵权行为一方的财产来承担相应的赔偿责任，但只存在法定的共有财产的情况下，侵权行为人的配偶事实上也承担了相应的赔偿责任。夫妻本是同命鸟！哪怕是事发之后离婚，也得承担连带责任。这在《婚姻法解释（二）》第二十五条中有规定。如果是因交通事故造成他人损害以后，配偶一方才死亡，生存一方应当对此也得承担责任，这在《婚姻法解释（二）》第二十六条中可以找到相应的法律依据。

（5）用人单位、雇主、被帮工人等

如果肇事司机是打工的，要以其所在的单位为被告，因为单位在驾驶人为其工作时是获得了利益的。

《侵权责任法》第三十四条　用人单位的工作人员因执行工作任务造成他人损害的，由用人单位承担侵权责任。

劳务派遣期间，被派遣的工作人员因执行工作任务造成他人损害的，由接受劳务派遣的用工单位承担侵权责任；劳务派遣单位有过错的，承担相应的补充责任。

我认为，此处的用人单位比本书第六章所讲的“普通职工的工伤待遇”中所说的用人单位范围更宽，应当包括国家机关、合伙企业、个体工商户、个人合伙的合伙人等，由此可推及于接受劳务方（雇主）、定做人、被帮工人；此处的打工者包括单位的普通职工、公务员、法定代表人、负责人、公司董事等，由此可推及到提供劳务方（雇员）、承揽人、帮工人。

《侵权责任法》第三十五条　个人之间形成劳务关系，提供劳务一方因劳务造成他人损害的，由接受劳务一方承担侵权责任。提供劳务一方因劳务自己受到损害的，根据双方各自的过错承担相应的责任。

《人身损害赔偿解释》第十条　承揽人在完成工作过程中对第三人造成损害或者造成自身损害的，定作人不承担赔偿责任。但定作人对定作、指示或者选任有过失的，应当承担相应的赔偿责任。

《人身损害赔偿解释》第十三条　为他人无偿提供劳务的帮工人，在从事帮工活动中致人损害的，被帮工人应当承担赔偿责任。被帮工人明确拒绝帮工的，不承担赔偿责任。帮工人存在故意或者重大过失，赔偿权利人请求帮工人和被帮工人承担连带责任的，人民法院应予支持。

（6）公共场所管理人、群众活动组织者

如果是在车站或其他公共场所受到交通事故损害，车站等公共场所管理人也可以成为被告，因为他们具有相应的安全保障义务。这类具有安全保障义务的人适用的是过错推定责任原则。

《侵权责任法》第三十七条　宾馆、商场、银行、车站、娱乐场所等公共场所的管理人或者群众性活动的组织者，未尽到安全保障义务，造成他人损害的，应当承担侵权责任。

因第三人的行为造成他人损害的，由第三人承担侵权责任；管理人或者组织者未尽到安全保障义务的，承担相应的补充责任。

公共场所的管理人或者群众性活动的组织者负有安全保障义务，这个义务可以来自法律的直接规定［比如《中华人民共和国消费者权益保护法》（以下简称《消费者权益保护法》第七条）］，也可以由合同约定；针对的人群是不特定的，可以是顾客，可以是受邀的朋友，也可以是路人等，特别是小孩也在受保护之列。对公共场所的管理人或者群众性活动的组织者，应当适用过错推定责任原则，我同意这种观点。既然宾馆、商场都有安全保障义务，如果是到公安局办事或到法院进行诉讼受到伤害呢？

顺便提一下，在办理丧事请亲友吃饭时，也要注意场所的安全性，因为作为"群众性活动的组织者"，是要承担一定的安全保障义务的，不要因为一时疏忽而造成新的安全事故。注意，用餐时请为驾车的亲友提供茶水、果汁等饮料，不要给他们提供酒类饮料，更不能劝酒，一定！

（7）车辆所有权人

车辆的所有权人也应当成为被告。如果驾驶人开的车是自己的，驾驶人即车辆所有人。车辆也可能是几个人合伙购买的，根据《民法通则》第三十五条和《贯彻民法通则意见》第57条的规定，合伙人对合伙的债务承担连带责任。《中华人民共和国合伙企业法》（以下简称《合伙企业法》）第三十九条也规定了，合伙人承担无限连带责任。如果车辆是借来的，或者租来的，怎么办呢？

《侵权责任法》第四十九条　因租赁、借用等情形机动车所有人与使用人不是同一人时，发生交通事故后属于该机动车一方责任的，由保险公司在机动车强制保险责任限额范围内予以赔偿。不足部分，由机动车使用人承担赔偿责任；机动车所有人对损害的发生有过错的，承担相应的赔偿责任。

此处的"租赁车辆"是只租用车辆，由承租人自己驾驶或安排自己的人员驾驶的情形，该车辆是由承租人控制着，承租人与出租人之间是租赁合同关系。这与"包车"是不一样的，包车是由出租方安排驾驶人员，车辆是处于出租方控制之下，乘客与车辆经营方的关系是运输合同关系。如果机动车所有人对损害的发生有过错，比如，所有权人明知借用人没有相应的驾驶资格和驾驶技能，或者明知车辆的质量（车况）存在问题不能使用，却仍然出借或租赁等，所有权人应作为被告。同样，如果借车给未成年人（未成年人其实是没有驾驶资格的），机动车所有人也要承担相应的过错责任。

因为生活中大量存在二手车买卖的情况，如果肇事车辆已经几易其手却未进行转移登记的话，您到车辆管理所去查询时，只能查到登记的车辆所有权人，您可以将其作为被告，登记的车辆所有权人自然会将他的买家追加成为被告。至于登记的所有权人是否应当承担责任，那是法院依法判决的事情，您在起诉时可以不管那么多。如果转让的车辆具有特别的质量问题，比如转让拼装或者已达到报废标准的机动车，法院可能会让转让人和受让人承担连带责任，这在《侵权责任法》第五十一条有规定，本书最后一章的“法定连带责任的几种情形”专题中也会说到。

在盗窃技术“高度发达”的今天，窃贼也应当为其行为付出代价。依《侵权责任法》第五十二条规定，盗抢车辆的盗窃人、抢劫人或者抢夺人都可以作为被告承担赔偿责任。您怎么知道是被盗窃、抢劫或者抢夺的机动车呢？这种情况，您应当将车辆所有人作为被告，如果车辆所有人主张车辆是在被盗窃、抢劫或者抢夺状态下发生的交通事故，他应当提交相应的证明予以证实。如果车辆确实是被盗抢了，但实施盗窃、抢劫或者抢夺者又处于不明的状态，我们的风险就陡然增大，保险公司赔偿后剩下的部分就难以得到赔偿了，只有寄希望于早日将实施盗窃、抢劫或者抢夺者抓捕归案。因而您仍然应将保险公司作为被告，保险公司赔偿后，法律赋予其追偿权，那就是保险公司的事了。

（8）保险公司

承保机动车交通事故责任强制保险的保险公司，也是当然的被告，告它没商量。在《道路交通安全法》第七十六条、《侵权责任法》第四十九条、第五十条、第五十三条也三番五次地强调了，保险公司在机动车强制保险责任限额范围内予以赔偿，国务院制定的《机动车交通事故责任强制保险条例》（以下简称《交强险条例》）第二十一条等条文也进行了规定。

如果是理想状态下，在交通事故发生后，保险公司应当积极并及时地将相应的赔偿款项支付给受害人或被保险人，这是保险公司的职责所在。但遗憾的是，不光“保险公司在责任限额范围内支付抢救费用”的情形鲜有所闻，保险公司主动理赔的也不多，基本上是拒绝参加交警组织的调解，当受害人千辛万苦诉到法院时，保险公司也基本是不接受法院的依法调解，这其实就是忽悠受害人，一而再、再而三地拖，直到法院的判决生效后，也难以自动履行，还得受害人申请执行。虽然这是保险公司的权利，但有滥用之嫌。《道路交通安全法》和《交强险条例》规定得那么清楚，在事故发生后抢救、和解、调解那么长的时间、那么多机会，保险公司为何不依法理赔？直到诉讼阶段，还有什么理由不让保险公司当被告？在道路交通事故人身损害赔偿纠纷中，承保机动车交通事故责任强制保险的保险公司是当然的被告！

也许保险公司会用《交强险条例》第二十二条来说事，说因“无证驾驶”、“醉酒驾驶”、“机动车被盗抢期间”、“被保险人故意”发生的交通事故造成第三人伤亡时，主张保险公司可以免赔。

《交强险条例》第二十二条　有下列情形之一的，保险公司在机动车交通事故责任强制保险责任限额范围内垫付抢救费用，并有权向致害人追偿：

（一）驾驶人未取得驾驶资格或者醉酒的；

（二）被保险机动车被盗抢期间肇事的；

（三）被保险人故意制造道路交通事故的。

有前款所列情形之一，发生道路交通事故的，造成受害人的财产损失，保险公司不承担赔偿责任。

这又是在混淆视听！上面这一条只说了造成受害人的财产损失保险公司不承担赔偿责任，并未说造成受害人人身损害保险公司不承担赔偿责任。这一点得到了《侵权责任法》第五十二条的进一步肯定。依《交强险条例》第二十一条的规定，保险公司不予赔偿只存在一种情况，那就是：受害人故意。且这种故意是指故意自杀或自伤，而不仅仅是故意闯红灯等违反交通法规造成的道路交通事故，因为《道路交通安全法》第七十六条第二款规定的是“非机动车驾驶人、行人故意碰撞机动车”，这就非常清楚了。

在《道路交通安全法》第七十六条中有这样的规定："保险公司在机动车第三者责任强制保险责任限额范围内予以赔偿"。

"保险责任限额"？这是什么意思呢？根据《侵权责任法》第七十七条规定，承担高度危险责任，法律规定赔偿限额的，依照其规定。保险公司承担的不是受害人的全部赔偿责任，而是在法律规定的赔偿限额内予以赔偿，也即《道路交通安全法》第七十六条规定的保险公司在赔偿限额内予以赔偿与《侵权责任法》的规定相吻合的。也就是，保险公司承担的赔偿责任应当在此限额内，可以低于这个限额，最高赔偿额不会超过这个限额。

那么现阶段保险公司的赔偿责任限额是多少呢？中国保险监督管理委员会 2008 年 1 月 11 日发布的《关于调整交强险责任限额的公告》中规定，自 2008 年 2 月 1 日起，被保险机动车在道路交通事故中有责任的赔偿限额为：死亡伤残赔偿限额 110 000 元人民币，医疗费用赔偿限额 10 000 元人民币，财产损失赔偿限额 2 000 元人民币。

(9) 肇事车辆未投保交强险

如果车主没有投保交强险呢？那您的风险就更大了，这时，没有理由让保险公司承担赔偿责任。在《侵权责任法》中，并没有明确规定车主未投保交强险车辆肇事后的民事赔偿责任。通常的做法是，由车辆的所有人或者管理人、出租人、盗窃人、抢夺人、抢劫人、拼装车辆的转让人和受让人等承担应当由保险公司赔偿的部分，然后，事故双方再按照《道路交通安全法》第七十六条的规定进行赔偿。因为依照《交强险条例》第二条规定，投保交强险是车辆所有人或管理人的法定义务，如果机动车所有人或管理人没有依法投保，发生交通事故后，第三人本应得到的保险公司的赔偿就会落空，此时机动车所有人或管理人理应为其违法行为造成的后果承担民事赔偿责任。

此外，未投保交强险依法还要承担行政责任。

《道路交通安全法》第九十八条　机动车所有人、管理人未按照国家规定投保机动车第三者责任强制保险的，由公安机关交通管理部门扣留车辆至依照规定投保后，并处依照规定投保最低责任限额应缴纳的保险费的二倍罚款。

依照前款缴纳的罚款全部纳入道路交通事故社会救助基金。具体办法由国务院规定。

这么多被告?! 这些被告是怎么被牵出来的呢? 是法律关系! 这是您维权的核心问题。在一个具体的案件中不可能同时有这么多被告。您得具体案件具体分析。

在知道肇事者是谁的情况下，可以把他告上法庭。但如果肇事者逃逸了，又该怎么办呢?

6. 糟了，肇事者逃逸了

如果肇事者逃逸，您的麻烦就大了，您向谁索赔去啊?!

逃逸有几种方式，有连人带车都无影无踪的，有弃车后司机逃离现场的，还有先逃逸后又回来的。如果是连人带车都无影无踪的，您极有可能一点线索都没有，根本不知道是谁干的，哪来的保险公司呢? 如果警察也查不清，交通事故责任认定书上也无法明确责任主体，交警可能仅载明为“无名氏”而无其他信息了。您将哭天无路，只能“以头抢地尔”。如果肇事车辆还在现场，这稍微好一点，还能查询该车辆的所有人以及投保交强险的情况。机动车驾驶人发生交通事故后逃逸，该机动车参加强制保险的，由保险公司在机动车强制保险责任限额范围内予以赔偿，对此，前述的《侵权责任法》第五十三条与《道路交通安全法》第七十五条是一致的。《道路交通安全法》第一百零一条第二款规定了造成交通事故后逃逸的，由公安机关交通管理部门吊销机动车驾驶证，且终生不得重新取得机动车驾驶证等行政责任。罚款、终身禁驾……这些是事故后对逃逸的人的惩罚，受害者的赔偿就几乎成了泡影了，除非肇事者自首或被捉拿归案。先逃逸后又回来的，虽然交通事故现场已经破坏，但交通警察还是可以依法处理，民事赔偿也能够找到承担责任的主体。

如果肇事者逃逸，您看看下面这一条是否能够行得通：根据《中华人民共和国社会保险法》（以下简称《社会保险法》）第三十条规定，如果第三人不支付或者无法确定第三人的，由基本医疗保险基金先行支付。基本医疗保险基金先行支付后，有权向第三人追偿。肇事者逃逸的情形就属于前述法条中“第三人不支付或者无法确定第三人”的情形，看来医疗费用还是基本能够得到保障了。

我要特别告诫肇事逃逸者或者肇事后打算逃逸者：您不想在社会上混了吗？您以为能终生躲起来吗？躲得过初一躲不过十五，终有一天，您会暴露的，不如现在拿出勇气来承担，此其一。您不想再开车了吗？肇事后逃逸，交通事故认定时您是全责，您将面临罚款、终身禁驾等行政责任，此其二。第三，您将因交通肇事罪面临牢狱之灾，根据《中华人民共和国刑法》（以下简称《刑法》）第一百三十三条的规定，因逃逸致人死亡的，处七年以上有期徒刑。第四，您的良心呢?!

7. 慎重提出您的诉讼请求

法律要求起诉状中“有具体的诉讼请求”，这很重要，您一定要深思熟虑。因为，法院审理有一个原则：“不告不理”，您告什么，法院审什么。并且，诉讼请求还要清楚、明了，不能含混不清。如果您采用天马行空的态度，提出的诉讼请求不切实际，法官是不会支持您的。

什么样的请求才是合理合法的呢？在前面的“索赔：您得有证据”和“民事责任的承担方式”中有较为全面的讲述，您据此提出的诉讼请求就是合理合法的。如果有多项诉讼请求的，还要注意各项请求是否有矛盾或抵触的情况。

如果肇事车辆涉及的法律关系较多，您可以在民事起诉状中将可能存在法律关系的人都列为被告，这样方便法院审理，也为您的权利实现增加了保障。这在《人身损害赔偿解释》第五条中有相应的规定。一定要查实被告的基本情况，因为在起诉状中要写清楚被告的基本情况。被告是单位的，以营业执照上登记的为准，您可以到其营业场所查看，也可到工商局去查询。有多个被告时，被告之间的法律关系如何，是否应当依法承担连带责任（详见第九章中“多数人责任的有利选择”）等，在诉讼请求中也应当明确。

选择被告有时可能会涉及诉讼类型的问题，这时要慎重考虑。比如，我正以单位职工的身份从事单位安排的工作，不幸遭遇交通事故受到伤害，则我应当算作工伤。如果以我的单位为被告，则应当按照《工伤保险条例》的规定处理，这是一个劳动争议案件。工伤保险基金先行支付相应的赔偿款项后，有权根据《社会保险法》第四十二条的规定向第三人（对方肇事司机等）追偿。如果我以对方肇事司机（含以对方司机的单位）为被告，则应当按普通的人身损害赔偿纠纷进行民事诉讼。这就很明显地体现出了根据不同的法律关系，采取的两种不同的维权途径。

如果诉讼请求中的赔偿数额是通过计算得来的，最好将计算清单附上，方便法院审查，这也是您与法官沟通的便捷方式。还有一种情况，如果是对方追加被告，或者法院依职权追加被告，您作为原告应当就“是否要求被追加的被告承担相应的责任，以及承担多大的责任”表明态度。至少在法庭审理时，您要清楚地表明。

根据《民事诉讼法》第五十二条，原告可以放弃或者变更诉讼请求。被告可以承认或者反驳诉讼请求，有权提起反诉。因为情况发生变化，您确实需要变更诉讼请求的，请注意时间限制。当事人增加、变更诉讼请求或者提起反诉的，应当在举证期限届满前提出。这在《民事诉讼证据规定》第三十四条中有明确的规定。

《民事诉讼证据规定》第三十五条　诉讼过程中，当事人主张的法律关系的性质或者民事行为的效力与人民法院根据案件事实作出的认定不一致的，不受本规定第三十四条规定的限制，人民法院应当告知当事人可以变更诉讼请求。

当事人变更诉讼请求的，人民法院应当重新指定举证期限。

如果法院根据案件事实作出的认定与您所主张的不一致，则法院会对您进行释明或指导，法官会告知您可以变更诉讼请求。您可以坚持，但这会有相应的法律后果，如果您选择变更诉讼请求的，法官会重新指定举证期限。

您所说的话不一定正确，但我誓死捍卫您说话的权利。起诉是您在说话，法院会给对方答辩的时间和机会。正如英国人波洛克所说："法律不能使人人平等，但是在法律面前人人是平等的。"起诉和答辩，就是当事人在诉讼程序上的平等。

通过阅读这一章，您已经见识了许多法律了。您可能会发现，不同法律文件规定的内容有时会有不一致的情况。在下面的"法律适用规则"中可能会有您要的答案。

8. 法律适用规则

我国的法律是从哪里来的呢？我国是实行制定法的国家，这些法律都是相应的国家机关通过一定的程序制定出来的。在我国，可以制定法律的国家机关有：

①全国人民代表大会（以下简称"全国人大"）、全国人民代表大会常务委员会（以下简称"全国人大常委会"）。他们制定的叫法律，对一切人和单位都有约束力，其中宪法的效力最高，法律的效力高于行政法规、地方性法规、规章。这在《中华人民共和国宪法》（以下简称《宪法》）和《中华人民共和国立法法》（以下简称《立法法》）第七条等法条中有规定。全国人大常委会对法律进行的解释叫立法解释，与法律的效力一样，这是《立法法》第四十七条赋予其的权力。

②国务院。《立法法》第五十六条规定国务院也可以进行立法，国务院制定的叫行政法规，但不得与宪法、和法律相抵触，在全国范围内有约束力，行政法规的效力高于地方性法规、规章。

③中央军事委员会根据宪法和法律，制定军事法规。这一点在《立法法》第九十三条中有规定。

④省级人民代表大会及其常委会、经济特区所在地的市人民代表大会及其常委会、经国务院批准的较大的市人民代表大会及其常委会制定的叫地方性法规（包括自治条例和单行条例），比法律和行政法规效力更低，不同宪法、法律、行政法规相抵触的情况下在本地区具有约束力。比如，有些少数民族可以不实行计划生育，这就是民族自治地方所作的变通规定。

⑤国务院各部、委员会为执行法律或者国务院的行政法规、决

定、命令制定的叫部门规章，省、自治区、直辖市和较大的市的人民政府，为执行法律、行政法规、地方性法规以及为管理本行政区域的具体行政管理事项制定的叫地方规章。部门规章之间、部门规章与地方政府规章之间具有同等效力，在各自的权限范围内施行。

⑥最高人民法院的司法解释，这对全国的法院都有效力。

⑦事实上还存在其他规范性文件，比如：2008 年 6 月 18 日，人力资源和社会保障部、民政部、财政部《关于事业单位工作人员和离退休人员死亡一次性抚恤金发放办法的通知》。其效力低于规章，但这往往是办理具体的事情所依据的规则。

这些国家机关分别可以对什么样的事项进行规定，在《立法法》中都有明确的规定。

相依的唇齿还有“打架”的时候，这么多法律文件，难道不会“打架”吗？如果“打架”了怎么办呢？这么多法律，肯定得有适用规则。不要以为法律适用只是法官的事，您要主张权利，要反驳对方的观点，都得依法办事。对于法律的适用规则，应该有所了解。

(1) 层级冲突适用规则

不同层级法律规范冲突一般属于违法冲突。简言之：上位法优于下位法。这在《立法法》中有规定。但有例外，高层级法律授权低层级法律规范做出与之不一致规定的，就应当适用低层级的规范，比如经济特区和民族自治地方对法律的变通规定。

我再来梳理并罗列一下各种法律规范的效力等级：

①宪法具有最高的效力；

②全国人大制定的法律高于全国人大常委会制定的法律；

③法律高于行政法规；

④行政法规高于地方性法规和规章；

⑤授权机关立法高于授权立法；

⑥法律、行政法规高于自治条例和单行条例；

⑦上级人大及其常委会制定的地方性法规高于下级人大及其常委会制定的地方性法规；

⑧上级自治条例和单行条例高于下级自治条例和单行条例。

⑨地方性法规高于本级政府和下级政府规章；

⑩上级地方政府规章高于下级地方政府规章，省级的地方政府规章高于较大的市的地方性法规。

目前存在一个问题，新近实施的《侵权责任法》（下位法、新法）是全国人大常委会制定的，与二十多年前全国人大制定的《民法通则》（上位法、旧法）存在诸多的不一致。对此，中国人民大学的杨立新 2010 年 7 月 7 日在人民法院报发表《侵权责任法的适用效力诸问题研究》认为："除非是《侵权责任法》没有规定的问题，其他的都要适用《侵权责任法》的规定。"我赞同他这种观点，一是社会在进步，法律也要与时俱进；二是如果机械地运用"上位法优于下位法"，那么在修订或废除《民法通则》时机还不成熟时制定《侵权责任法》还有什么必要呢？《侵权责任法》中也明确了其施行的起始时间为 2010 年 7 月 1 日。2010 年 6 月 30 日最高人民法院发出的《关于适用〈中华人民共和国侵权责任法〉若干问题的通知》也是持这种观点的，因为其中的第一条是这样规定的："侵权责任法施行后发生的侵权行为引起的民事纠纷案件，适用侵权责任法的规定。侵权责任法施行前发生的侵权行为引起的民事纠纷案件，适用当时的法律规定。"司法实务中也是这样操作的。

（2）特别冲突适用规则

在同一效力层级上，特别法优于普通法。《立法法》第八十三条对此作了明确的规定。请注意，前提是：在同一效力层级上，如果下位特别法没有得到授权而作出与普通法不一致的规定，这种特别法无效。比如，《侵权责任法》与《道路交通安全法》就是这种关系。《侵权责任法》是全国人大常委会制定的关于侵权责任的一般法，而《道路交通安全法》是全国人大常委会制定的关于侵权责任的特别法，这两部法律处在同一效力层级上，在处理道路交通事故损害纠纷时，《道路交通安全法》有特别规定时，应当适用《道路交通安全法》的规定。不光如此，《侵权责任法》第四十八条还直接指向了《道路交通安全法》。

（3）新法优于旧法规则

这是法律“喜新厌旧”的表现，但要注意新法适用的起始时间。这在前述的《立法法》第八十三条有规定。同样要注意，新法与旧法须在同一效力层级上，即同一机关制定的。

（4）特殊身份的个人优先

比如军人渎职犯罪的，就应当适用《刑法》中“军人违反职责罪”。

（5）援引最高人民法院有效的司法解释

最高人民法院有效的司法解释，对审判过程中如何具体应用法律进行解释，往往将法律规定得不完善或不具体的地方完善或具体化，以方便实际操作，这些司法解释，在法官眼里与法律没有什么两样，法官在办理案件时可以直接引用司法解释，您说这些司法解释重要不重要？所以，您千万不要轻视这些司法解释，这对您进行维权会有很大帮助。

还要注意一个问题：法律一般没有溯及既往的效力。社会在前进，法律在完善。您要与时偕行、与时俱进，要注意法律的颁布、修改、废除，即通常所说的法律的立、改、废。法律条文应当以相应国家机关公布的文本为准。当然，司法解释也存在“改”和“废”的问题。所以除了注意具体的法律规则以外，您要注意其公布特别是实施的起始时间。换言之，人们不可能按不存在的法律去做，只有当法律公布和施行之后，人们才能用来规范自己的行为，才能预测行为的法律后果，当然就不能要求人们过去的行为符合现行法律，对此，《立法法》以及其他各种法律文件对自身适用的时间均作了明确的规定。这就是为什么我们不能拿若干年前的生效判决书去找法官，说按照现行法律，以前的案件判错了。

当您在读法律书籍时，您会逐渐体会到：法律用语与生活语言存在差异。现实生活中许多人喜欢用自己的方式与法律闹别扭，这并非法治社会中公民的应有表现。不要想当然地用日常生活中的语言来理解法律用语，因为您的理解可能有偏差。比如，《民法通则》第一百五十四条规定民法所称的期间按照公历年、月、日、小时计算，您就不能按照傣历或别的历法来计算。这里只是简单举个例子，在讲述具体的法律问题时，您还要多多注意。

交通事故经常发生，但愿您和我都能平安出行！

第二章 病人权益的维护

导读：

哎哟，我痛！没想到解除病痛的医生却让我更痛。我会在“维权专列”中为您介绍一些病人维权的法律知识，既有通过行政途径解决纠纷的注意事项，也有通过诉讼途径进行维权的法律规范。

吃五谷，生百病。现代社会，有谁一生中不与医院打交道？我生病了，必须到医院里去就医，白衣天使能够为我解除病痛的折磨。

医学是一门科学，是科学就可能有很多不完善的地方，还需要医生和病人继续探索。通常，人们不会苛求医院和医生，但医生作为专业技术人员犯低级错误，常人是不会饶恕的。2009 年度，引发全国关注的医疗事件大多让人心有戚戚焉：手术台上左右不分、半夜值班上网玩游戏、上了麻醉却忘记开刀……

凭什么说我就不会死在庸医手中呢？我的尸体被推着路过五官科，经过仔细检查后，医生无奈地在开宏的尸检表上写了一个“帅”字。原来帅也可以这样具体呀！

降低您的风险

爱护自己的身体就等于孝顺自己的钱包。

第一，争取不受伤、不生病或者少受伤、少患病。这个很难。

第二，爱惜身体，洁身自好，保持良好的生活作风，这个我们能做到。比如，秋天来了，注意保暖。

第三，有伤病及时就医，就医时不隐瞒病情，不向医生撒谎，也是降低风险的好方法。只要我们不故意闹别扭，这个容易做到。

第四，有伤病不乱用药、不乱投医，这也能降低您的风险。只要我们不自以为是，因乱用药和乱投医造成的危险是完全可以避免。

第五，医疗行业是专业性很强的行业，也是高风险行业，病人维权从入院时开始，不要等到出了事故才开始维权。就医时，病人及其家属要相信医生的品德、技术和能力，但也要看医疗机构是否具有资质、医生的抢救方案是否明显失当，看清医生出具的病情证明是否全面，受伤的部位是否全部罗列，护理人数和休息天数是否明确。我们应当也能够细致一点，再细致一点，生命和健康是自己的。

维权专列

一、就医去，我是病人

“哎哟……我痛啊……”表情痛苦的开宏有气无力呻吟着来到了医院——我是病人！我的亲人朋友、我的医护人员，请理解、尊重、照顾我。

我相信医生，因为古希腊著名医生、欧洲医学奠基人希波克拉底说过：“我要竭尽全力，采取我认为有利于病人的医疗措施，不能给病人带来痛苦与危害。我不把毒药给任何人，也决不授意别人使用它。我要清清白白地行医和生活。无论进入谁家，只是为了治病，不为所欲为，不接受贿赂，不勾引异性。对看到或听到不应外传的私生活，我决不泄露……”

1. 医疗机构和医务人员

医生，您手里有“刀”儿，可不要乱甩哈！我是病人，我害怕。医疗机构及其医务人员有过错的，是要承担赔偿责任的。

《侵权责任法》第五十四条　患者在诊疗活动中受到损害，医疗机构及其医务人员有过错的，由医疗机构承担赔偿责任。

前述法律中涉及“医疗机构”这个概念，那什么叫医疗机构？根据《医疗事故处理条例》第六十条的规定，医疗机构是指取得《医疗机构执业许可证》的机构。从《医疗机构管理条例》第二条的罗列中可以看出，医疗机构包括从事疾病诊断、治疗活动的医院、卫生院、疗养院、门诊部、诊所、卫生所（室）以及急救站等。

一般来说，与病人打交道的医务人员有医生、护士、药剂师等几类人员。医师，包括执业医师和执业助理医师。根据《中华人民共和国执业医师法》（以下简称《执业医师法》）第二条规定，医师须依法取得执业医师资格或者执业助理医师资格。据《护士条例》第二条规定，护士须取得护士执业证书，履行保护生命、减轻痛苦、增进健康职责。在患者眼中，医生往往通过医嘱单与护士发生联系，医生通过处方与药剂师发生联系，医生处于核心地位。从上述的《侵权责任法》第五十四条，我们还获悉了医疗机构承担过错责任，这在后面还会说到。

医疗机构和医务人员，又岂是一个证件了得啊?!

2. 非法行医的责任

行医都要求具有相应的从业资格证书，这一点前面已经讲过了。但生活中，总有假医生存在，他们也总是有市场。乡村里扯草药的也敢给人开刀和接骨，城市里还有气功大师和神医转世。草菅人命不光是这些游医、草医，有时还有怂恿病人乱投医的亲友！令人痛心啊！善良的人们总是无缘无故地相信神乎其神的传言，将我这只沉默的羔羊送入非法行医者的虎口中。

如果我死于游医、草医手中，就不是医疗损害了，而是非法行医问题。这个就麻烦了：一方面，他根本就不是医生，甚至连“庸医”也不是，而是纯粹的“假医生”；另一方面，他的赔偿能力往往很有限。但法律对非法行医行为是不能容忍的。如果导致患者死亡，他们可能涉嫌非法行医罪，这在《刑法》第三百三十六条中有规定。

我关注的是民事赔偿问题，非法行医的人一定得承担赔偿责任。如果有关赔偿问题不能双方平等协商解决，受害人可以直接向人民法院提起诉讼。不过，我们的风险就大得多了，再回忆一下第一章中“凭什么说他构成侵权”中讲的侵权责任构成的四个要件，非法行医致人损害的只能按照一般的侵权责任来进行维权。如果是医疗机构聘用不具备资格的人员从事医疗工作、收治超出核准的经营范围且不具备相应的医疗条件的病人、将部分科室承包给游医等，这个没得说，医院应当赔。

3. 病历资料

接着讲述在医院看病的事。我到医疗机构来看病，医疗机构会对我就诊的全过程进行记录，形成一整套完整的病历资料，并对这些病历资料进行妥善保管。

《侵权责任法》第六十一条　医疗机构及其医务人员应当按照规定填写并妥善保管住院志、医嘱单、检验报告、手术及麻醉记录、病理资料、护理记录、医疗费用等病历资料。

患者要求查阅、复制前款规定的病历资料的，医疗机构应当提供。

这在《医疗事故处理条例》和卫生部《病历书写基本规范》中均有规定。以上法律规定都提到的“病历”指的是什么？根据《侵权责任法》第六十一条和《病历书写基本规范》的规定，病历至少包括门（急）诊病历和住院病历，是住院志、体温单、医嘱单、检验报告、医学影像检查资料、特殊检查同意书、麻醉同意书、手术同意书、输血治疗知情同意书、病危（重）通知书、手术及麻醉记录、病理资料、护理记录、医疗费用单据等医务人员在医疗活动过程中形成的文字、符号、图表、影像、切片等资料的总和。《病历书写基本规范》要求：病历书写应当使用中文，通用的外文缩写和无正式中文译名的症状、体征、疾病名称等可以使用外文。书写应规范使用医学术语，文字工整，字迹清晰，表述准确，语句通顺，标点正确。但现实中，医生的字实在难辨认。一方面是太专业，常人看不懂，另一方面也太潦草，常人认不出。

严禁涂改！病历书写过程中出现错字时，应当用双线划在错字上，保留原记录清楚、可辨，并注明修改时间，修改人签名。不得采用刮、粘、涂等方法掩盖或去除原来的字迹。办公自动化程度越来越高了，打印也可以，但须由相应医务人员手写签名。这些在《病历书写基本规范》中有规定。

病人进入医院后的整个治疗过程都要记录下来，包括治愈出院，也包括抢救无效死亡。虽然法律规定病历资料由医疗机构妥善保管，但病人及其家属可以复印，一旦出现纠纷，这些都是极其重要的证据。

4. 我同意

“医生，我们相信您，病人交给您了哈！”“医生，请您耐心点，我们想知道……”“医生，我再问一下……”患者有知情权，医生有说明和解释的义务。

《侵权责任法》第五十五条　医务人员在诊疗活动中应当向患者说明病情和医疗措施。需要实施手术、特殊检查、特殊治疗的，医务人员应当及时向患者说明医疗风险、替代医疗方案等情况，并取得其书面同意；不宜向患者说明的，应当向患者的近亲属说明，并取得其书面同意。

医务人员未尽到前款义务，造成患者损害的，医疗机构应当承担赔偿责任。

这一条中的“诊疗活动”，据《医疗机构管理条例实施细则》（以下简称《医疗机构细则》）第八十八条规定，是指通过各种检查，使用药物、器械及手术等方法，对疾病作出判断和消除疾病、缓解病情、减轻痛苦、改善功能、延长生命、帮助患者恢复健康的活动。

“特殊检查”、“特殊治疗”，是指具有下列情形之一的诊断、治疗活动：①有一定危险性，可能产生不良后果的检查和治疗；②由于患者体质特殊或者病情危笃，可能对患者产生不良后果和危险的检查和治疗；③临床试验性检查和治疗；④收费可能对患者造成较大经济负担的检查和治疗。

“技术规范”是指由卫生部、国家中医药管理局制定或者认可的与诊疗活动有关的技术标准、操作规程等规范性文件。

医生的说明义务在《执业医师法》第二十六条、《医疗机构管理条例》第三十三条、《医疗事故处理条例》第十一条等均有规定。医生应当将患者的病情、医疗措施、医疗风险等如实告知患者，及时解答其咨询，但是，应当避免对患者产生不利后果。这在《医疗事故处理条例》第十一条中说得很清楚。

穿着白大褂的华佗，面对红脸关公，微微一笑，说：“关大爷，要治疗您的箭伤，需要到检验科去验血、查肝功、测视力……核磁共振，共七七四十九项检查……”

关公的脸开始变白，但还是很镇定：“要多少钱呢？”

“您老来了，我们可以优惠，打七点七折，大约七万七千元，我们还要送一套医学美白优惠券给您，您和您夫人都可以来参加活动，还可以抽奖。”华佗露出狡黠的目光。

关公的脸更白了：“钱是小事，如果我的钱不够，可以到我大哥刘备那里去报销，关键是手术风险有多大？”

华佗听到这一问，脸色开始发红：“手术是存在风险的，您老在战场上都不惧生死，现在还怕谁呢？”

关公听到这里，脸色全白了：“您打算怎样给我治疗？”

华佗面对很关心自己生命并打破砂锅问到底的关公，脸一下全红了：“这个您放心，我们有九套方案，先是直接拔箭法，第二套是麻醉切除法，第三套是断箭割肉截肢法……实在不行，我们与殡仪馆还签订了合作协议，他们会负责后续问题，这个您不要担心。”

关羽听着名医的介绍，噙着泪水的双眼望着窗外的孤雁……

哈哈，这是新版的“刮骨疗伤”。

关于医方的告知和患方的同意，实际中是如何操作的呢？目前主要是由医方向患者或其亲属出示同意书，让患方阅读后签名。于是就会出现前面所说到的“特殊检查同意书”、“手术同意书”等等。

签名问题，在第一章中已经说过。签名前一定要弄清楚纸上写的内容，如果搞不清楚，您得先问明白。您如果同意就签名，不同意就不要盲目签名。谁可以在这些病历资料上签名？患者本人、法定代理人、患者授权的人、患者关系人、医疗机构负责人或者授权的负责人等，在不同情形下可以签名。签名涉及民事行为能力问题，这在下一章将会作介绍。

《病历书写基本规范》第十条　对需取得患者书面同意方可进行的医疗活动，应当由患者本人签署知情同意书。患者不具备完全民事行为能力时，应当由其法定代理人签字；患者因病无法签字时，应当由其授权的人员签字；为抢救患者，在法定代理人或被授权人无法及时签字的情况下，可由医疗机构负责人或者授权的负责人签字。

因实施保护性医疗措施不宜向患者说明情况的，应当将有关情况告知患者近亲属，由患者近亲属签署知情同意书，并及时记录。患者无近亲属的或者患者近亲属无法签署同意书的，由患者的法定代理人或者关系人签署同意书。

不要小看这个《病历书写基本规范》，医生可能不会关注更多的法律，虽然对书写病历觉得很麻烦，但每天工作都会按《病历书写基本规范》来进行。

前面已经说到，一般情况需要患者或其近亲属同意才好实施相应的医疗措施，但也有例外。比如对精神病人的强制医疗时，精神病人是不会有发言权的。根据《刑法》第十八条规定，对重度的精神病人应当责令他的家属或者监护人严加看管和医疗；在必要的时候，由政府强制医疗。再如，非典时期，对非典病人的强制隔离治疗措施，也不会经得我和您的同意。这在《中华人民共和国传染病防治法》（以下简称《传染病防治法》）第三十九条有规定。

《侵权责任法》第五十六条　因抢救生命垂危的患者等紧急情况，不能取得患者或者其近亲属意见的，经医疗机构负责人或者授权的负责人批准，可以立即实施相应的医疗措施。

情况紧急，经医疗机构负责人或者授权的负责人批准，可以立即实施相应的医疗措施。人命关天，请抢救！医生不得拒绝急救处置，因为这是医生的法定职责。这在《执业医师法》第二十四条中有规定。如果一时没有钱交押金，也请白衣天使先救人，我们会将钱补齐的。

为了增加诊断的准确性，降低医患双方的风险，必要的检查是无可厚非的，我们也会积极地配合进行。但是，不要胡乱安排我检查啊，否则也是侵犯我的权利，这不光是钱的问题，有些检查对我的身体可能有损害。

《侵权责任法》第六十三条　医疗机构及其医务人员不得违反

诊疗规范实施不必要的检查。

需要实施特殊检查、特殊治疗的，医务人员也应当及时向患者说明医疗风险、替代医疗方案等情况，并取得其书面同意；不宜向患者说明的，应当向患者的近亲属说明，并取得其书面同意。

二、医疗损害责任

我们必须瞪大眼睛。在第一章中曾经提到“谨慎的注意义务”，医生就应当尽到谨慎的注意义务，但往往有人没有尽到这一义务，这是医疗过失行为承担责任的前提。虽然我们的眼睛瞪得很大，但损害还是发生了；如果感到维权之路很难走，您最好找个熟悉医疗损害维权的代理人来帮助您，与代理相关的法律制度在第九章会说到。

1. 医疗机构承担责任的几种情形

在一般的医疗损害情况下，医疗机构承担过错责任；在《侵权责任法》第五十八条规定的情况下，承担过错推定责任。以前的规定（《医疗事故处理条例》和《人身损害赔偿解释》），与《侵权责任法》第五十四条不一致的地方，应当以《侵权责任法》第五十四条的规定为准。

过错责任的问题，在第一章的“凭什么说他构成侵权”中已经有较为详细的说明，请注意参看。在医疗损害赔偿纠纷的诉讼中，您得提出相应的证据，来证明：①医疗机构和医生主观上存在过错，即具有过失或故意；②医疗机构和医生的行为违反了法律、行政法规、规章以及其他有关诊疗规范的规定；③医疗机构和医生的行为给病人造成了损害后果；④医疗机构和医生的侵害行为与给病人造成的损害后果之间存在因果关系。这四个方面缺一不可。

（1）未尽到相应诊疗义务

医方有救死扶伤的职责，未尽到合理（与当时的医疗水平相应）的诊疗义务，造成患者损害的，应当承担赔偿责任，包括在《侵权责任法》第五十六条规定的紧急情况下进行的医疗行为中，如果未尽到与当时的医疗水平相应的诊疗义务，也应当承担赔偿责任。

《侵权责任法》第五十四条　患者在诊疗活动中受到损害，医疗机构及其医务人员有过错的，由医疗机构承担赔偿责任。

《侵权责任法》第五十七条　医务人员在诊疗活动中未尽到与当时的医疗水平相应的诊疗义务，造成患者损害的，医疗机构应当承担赔偿责任。

这里的损害主要是由于医疗技术方面的原因造成的患者的人身损害，主要表现为医护人员的诊断过失、治疗过失、护理过失等，并且往往是医护人员未遵守医疗规范、规章、规程等，未尽到高度的注意义务。还要注意，承担民事赔偿责任的不是医生或护士，而应当是相应的医疗机构，即医疗机构为医护人员承担“替代责任”，也就是说，应该以相应的医疗机构为被告。

举个小例子：许仙大夫对前来就诊的白娘子问了些情况后，认为她五行缺酒，于是给她开了一些加了雄黄的药酒，并要求她在端午节那天将雄黄酒喝下，谁知道白娘子对雄黄有过敏反应，身体急剧萎缩并变长，呈蛇形状，白娘子的病情将许仙大夫吓得昏死过去。

对此保和堂作为医疗机构，应当对白娘子的损害进行赔偿。但前提是白娘子得提出证据，证明保和堂的许仙大夫未进行相应的询问和检查就贸然地让白娘子喝雄黄药酒的行为，违反有关诊疗规范的规定；许仙大夫具有相应的注意义务，主观上存在过错；许仙大夫让白娘子喝雄黄药酒的行为给白素贞造成了损害后果——由人变蛇，许医生的侵害行为与白娘子由人变蛇的损害后果之间存在因果关系。至于许仙大夫吓得昏死过去，那就属于工伤了，有关工伤的问题，在后面第六章中会讲到。

造成医疗损害后，就算医疗机构很配合，您能占有所有的证据，这些病历资料、实物标本等，法官可能看不懂，因为一般的法官都不是医学方面的行家里手，所以进行技术鉴定就十分必要了，只有借助鉴定结论才能更好地审理这类案件。如果您未经医疗鉴定直接起诉到法院，在审理过程中，法院通常会要求您做司法鉴定。鉴定既耗钱，又费时，如果您认为法官这是在为难您，那您错了。原因很简单，有理讲在法庭，证据决定输赢。您有义务为您所主张的观点提出相应的证据，否则，将承担败诉的风险，这在第一章中就讲过的《民事诉讼证据规定》第二条和第二十五条里均有规定。特别提醒：关于医疗机构和医务人员存在医疗过错和其医疗行为与损害后果之间存在因果关系，这个举证责任在原告。

《民事诉讼证据规定》第二十五条　当事人申请鉴定，应当在举证期限内提出。符合本规定第二十七条规定的情形，当事人申请重新鉴定的除外。

对需要鉴定的事项负有举证责任的当事人，在人民法院指定的期限内无正当理由不提出鉴定申请或者不预交鉴定费用或者拒不提供相关材料，致使对案件争议的事实无法通过鉴定结论予以认定的，应当对该事实承担举证不能的法律后果。

(2) 未尽到说明义务

如前所述，医方具有对患方的说明义务。医方未尽说明义务造成了患者损害的，医疗机构应当承担赔偿责任。与《侵权责任法》第五十四条相比，《侵权责任法》第五十五条中，医方承担的是“过错推定责任”。在前面已经说过，过错推定责任中，对“自己没有过错”的举证责任在于被告方（医方）。但除了“过错”以外，侵权责任构成中的另外三个要件即违法行为、损害后果和因果关系，仍然需要由原告（患方）来举证证明。

《侵权责任法》第五十五条　医务人员在诊疗活动中应当向患者说明病情和医疗措施。需要实施手术、特殊检查、特殊治疗的，医务人员应当及时向患者说明医疗风险、替代医疗方案等情况，并取得其书面同意；不宜向患者说明的，应当向患者的近亲属说明，并取得其书面同意。

医务人员未尽到前款义务，造成患者损害的，医疗机构应当承担赔偿责任。

这里的损害主要是医疗伦理方面的损害，被侵害的主要是病人的生命权、健康权、身体权以及知情权、自我决定权、隐私权。医生未履行说明义务主要表现为不告知、告知不充分、错误告知、迟延告知等。说明义务也有例外，这在《侵权责任法》第五十六条有规定，在情况十分危急的情况下，经医疗机构负责人或者授权的负责人批准，可以立即实施相应的医疗措施。

啄木鸟医生采用打孔的保守疗法给树爷爷治病，“哗——”的一声，树皮被撕开很大一块，血流不止的老树唯有鬼哭狼嚎，最终因失血过多而奄奄一息。啄木鸟事先只是向树爷爷说采取打孔钻洞的方法进行治疗，对撕开大片树皮的可能性只字未提，也没有取得老树的书面同意，树爷爷对此一点心理准备都没有。如果啄木鸟所在的医疗机构不能举出相应的证据，证明啄木鸟在此过程中没有过错，就应当对树爷爷的这一损害后果承担赔偿责任。

（3）隐匿、伪造病历资料等

与其他几种情形不同，在《侵权责任法》第五十八条规定这三种情形下，医方承担“过错推定责任”，即患者无需证明医疗机构有过错，只要证明医疗机构具有下列情形、给患者造成了损害、医疗机构的行为和损害之间有因果关系即可。

《侵权责任法》第五十八条　患者有损害，因下列情形之一的，推定医疗机构有过错：

（一）违反法律、行政法规、规章以及其他有关诊疗规范的规定；

（二）隐匿或者拒绝提供与纠纷有关的病历资料；

（三）伪造、篡改或者销毁病历资料。

但是，您凭什么说医疗机构提交的病历资料存在伪造、篡改等情形呢？所以，我们一开始就要注意保存一些必要的证据，比如：门诊病历本、加盖了医院公章的交费发票等，必要时还要依照《侵权责任法》第六十一条的规定，到相应的医疗机构复制一些重要的病历资料，将一些基本的证据保留下来。至少您要证明曾在这个医院就诊过，但不仅仅是这些。

如果您手中确实缺少相应的证据，也可以通过向相关的行政部门（卫生局）请求救济，也可以到法院进行诉讼，要求医疗机构履行《侵权责任法》第五十八条中规定提供相关病历资料的义务。但这条路可能不好走，是否行得通，还得看您的运气。很多时候，运气是掌握在您手中的，主要看您是一开始就将自己置于高风险中还是将风险降到最低了。

(4) 未尽到保密义务

医疗机构未尽到保密义务造成患者损害的，也要承担过错责任。

《侵权责任法》第六十二条　医疗机构及其医务人员应当对患者的隐私保密。泄露患者隐私或者未经患者同意公开其病历资料，造成患者损害的，应当承担侵权责任。

《执业医师法》第二十二条和第三十七条、《护士条例》第十八条和第三十一条分别规定了医生和护士在治疗过程中要保护患者的隐私权。

红苕先生陪伴发高烧的红苕夫人来到乡卫生院就诊，白萝卜医生和胡萝卜护士给红苕夫人作了检查，白萝卜医生向红苕先生通报了病情，等红苕夫妇走后，胡萝卜护士对同事大肆宣扬："红苕夫人得了性病，她胸部有疤痕，肯定与蚯蚓先生有说不清楚的地方……"

红苕夫人遭遇的这种情形，在1998年7月14日发布的《最高人民法院关于审理名誉权案件若干问题的解释》（以下简称《名誉权解释》）中就有规定，红苕夫人可以据此进行维权。

《名誉权解释》第八条　医疗卫生单位的工作人员擅自公开患者患有淋病、梅毒、麻风病、艾滋病等病情，致使患者名誉受到损害的，应当认定为侵害患者名誉权。

医疗卫生单位向患者或其家属通报病情，不应当认定为侵害患者名誉权。

隐私权和名誉权的问题，在本书第八章中还会讲到。

通过以上的分析可知，医疗机构承担过错责任是《侵权责任法》要强调的一个重要观点。再次重复：我说医疗机构承担过错责任的一个重要意图在于指引您完成举证责任，您要举证证明其医疗行为符合相应的侵权责任构成要件。

(5) 医疗产品责任

医疗过程中出现产品责任问题，医疗机构也要承担赔偿责任。至于产品责任问题，后面第四章将会专门讲到，请注意参看。

《侵权责任法》第五十九条　因药品、消毒药剂、医疗器械的缺陷，或者输入不合格的血液造成患者损害的，患者可以向生产者或者血液提供机构请求赔偿，也可以向医疗机构请求赔偿。患者向医疗机构请求赔偿的，医疗机构赔偿后，有权向负有责任的生产者或者血液提供机构追偿。

(6) 赔偿项目和标准

关于赔偿的项目和标准，与前述的道路交通事故的损害赔偿相比，医疗损害赔偿项目没有什么特殊性，在此不再赘述。

《侵权责任法》第十六条　侵害他人造成人身损害的，应当赔偿医疗费、护理费、交通费等为治疗和康复支出的合理费用，以及因误工减少的收入。造成残疾的，还应当赔偿残疾生活辅助具费和残疾赔偿金。造成死亡的，还应当赔偿丧葬费和死亡赔偿金。

《侵权责任法》第二十二条　侵害他人人身权益，造成他人严重精神损害的，被侵权人可以请求精神损害赔偿。

除了民事赔偿责任以外，如果情节严重的话，医生可能涉嫌医疗事故罪，不合格的产品生产者也可能涉嫌犯罪。这在《刑法》第一百四十五条、第三百三十五条、第二百五十三条等法条中有规定。

(7) 医疗损害免责及其相关的情形

《侵权责任法》第六十条　患者有损害，因下列情形之一的，医疗机构不承担赔偿责任：

（一）患者或者其近亲属不配合医疗机构进行符合诊疗规范的诊疗；

（二）医务人员在抢救生命垂危的患者等紧急情况下已经尽到合理诊疗义务；

（三）限于当时的医疗水平难以诊疗。

前款第一项情形中，医疗机构及其医务人员也有过错的，应当承担相应的赔偿责任。

需要注意的是，即使在上述条款规定的免责情形下，如果医疗机构及其医务人员也有过错的，也应当承担相应的赔偿责任。此处的“相应的赔偿责任”是指“过失相抵”后的赔偿责任。

2. 原告和被告

原告范围与交通事故损害中的原告范围相同，在第一章中“谁可以作原告”专题已经作了介绍。被告就是造成损害的那家医院（医疗机构），但有时情况也不这么简单。

如果涉及药品、消毒药剂、医疗器械有缺陷或输入的血液不合格，生产者或者血液提供机构要承担责任，医疗机构进货时有相应的审查义务，也应当承担责任。此时，患方可选择被告，向生产者或提供者索赔。这在《侵权责任法》第五十九条有规定，至于医疗机构追偿的问题，那是医疗机构在向您承担赔偿责任以后的事。

如果存在转院的情形，损害是由几家不同的医院分别造成的，您可以将其列为共同被告。至于被告之间的责任问题，通过您充分举证后，他们之间是共同侵权还是别的什么关系，法院会在查清事实的前提下依据《侵权责任法》第八条、第十一条、第十二条等法律规定帮助您做主的。

这次基本上不担心医疗机构会跑掉，但也不是高枕无忧，医疗机构的实力也有大小，要警惕有些小诊所“乘着月色搬家”。

3. 维权时的选择：违约责任或侵权责任

以上说的维权途径，都是要求医疗机构承担“侵权”责任的。但医疗事故纠纷还有一个特殊性：患者就诊使患者和医疗机构之间形成了一个医疗服务合同。医院造成了患者的损害，意味着医院没有恰当地履行合同约定的义务，对此应承担合同违约责任。因此，发生了医疗损害后，我们可以选择医疗机构承担违约责任或者承担侵权责任。这种情况在客运交通、工伤事故、产品责任等场合也会出现。

《合同法》第一百二十二条　因当事人一方的违约行为，侵害对方人身、财产权益的，受损害方有权选择依照本法要求其承担违约责任或者依照其他法律要求其承担侵权责任。

二者必须择一！因为这是两种不同的法律关系，证明的途径和方法也不同。一旦行使了这个选择权后，另一种请求权利就随之消灭了。根据《最高人民法院关于适用〈中华人民共和国合同法〉若干问题的解释（一）》第三十条的规定，原告在向人民法院起诉时作出选择后，在一审开庭以前又变更诉讼请求的，人民法院应当准许。也就是说，究竟是让医疗机构承担违约责任还是承担侵权责任，您对此一定要深思熟虑，至少您在一审开庭前要拿定主意。

如果选择追究医疗机构方的违约责任，医疗机构就是被告，且通常是唯一的被告，因为合同只存在于患者和医疗机构之间。

如果选择主张违约责任，应当如何维权呢？

先看违约责任的构成要件。违约责任与侵权责任一个较为显著的区别在于：侵权责任往往要以过错作为构成的要件，而违约责任则是不以过错为前提的，类似于无过错责任。因而其构成要件主要是“违约行为”，即一般情况下，只要合同一方具有违约行为又没有免责情形就构成违约责任。如果要求赔偿损失，除了“违约行为”之外，还需要证明：有损害事实、违约行为与损害事实之间存在着因果关系。

承担违约责任有哪些方式？承担违约责任主要的方式有：继续履行、支付违约金、支付定金、采取补救措施、赔偿损失等。这在《合同法》第一百零七条、第一百零九条、第一百一十条、第一百一十一条、第一百一十二条、第一百一十三条、第一百一十四条、第一百一十五条、第一百一十六条、第一百二十条等条文中有规定。

如果主张以赔偿损失的方式承担违约责任，您可以获得哪些赔偿？违约责任中赔偿损失的确定方式有两种：法定损害赔偿和约定损害赔偿。

法定损害赔偿，是指由法律规定的损害赔偿方式。根据法律规定，违约方应赔偿受害人的实际损失和可得利益的损失。“实际损失”是指现有财产的减少；“可得利益的损失”，是合同履行后可以实际取得利益的损失。可得利益是一种未来的必须通过合同的实际履行才能实现的利益，是当事人订立合同时能够合理预见到的利益。因此，尽管它没有为当事人所实际享受，但只要合同适当履行，当事人就会获得。违约损害赔偿的范围以违约方在订立合同时预见到或者应当预见到的损失为限。合理预见规则是限制法定违约损害赔偿范围的一项重要规则，根据订立合同时的事实或者情况来判断损失赔偿总额，包括现实财产损失和可得利益损失。

《合同法》第一百一十三条　当事人一方不履行合同义务或者履行合同义务不符合约定，给对方造成损失的，损失赔偿额应当相当于因违约所造成的损失，包括合同履行后可以获得的利益，但不得超过违反合同一方订立合同时预见到或者应当预见到的因违反合同可能造成的损失。

经营者对消费者提供商品或者服务有欺诈行为的，依照《中华人民共和国消费者权益保护法》的规定承担损害赔偿责任。

约定损害赔偿，是由当事人事先通过合同约定的损害赔偿方法。在医疗损害纠纷中，约定损害赔偿的情况较少。

《合同法》第一百一十四条　当事人可以约定一方违约时应当根据违约情况向对方支付一定数额的违约金，也可以约定因违约产生的损失赔偿额的计算方法。

除了是否要求证明对方的“过错”外，侵权责任和违约责任的选择还在以下两个方面对您维权的实际效果造成影响：

（1）是否可以主张精神赔偿

第一章中已经讲过，在侵权诉讼中，可以要求精神赔偿；但如果选择让对方承担违约责任的话，想获得精神损害赔偿就难了。这一点可以用最高人民法院《关于审理旅游纠纷案件适用法律若干问题的规定》（以下简称《旅游纠纷规定》）第二十一条来加以说明。

《旅游纠纷规定》第二十一条　旅游者提起违约之诉，主张精神损害赔偿的，人民法院应告知其变更为侵权之诉；旅游者仍坚持提起违约之诉的，对于其精神损害赔偿的主张，人民法院不予支持。

（2）诉讼时效

一般情况下，诉讼时效都是二年，但《民法通则》第一百三十六条中规定了四种诉讼时效期间为一年的情形：①身体受到伤害要求赔偿的；②出售质量不合格的商品未声明的；③延付或者拒付租金的；④寄存财物被丢失或者损毁的。因此，如果以医疗服务合同纠纷主张医疗机构承担违约责任，其诉讼时效为二年；如果以医疗损害赔偿纠纷主张医疗机构承担侵权责任，根据《民法通则》第一百三十六条的规定，其诉讼时效为一年。关于诉讼时效的问题，我在第九章中“对‘已过诉讼进效’的防守反击”专题中，会有更详细的讲述。

在现实中，一般人都选择请求医方承担侵权责任。对此您得慎重选择！

4. “医闹”的法律责任

如果行为不当的话，患者也可能会承担法律责任，因而您维权也要冷静，即使闹情绪也要控制在社会可以容忍的范围内。如果患方不依法进行维权，出现“医闹”行为，就会受到法律的制裁，根据不同的情形，可能是民事责任、行政责任或刑事责任。

《侵权责任法》第六十四条　医疗机构及其医务人员的合法权益受法律保护。干扰医疗秩序，妨害医务人员工作、生活的，应当依法承担法律责任。

此外，在《执业医师法》第四十条的和《医疗事故处理条例》第五十九条等法条中也有类似规定。有理走遍天下，无理寸步难行。“闹”不是解决问题的办法，还是要理智地依法维权。不要因为维权时采取的方法不对，而导致受到法律的惩罚，这不是旧病又添新伤吗？不划算。

三、医疗事故的行政处理程序

发生医疗纠纷后，医患双方可以协商解决，即人们常说的“私了”；不愿意协商或者协商不成的，也可依上文的讲解直接向人民法院提起民事诉讼。事实上，除了诉讼的途径外，还可以通过行政程序解决医疗纠纷。虽然行政处理程序并非民事诉讼的前置程序，但行政处理可能效率更高，更节约时间。

在行政程序下，主要适用《医疗事故处理条例》。因而，我还是专门讲讲《医疗事故处理条例》中的有关规定。发生医疗损害纠纷后，要证明构成医疗事故，还有很长的路要走。

1. 及时报告县卫生局处理

《医疗事故处理条例》第二条对医疗事故有明确的界定：医疗事故，是指医疗机构及其医务人员在医疗活动中，违反医疗卫生管理法律、行政法规、部门规章和诊疗护理规范、常规，过失造成患者人身损害的事故。

发生或者发现医疗过失行为，医疗机构及其医务人员应当立即采取有效措施，避免或者减轻对患者身体健康的损害，防止损害扩大。这是医生的良心所在，也是法律硬性规定的义务，比如《医疗事故处理条例》第十五条就有此规定。发生医疗事故的，医疗机构应当按照《医疗事故处理条例》第十四条的规定，在12小时内向所在地卫生行政部门报告。一般情况下，由县卫生局处理医疗事故争议。

根据《医疗事故处理条例》第三十八条和第三十九条规定，发生医疗事故争议，当事人申请卫生行政部门处理的，由医疗机构所在地的县级人民政府卫生行政部门受理。卫生行政部门应当自收到医疗事故争议处理申请之日起10日内进行审查，作出是否受理的决定。

如果当事人既向卫生行政部门提出医疗事故争议处理申请，又向人民法院提起诉讼的，卫生行政部门不予受理；卫生行政部门已经受理的，应当终止处理。因此，您的起诉行为就会导致行政处理程序终止。

2. 医患双方当面封存相应证据

如果发生医疗事故，我们必须擦亮眼睛，重点留意：①死亡病例讨论记录；②疑难病例讨论记录；③上级医师查房记录；④会诊意见；⑤病程记录。这些材料应当按照《医疗事故处理条例》第十六条规定，在医患双方在场的情况下封存和启封。疑似输液、输血、注射、药物等引起不良后果的，医患双方应当共同对现场实物进行封存和启封，需要对血液进行封存保留的，医疗机构应当通知提供该血液的采供血机构派员到场。否则就是对《医疗事故处理条例》第十七条的违反。如果患者死亡，尸检还由其近亲属签字同意。如果拒绝或者拖延尸检，超过规定时间，影响对死因判定的，由拒绝或者拖延的一方承担责任。

3. 医疗事故鉴定

我已经不相信这家医院的结论了，还是请个中间人来吧。对需要进行医疗事故技术鉴定的，应当交由负责医疗事故技术鉴定工作的医学会组织鉴定。医患双方协商解决医疗事故争议，可由双方当事人共同委托负责医疗事故技术鉴定工作的医学会组织鉴定。或者由卫生行政部门按照《医疗事故处理条例》第二十条的规定，交由负责医疗事故技术鉴定工作的医学会组织鉴定。

鉴定人在哪里？医学会在市上和省上才有。《医疗事故处理条例》第二十七条规定：专家鉴定组依照医疗卫生管理法律、行政法规、部门规章和诊疗护理规范、常规，运用医学科学原理和专业知识，独立进行医疗事故技术鉴定，对医疗事故进行鉴别和判定，为处理医疗事故争议提供医学依据。因此，为了鉴定结果的公平和公正，鉴定专家要保持独立性。专家鉴定组成员有《医疗事故处理条例》第二十六条规定的回避情形的，应当回避。进行鉴定的专家鉴定组，会根据《医疗事故处理条例》第二十八条等规定，对您进行相应的程序指引。我们要积极配合专家鉴定组的鉴定工作。我知道，任何一方不予配合，影响医疗事故技术鉴定的，由不予配合的一方承担责任。

只是又要等好长的时间啊。医疗事故技术鉴定书，一般会在鉴定机构接到当事人提交的有关医疗事故技术鉴定的材料、书面陈述及答辩之日起 45 日内出具。这在《医疗事故处理条例》第二十九条有规定。

没有免费的午餐，鉴定也要收费。经鉴定，属于医疗事故的，鉴定费用由医疗机构支付；不属于医疗事故的，鉴定费用由提出医疗事故处理申请的一方支付。

鉴定结论至关重要，这是处理医疗事故重要的且是主要的证据。因此，如果不服首次鉴定结论，可以申请再次鉴定！但需要注意时间：自收到首次鉴定结论之日起 15 日内，向医疗机构所在地卫生行政部门提出再次鉴定的申请。

《医疗事故处理条例》第四十二条　卫生行政部门经审核，对符合本条例规定作出的医疗事故技术鉴定结论，应当作为对发生医疗事故的医疗机构和医务人员作出行政处理以及进行医疗事故赔偿调解的依据；经审核，发现医疗事故技术鉴定不符合本条例规定的，应当要求重新鉴定。

4. 赔偿的项目和标准

关于赔偿的项目和标准的规定，《医疗事故处理条例》与《侵权责任法》有不一致的地方。在《侵权责任法》实施以后，根据上位法优于下位法的原则，不一致的地方应当以《侵权责任法》中规定的损害赔偿项目和标准进行赔偿。

《医疗事故处理条例》中规定的赔偿项目和标准的特殊性，主要体现在残疾生活补助费、精神损害抚慰金和死亡赔偿金等方面。《医疗事故处理条例》中干脆就没有规定要赔偿死亡赔偿金，精神损害抚慰金也相对固定。

《医疗事故处理条例》第五十条　医疗事故赔偿，按照下列项目和标准计算：

（一）医疗费：按照医疗事故对患者造成的人身损害进行治疗所发生的医疗费用计算，凭据支付，但不包括原发病医疗费用。结案后确实需要继续治疗的，按照基本医疗费用支付。

（二）误工费：患者有固定收入的，按照本人因误工减少的固定收入计算，对收入高于医疗事故发生地上一年度职工年平均工资 3 倍以上的，按照 3 倍计算；无固定收入的，按照医疗事故发生地上一年度职工年平均工资计算。

（三）住院伙食补助费：按照医疗事故发生地国家机关一般工作人员的出差伙食补助标准计算。

（四）陪护费：患者住院期间需要专人陪护的，按照医疗事故发生地上一年度职工年平均工资计算。

（五）残疾生活补助费：根据伤残等级，按照医疗事故发生地居民年平均生活费计算，自定残之月起最长赔偿30年；但是，60周岁以上的，不超过15年；70周岁以上的，不超过5年。

（六）残疾用具费：因残疾需要配置补偿功能器具的，凭医疗机构证明，按照普及型器具的费用计算。

（七）丧葬费：按照医疗事故发生地规定的丧葬费补助标准计算。

（八）被扶养人生活费：以死者生前或者残疾者丧失劳动能力前实际扶养且没有劳动能力的人为限，按照其户籍所在地或者居所地居民最低生活保障标准计算。对不满16周岁的，扶养到16周岁。对年满16周岁但无劳动能力的，扶养20年；但是，60周岁以上的，不超过15年；70周岁以上的，不超过5年。

（九）交通费：按照患者实际必需的交通费用计算，凭据支付。

（十）住宿费：按照医疗事故发生地国家机关一般工作人员的出差住宿补助标准计算，凭据支付。

（十一）精神损害抚慰金：按照医疗事故发生地居民年平均生活费计算。造成患者死亡的，赔偿年限最长不超过6年；造成患者残疾的，赔偿年限最长不超过3年。

但是，以下情形不属于医疗事故，医疗机构不会承担赔偿责任。

《医疗事故处理条例》第三十三条　有下列情形之一的，不属于医疗事故：

（一）在紧急情况下为抢救垂危患者生命而采取紧急医学措施造成不良后果的；

（二）在医疗活动中由于患者病情异常或者患者体质特殊而发

生医疗意外的；

（三）在现有医学科学技术条件下，发生无法预料或者不能防范的不良后果的；

（四）无过错输血感染造成不良后果的；

（五）因患方原因延误诊疗导致不良后果的；

（六）因不可抗力造成不良后果的。

医患双方可以协商和解，并制作协议书。协议书应当载明双方当事人的基本情况和医疗事故的原因、双方当事人共同认定的医疗事故等级以及协商确定的赔偿数额等，并由双方当事人在协议书上签名。

医患双方也可以就医疗事故赔偿请求卫生行政部门进行调解。调解时，应当遵循当事人双方自愿原则，并应当依据《医疗事故处理条例》的规定计算赔偿数额。经调解，双方当事人就赔偿数额达成协议的，制作调解书，双方当事人应当履行；调解不成或者经调解达成协议后一方反悔的，卫生行政部门不再调解。根据《医疗事故处理条例》第五十二条的规定，赔偿金是一次性支付的，不要分期支付，也不能赊账。

病人还得就医，请医疗机构及其医务人员自觉维护患者的权利。

第三章

未成年人权益的维护

导读：

从小到大，每一个人都会涉及行为能力与监护制度，只是我们没有在意。我会在“维权专列”中，就未成年人特别是学生的权益保护为您做一些介绍。

作为一个曾经的教师，作为一个未成年儿子的父亲，我对儿童有着特殊的情感。

2010 年春天的中国大地上，一连发生了多起针对小学生和幼儿园儿童的凶杀案，造成多名学生伤亡，许多个原本幸福的家庭就此陷入深深的痛苦之中。

据统计，2008 年中国义务教育阶段在校学生人数为 1.53 亿人。

儿童是拥有自身权利的主体，并非成人的附属物，不同于动物，也不是危险品；儿童需要国家、社会、学校和家庭的尊重和保护，特别需要父母的抚养和教育。

降低您的风险

您知道吗？未成年人享有生存权、发展权、受保护权、参与权等权利，国家根据未成年人身心发展特点给予特殊、优先保护，保障未成年人的合法权益不受侵犯。没听说过？这是《中华人民共和国未成年人保护法》（以下简称《未成年人保护法》）第三条的规定。成人可能受到侵害的地方，孩子更有可能受到侵害，比如，孩子上学路上常有恶犬出入，孩子会在饭店摔倒，医院里给孩子打针出错了……

孩子的自我保护能力是十分孱弱的，但我们无法让孩子们生活在真空中，也不能将他们全方位地包裹起来，因而需要全社会共同维护孩子成长过程中的权益。

第一，要让孩子在经历风雨的过程中增长见识，在受到保护的同时，儿童也要在成长过程中学会降低自身的风险。

第二，孩子在成长过程中是懵懵懂懂的，犯错是常见的事，也难免会侵犯别人的权利。让孩子在享受权利中学会承担责任，在此过程中茁壮成长起来。我认为，承担责任也可以看做是孩子成长过程中的一种利益，是成长的一个必经程序。

维权专列

一、行为能力与监护制度

每个人都是从小长大的，都是在前辈的拉扯帮扶下，从不懂事到成熟再到老练，从孙子到儿子再到老子，在这个过程中我们对“血浓于水”有切身感受，我们对呵护和关怀有真切的体会。要很好地理解有关未成年人权益保护的法律制度，还要一些知识作铺垫，先了解一下民事行为能力和监护制度。

1. 民事行为能力

三十多年前，我出生了，长辈们都为我的成长发愁，也许他们没有想过权利能力这事。在说公民的民事行为能力之前，先说说公民权利能力，这在后面的死者的人格权保护等内容中还会涉及。

《民法通则》第九条　公民从出生时起到死亡时止，具有民事权利能力，依法享有民事权利，承担民事义务。

《贯彻民法通则意见》第1条　公民的民事权利能力自出生时开始。出生的时间以户籍证明为准；没有户籍证明的，以医院出具的出生证明为准。没有医院证明的，参照其他有关证明认定。

因为从《民法通则》第十条的规定中我们知道，公民的民事权利能力一律平等，所以公民的人身权、财产权应该得到平等的保护。这里所说的公民与我们生活中常说的“人”还有不同。我们常说的人，在法律中常被称为自然人，包括公民、外国人和无国籍人。公民是一个法律概念，这里的公民指的是具有中国国籍的人。

人在社会上活动，须有相应的行为能力。同样，从事法律行为，也需要相应的能力。根据我国法律规定，18周岁以上的公民，以及16周岁以上不满18周岁的以自己的劳动收入为主要生活来源的公民，为完全民事行为能力人。完全民事行为能力人可以从事不被法律禁止的任何事情。

《民法通则》第十一条　十八周岁以上的公民是成年人，具有完全民事行为能力，可以独立进行民事活动，是完全民事行为能力人。

十六周岁以上不满十八周岁的公民，以自己的劳动收入为主要生活来源的，视为完全民事行为能力人。

《贯彻民法通则意见》第2条　十六周岁以上不满十八周岁的公民，能够以自己的劳动取得收入，并能维持当地群众一般生活水平的，可以认定为以自己的劳动收入为主要生活来源的完全民事行为能力人。

10周岁以上不满18周岁的未成年人和不能完全辨认自己行为的精神病人，这两类人是限制民事行为能力人。限制民事行为能力人也是自由的，但是有些事情无法自己亲自从事，须由其法定代理人同意或者追认。

《民法通则》第十二条　十周岁以上的未成年人是限制民事行为能力人，可以进行与他的年龄、智力相适应的民事活动；其他民事活动由他的法定代理人代理，或者征得他的法定代理人的同意。

不满十周岁的未成年人是无民事行为能力人，由他的法定代理人代理民事活动。

无民事行为能力人、限制民事行为能力人的日常活动如吃饭、睡觉等，完全可以由其自己进行，他们接受奖励、赠与、报酬等纯获得利益的行为也是有效的，但无民事行为能力人和限制民事行为能力人要就医、上学，如何进行？他们的法律事务必须由其法定代理人代理或经其法定代理人同意。不光如此，《道路交通安全法》第六十四条第一款对公路上行走的幼儿还专门规定须由负有管理、保护职责的成年人带领。

《合同法》第四十七条　限制民事行为能力人订立的合同，经法定代理人追认后，该合同有效，但纯获利益的合同或者与其年龄、智力、精神健康状况相适应而订立的合同，不必经法定代理人追认。

相对人可以催告法定代理人在一个月内予以追认。法定代理人未作表示的，视为拒绝追认。合同被追认之前，善意相对人有撤销的权利。撤销应当以通知的方式作出。

《贯彻民法通则意见》第 3 条　十周岁以上的未成年人进行的民事活动是否与其年龄、智力状况相适应，可以从行为与本人生活相关联的程度、本人的智力能否理解其行为，并预见相应的行为后果，以及行为标的数额等方面认定。

比如，11 岁的红孩儿（限制民事行为能力人）想将瑶池的美景照下来，于是独自到王府井商场里买了一台价格为 35 000 元的数码照相机，此买卖合同极有可能须经法定代理人追认后，才会有效。一般来说，因为 11 岁的儿童的年龄、智力状况难以识别高科技产品数码相机，且 35 000 元对目前的普通中国儿童来说也不是小数目，红孩儿是否具有这样的处分能力值得考虑。

不满 10 周岁的未成年人和不能辨认自己行为的精神病人，是无民事行为能力人。日常生活中，7 岁的哪吒（无民事行为能力人）用自己的一元零花钱买公交车票的行为，是有效的，无需其父母同意，虽然他是无民事行为能力人。

精神病人视其情形，可能是限制行为能力人，也可能是无民事行为能力人。由谁说了算？是否患有精神病得由医院说了算。但精神病人的行为能力，由法院根据申请来宣告。首先得由精神病人的利害关系人根据《民法通则》第十九条向该公民住所地基层人民法院提出申请，人民法院应当根据司法精神病学鉴定或者参照医院的诊断、鉴定确认。在不具备诊断、鉴定条件的情况下，也可以参照群众公认的当事人的精神状态认定，但应以利害关系人没有异议为限。《贯彻民法通则意见》第 6 条、第 7 条和《民事诉讼法》第一百七十条、第一百七十一条对此作了规定。

2. 监护人的确定

那么谁是无民事行为能力人、限制民事行为能力人的法定代理人呢？他的监护人是法定代理人。

未成年人的监护人首先是父母。未成年人的父母已经死亡或者没有监护能力的，可以按照下面的顺序来确定其监护人。

《民法通则》第十六条　未成年人的父母是未成年人的监护人。

未成年人的父母已经死亡或者没有监护能力的，由下列人员中有监护能力的人担任监护人：

（一）祖父母、外祖父母；

（二）兄、姐；

（三）关系密切的其他亲属、朋友愿意承担监护责任，经未成年人的父、母的所在单位或者未成年人住所地的居民委员会、村民委员会同意的。

对担任监护人有争议的，由未成年人的父、母的所在单位或者未成年人住所地的居民委员会、村民委员会在近亲属中指定。对指定不服提起诉讼的，由人民法院裁决。

没有第一款、第二款规定的监护人的，由未成年人的父、母的所在单位或者未成年人住所地的居民委员会、村民委员会或者民政部门担任监护人。

由以上法律规定可见，可以成为未成年人的监护人有：①父母；②祖父母、外祖父母；③兄、姐；④其他亲属、朋友；⑤未成年人的父、母的所在单位；⑥未成年人住所地的居民委员会、村民委员会；⑦民政部门等。

夫妻离婚后，该离异的男女双方对子女均有监护权。据《贯彻民法通则意见》第21条的规定，特殊情况下，人民法院可以取消其监护权。

精神病人的监护人，主要是配偶、父母、成年子女。根据《民法通则》第十七条的规定，可以成为精神病人的监护人有：①配偶，②父母，③成年子女；④其他近亲属，⑤关系密切的其他亲属、朋友；⑥精神病人的所在单位；⑦未成年人住所地的居民委员会、村民委员会；⑧民政部门等。

人民法院指定监护人时，会根据《贯彻民法通则意见》第14条的指引，按照《民法通则》第十六条第二款第（一）、（二）、（三）项或第十七条第一款第（一）、（二）、（三）、（四）、（五）项规定视为指定监护人的顺序。监护人可以是一人，也可以是同一顺序中的数人。

3. 监护人的职责

《侵权责任法》第二条规定监护是一种权利，在监护人与被监护人享受天伦之乐时，这显然是一种权利，但监护更多的是一种责任的体现。

《民法通则》第十八条　监护人应当履行监护职责，保护被监护人的人身、财产及其他合法权益，除为被监护人的利益外，不得处理被监护人的财产。

监护人依法履行监护的权利，受法律保护。

监护人不履行监护职责或者侵害被监护人的合法权益的，应当承担责任；给被监护人造成财产损失的，应当赔偿损失。人民法院可以根据有关人员或者有关单位的申请，撤销监护人的资格。

我们可以从《贯彻民法通则意见》第10条中的这些关键词中来领会监护职责：保护、照顾、管理、代理、教育、预防和制止，当然，监护职责不只是这几个词就能够概括的。

近来，“今天你偷菜了吗?”这一网络热词也几近成了未成年人的口头禅，青少年乃至儿童沉迷网络是未成年人成长中一个最普遍最典型的不良现象，这已经成为了一个社会问题了。父母或者其他监护人应当依据《未成年人保护法》第十一条规定，关注未成年人的生理、心理状况和行为习惯，预防和制止未成年人吸烟、酗酒、流浪、沉迷网络以及赌博、吸毒、卖淫等行为。

监护人亲自履行监护职责确有困难的，可以将该职责委托他人代为行使。《贯彻民法通则意见》第22条中说的是“可以委托”，但是到了《未成年人保护法》第十六条就成为了“应当委托”，这使得农民工及其他不在未成年子女身边的父母，“委托监护”成了其一项义务，理应如此!

如果非法使被监护人脱离监护，导致亲子关系或者近亲属间的亲属关系遭受严重损害，监护人也有独立的诉讼地位，因为这是侵犯监护权的行为，监护人也是受害人。

《精神损害解释》第二条　非法使被监护人脱离监护，导致亲子关系或者近亲属间的亲属关系遭受严重损害，监护人向人民法院起诉请求赔偿精神损害的，人民法院应当依法予以受理。

有一种长期的威胁——拐卖儿童。据最高人民法院 2010 年 8 月 31 日发布的消息称：2009 年全国各级法院共审结拐卖妇女、儿童犯罪案件 1 636 件，而 2010 年 1 月至 7 月全国各级法院受理拐卖妇女、儿童案件已达 1 233 件，比去年同期上升了 45%。可见，此类犯罪在呈上升态势。家长要提高防范意识，要注意教育儿童不要受到引诱。对于大一些的孩子，任何时候都不能离家出走，因为没有哪里比家更安全、更温暖！这话不光是对孩子说的，成人也一样，不能离家出走！成人离家出走是对家庭的不负责任。如果离家出走下落不明达到一定时间，就可以宣告其失踪或宣告其死亡。

任何人都不要将自己置于高风险之中。

二、未成年人权益的维护

孩子的成长是一个过程，不可能在一天内就长大了。孩子在成长过程中是懵懵懂懂的，犯错是常见的事，也难免会侵犯别人的权利；同样，孩子维护自身权益的能力也十分弱小，如何来维护未成年学生的权益，是我们共同面对的一个问题。

1. 未成年人致人损害

晚饭后，母亲和女儿一块儿洗碗，父亲和儿子在客厅看电视。突然，厨房里传来打破盘子的响声，然后一片沉寂。儿子望着他父亲，说道：“一定是妈妈打破的。”“你怎么知道？”父亲不解地问，儿子说：“她没有骂人。”

成人亦犯错、亦侵权，凭什么要求儿童不犯错、不侵权呢？我说这话的意图在于：对于未成年人犯的过错，成人应当以宽容的心态来对待。宽容！这是人类最深沉的美德之一。宽容未成年人，但并不是说要对未成年人的监督和管理要放松以致放纵，而应当加强教育和管理，防止其做出出格的事——重在预防！

几个小孩群殴段开宏，我清楚地记得打我的人中有哪吒、金吒、木吒和龙王三太子敖丙，该咋办？传统观念中是“父债子还”，在现在看起来，这是没有法律依据的。如果未成年子女无财产，则应当是“子债父还”啰。段开宏得带上相应的证据，找他们的父亲托塔李天王——李靖和东海龙王敖广索赔。因为监护人承担无过错侵权责任，监护人不能以“尽到监护义务”主张免责，只能主张减轻责任。在第一章中，我介绍了“谨慎的注意义务”，在本章的前面介绍了“监护人的职责”，这里就要求监护人尽到谨慎的注意义务。

《侵权责任法》第三十二条　无民事行为能力人、限制民事行为能力人造成他人损害的，由监护人承担侵权责任。监护人尽到监护责任的，可以减轻其侵权责任。

有财产的无民事行为能力人、限制民事行为能力人造成他人损害的，从本人财产中支付赔偿费用。不足部分，由监护人赔偿。

注意，此处的监护人责任是过错推定责任，您只需要举证证明侵权责任构成中除“过错”以外的其他三个要件（违法行为、损害事实、因果关系），如果监护人欲证明其没有过错，由该监护人承担举证责任。如果该监护人举证证明其已经尽到监护责任，也只能减轻其责任，也即根据公平责任对损失进行分担。

养儿本来就不容易，况且现在的父母更不是那么好当的，现在我重点讲讲父母对子女的监护问题，不光《侵权责任法》中规定了，《婚姻法》第二十三条也规定了父母的这种义务。看来，在生孩子之前结婚之初就应当明白这个理儿。如果孩子造成他人损害后尚未履行赔偿义务时父母就离婚了，依据《婚姻法解释（二）》第二十五条仍然可以要求曾经的夫妻承担连带赔偿责任。同理，尚未承担赔偿责任时父母一方就死亡了，在世一方仍然应当赔偿，这在《婚姻法解释（二）》第二十六条中是有规定的。如果是离婚后孩子造成他人损害的，则按《贯彻民法通则意见》第158条处理，即：由与子女共同生活一方承担责任，由未与该子女共同生活的一方承担补充责任。如果监护人不明确的，由顺序在前的有监护能力的人承担民事责任，《贯彻民法通则意见》第159条就体现了这一点。

如果无民事行为能力人、限制民事行为能力人有财产，则先得从其财产中支付相应的赔偿款，如果其财产不足赔偿，则由监护人承担补充责任。这是《侵权责任法》第三十二条中加以明确的。要让孩子从小学会承担责任。不足部分，子女债务父母偿还。如果行为人致人损害时年满 18 周岁，没有经济收入的，由扶养人垫付；垫付有困难的，也可以判决或者调解延期给付。适用《贯彻民法通则意见》第 161 条就可以让被侵权人的利益尽量得到保护。

现在很多孩子都有钱，只是多少不等而已。一是长辈赠与的，比如压岁钱、生日礼物等，很多“富二代”、“富三代”即是如此；二是自己挣来的，比如搞小发明、发表文章、买彩票、网络游戏号卡等，也有少数人是通过演戏挣来的，比如《家有儿女》中调皮鬼刘星的扮演者是可以获得报酬的，演广告、录制手机彩铃的儿童也一样可以获得报酬的。把这些钱用来作赔偿款，看似不值得，但从人的一生来看，是大有裨益的，孩子能够从中学会承担。

说了半天，以谁为被告？侵权者——未成年人一样可以成为被告，他的监护人也要成为被告，理由是：监护不力。这在《侵权责任法》第三十二条有规定。

教唆、帮助无民事行为能力人、限制民事行为能力人实施侵权行为的，由教唆、帮助的行为人承担侵权责任。监护人未尽到监护责任的，应当承担相应的责任。此处的监护人承担“相应的责任”并不一定是完全责任。

《侵权责任法》第九条　教唆、帮助他人实施侵权行为的，应当与行为人承担连带责任。

教唆、帮助无民事行为能力人、限制民事行为能力人实施侵权行为的，应当承担侵权责任；该无民事行为能力人、限制民事行为能力人的监护人未尽到监护责任的，应当承担相应的责任。

这种情况下，教唆未成年人侵权的成年教唆者是被告。未成年人是被成年教唆者所利用，责任应当由成年教唆者承担。这在《侵权责任法》第九条规定得很明确。比如在《武林外传》中，30 岁的白展堂教唆 12 岁的莫小贝使用“排山倒海”功打伤郭芙蓉，对郭芙蓉的赔偿责任应当由白展堂承担；莫小贝的监护人佟掌柜如果未尽到监护责任，也要成为被告。

如果是未成年人教唆未成年人侵权，则构成共同侵权，教唆者与被教唆者都承担责任。帮助未成年人侵权的帮助者也是被告，帮助与教唆的情形相一致。比如《家有儿女》中的“鼠标”帮助刘星偷拿别人的鞋子的行为，“鼠标”与刘星都是被告，双方的父母也是被告。虽然双方责任有大有小，但根据共同侵权的规定，双方的父母应当承担连带责任。

2. 未成年人受到损害

我看着高高兴兴上学的儿子渐渐融入孩子们的队伍，内心充满着喜悦——儿子在快乐地成长。谁也没有料到，灾祸竟然悄无声息地降临了……

(1) 在学校受到损害

七岁的宋江是在学校受害的，学校难脱关系。

如果宋江是在学校上厕所时，因“东坡不固”且“安石不牢”被倒塌的校舍所伤害的，或者宋江是被教师孔乙已体罚受伤害的，或者宋江是被同学花木兰所伤害的，或者宋江是被校外无业游民希特勒所伤害的，学校都有责任。

如果是无民事行为能力人（主要是十岁以下的学生，当然也包括成年的无民事行为能力人，下同）受伤害，学校承担过错推定责任。但学校方能够证明尽到教育、管理职责的，不承担责任，这个举证责任在学校方，由此可见这是过错推定责任。这是《侵权责任法》第三十八条规定的。

《侵权责任法》第三十八条　无民事行为能力人在幼儿园、学校或者其他教育机构学习、生活期间受到人身损害的，幼儿园、学校或者其他教育机构应当承担责任，但能够证明尽到教育、管理职责的，不承担责任。

如果是限制民事行为能力人（即十岁以上的学生及成年的限制民事行为能力人，下同）受到伤害，学校承担过错责任，这个举证责任在受害方。如果受害方未能举证证明学校未尽到相应义务，学校就不承担责任。

《侵权责任法》第三十九条　限制民事行为能力人在学校或者其他教育机构学习、生活期间受到人身损害，学校或者其他教育机构未尽到教育、管理职责的，应当承担责任。

如果是教育机构以外的人员伤害了学生宋江，应当由侵权人承担侵权责任，学校承担补充责任。这是在《侵权责任法》第四十条中规定的。注意：《侵权责任法》第四十条中的“教育机构未尽到管理职责”的举证责任，须结合前述的第三十八条和第三十九条来决定，即如果第三人伤害的是无民事行为能力人，则该举证责任在学校；如果第三人伤害的是限制民事行为能力人，则该举证责任在受害方。

《侵权责任法》第四十条　无民事行为能力人或者限制民事行为能力人在幼儿园、学校或者其他教育机构学习、生活期间，受到幼儿园、学校或者其他教育机构以外的人员人身损害的，由侵权人承担侵权责任；幼儿园、学校或者其他教育机构未尽到管理职责的，承担相应的补充责任。

这些条文中提到的“在教育机构学习、生活期间”如何来理解？我认为，在校学习生活期间，也包括课间休息期间、用餐及其前后的休息时间，还包括学校组织的实习、郊游时间。

再说区域，既包括校园内，也包括学校组织的实习、郊游活动的场所及来去的路途中。

学校应当依法承担相应的责任情形，是否有更为具体的规定？有。在中华人民共和国教育部制定的《学生伤害事故处理办法》（自 2002 年 9 月 1 日起施行）中有规定。

《学生伤害事故处理办法》第九条　因下列情形之一造成的学生伤害事故，学校应当依法承担相应的责任：

（一）学校的校舍、场地、其他公共设施，以及学校提供给学生使用的学具、教育教学和生活设施、设备不符合国家规定的标准，或者有明显不安全因素的；

（二）学校的安全保卫、消防、设施设备管理等安全管理制度有明显疏漏，或者管理混乱，存在重大安全隐患，而未及时采取措施的；

（三）学校向学生提供的药品、食品、饮用水等不符合国家或者行业的有关标准、要求的；

（四）学校组织学生参加教育教学活动或者校外活动，未对学生进行相应的安全教育，并未在可预见的范围内采取必要的安全措施的；

（五）学校知道教师或者其他工作人员患有不适宜担任教育教学工作的疾病，但未采取必要措施的；

（六）学校违反有关规定，组织或者安排未成年学生从事不宜未成年人参加的劳动、体育运动或者其他活动的；

（七）学生有特异体质或者特定疾病，不宜参加某种教育教学活动，学校知道或者应当知道，但未予以必要的注意的；

（八）学生在校期间突发疾病或者受到伤害，学校发现，但未根据实际情况及时采取相应措施，导致不良后果加重的；

（九）学校教师或者其他工作人员体罚或者变相体罚学生，或者在履行职责过程中违反工作要求、操作规程、职业道德或者其他有关规定的；

（十）学校教师或者其他工作人员在负有组织、管理未成年学生的职责期间，发现学生行为具有危险性，但未进行必要的管理、告诫或者制止的；

（十一）对未成年学生擅自离校等与学生人身安全直接相关的信息，学校发现或者知道，但未及时告知未成年学生的监护人，导致未成年学生因脱离监护人的保护而发生伤害的；

（十二）学校有未依法履行职责的其他情形的。

如果在学校外的其他教育机构中受到侵害，比如未成年人在青少年校外活动中心学习钢琴时受到相关损害，青少年校外活动中心作为一种教育机构应当承担责任；再比如，在私人游泳教练那里学游泳时受到相关损害，私人游泳教练负有相应的教育和管理的职责，因此也应当承担赔偿责任。

（2）在其他公共场所受到伤害

儿童不光会在学校内受到伤害，成人可能受到伤害的地方，比如餐馆、超市、动物园等地方，儿童更容易受到伤害。

《侵权责任法》第三十七条　宾馆、商场、银行、车站、娱乐场所等公共场所的管理人或者群众性活动的组织者，未尽到安全保障义务，造成他人损害的，应当承担侵权责任。

因第三人的行为造成他人损害的，由第三人承担侵权责任；管理人或者组织者未尽到安全保障义务的，承担相应的补充责任。

言下之意，餐馆、超市、动物园等公共场所负有安全保护义务，如果发生儿童受伤害的情况，这些单位应当作为被告承担相应的责任。有些设备、设施，在成人眼里是很安全的，但对儿童来说却不一定安全，换言之，对儿童的保护应当具有更高的标准和要求，以保证未成年人不受到伤害。一句话，学校与家长要无缝对接，动物饲养人、安保义务人……全社会动员起来，这样才能将未成年人好好地保护起来。

(3) 未成年人的其他权益

除了人身权以外，未成年人的其他人格利益也受到法律保护，比如隐私权和人格尊严。《未成年人保护法》第三十九条规定：任何组织或者个人不得披露未成年人的个人隐私。对未成年人的信件、日记、电子邮件，任何组织或者个人不得隐匿、毁弃。《未成年人保护法》第二十一条规定，学校、幼儿园、托儿所的教职员工应当尊重未成年人的人格尊严，不得对未成年人实施体罚、变相体罚或者其他侮辱人格尊严的行为。我想，未成年人的其他人格利益保护的问题，也应当包括在上述的《侵权责任法》第三十八条、第三十九条和第四十条的规定里面了。

讽刺和谩骂学生、让学生连续蛙跳100次或将错题重抄99遍……老师啊，不要不以为意，这也是侵权！这些损害是渐进的、无形的，但是，却可能对学生造成终生难以挥去的阴影！

3. 对家庭暴力说“不”

受“不打不成材”的观念影响，生活中存在很多父母侵犯子女权益的情形，比如打孩子、偷看孩子的日记等。我要替孩子怒吼一声：“侵权了！”我不得不说说家庭暴力的问题。

还记得前面说的“法律面前人人平等”吗？提醒天下父母一句：所有人从一出生就具平等的民事权利能力，孩子不是父母的附属品，他们与成人一样有人身权和财产权，包括生命权、健康权、身体权、隐私权……

“家庭暴力”是一个概括性的说法，事实上，父母侵害子女权益的方式很多，辱骂、殴打、遗弃、虐待、拐卖等。虐待是指经常性以残酷的手段，对家庭成员实施肉体上的摧残和精神上的折磨，方式主要有打骂、冻饿、强迫过量饮食、禁闭、有病不医治等。家庭暴力涉及《婚姻法》、《侵权责任法》、《中华人民共和国治安管理处罚法》（以下简称《治安管理处罚法》）等诸多法律，情节严重的还可能触犯《刑法》，构成犯罪，如虐待一次性造成重伤，可能涉嫌故意伤害罪；将婴儿弃于山野，则可能涉嫌故意杀人罪。

对于家庭暴力等侵害家庭成员权益的情形，居民委员会、村民委员会以及所在单位应当予以劝阻、调解，受害人也可以请求公安机关进行行政处罚或到法院进行刑事自诉。当然，他也可以请求侵权的父母进行民事赔偿，他有这个权利！

谁是原告？受伤害的未成年人。可小孩子怎么告自己的爹妈呢？如果其父或母一方有侵权行为，可由未侵权的母或父一方代理子女进行诉讼。如果父母均是“恶魔”，则未成年人的祖父母、外祖父母应当代理其进行诉讼，要求监护人承担民事责任，还可以要求变更监护关系。这是多数家庭都不愿走上的一步。

谁是被告？伤害子女的父母。

家庭暴力不仅存在于父母和子女之间，也存在于丈夫和妻子之间，而且受害者往往是女方。因此法律对于夫妻间的家庭暴力也作出了规定，如果遭遇家庭暴力，一方可以依据《婚姻法》第三十二条第三款第二项的规定提出离婚，并根据《婚姻法》第四十六条要求对方给予损害赔偿。严重的，还可以追究其刑事责任。

孩子是用来疼的！配偶还有一个称谓叫“爱人”！尊重孩子，尊重配偶，我们要从细节做起，即使是以“爱的名义”，也不能殴打。

《读者》杂志中曾登载了孙道荣讲的《一位母亲的危机处理》的

感人故事：停在小区内的几十辆小车，无一幸免地被利器划得伤痕累累。修理费粗略估计需要四、五万元。愤怒的车主们发誓要揪出恶意划车的人。儿子放学回家后，母亲问儿子，是谁干的？儿子低头不说话。她对儿子说，你是男子汉，是你做的，就要勇于担当。她和儿子一起打印了一份致歉信，向所有被划伤的车主表达歉意，并表示承担全部责任和修理费用。连续两个晚上，她领着孩子，挨家挨户登门道歉。儿子在课余折叠了很多张纸船，上面都醒目地写着“对不起”三个大字，他将这只船作为礼物，送给车主们。所有的车主都表示：原谅孩子。一场危机，被这位母亲成功地化解了。

遇到这样的事情，不是每个家长都能处理得这么及时、这么果断。要想让孩子学会担当，有责任心，做父母的首先自己要敢于担当，善于担当，您能够做到这一点吗？

我认为：这位母亲处理得很好，我作为父亲也会这样做，但可能做不到这样好。我的儿子在四岁左右时，用打火机将朋友家的洗衣粉盒子烧烂了，我当即让他用自己的5元零花钱进行赔偿。我曾经明确地告诫过儿子：“汽车是贵重物品，损坏了会赔很多的钱，所以要离远点，即使是你停放自行车等这些细节问题，也要注意不要损坏别人的汽车。以此类推，在行使权利时不能影响别人的权利，不能损坏别人的物品，更不能损害别人的人身和名誉。”如果儿子真的造成了别人损害，必须先拿他自己的钱来承担赔偿责任，这是让他学会承担的必经程序。如果他的财产不足弥补损失，由我们承担赔偿责任。但要让儿子清楚，这将给我们全家的生活带来很多不便，甚至让我们陷入贫困；儿子也将因此陷入长期的内疚、自责，甚至产生心理障碍，所以要力求避免这种不好的事情发生。

如果对孩子从小就进行责任感的教育，很多不好的事就可以避免。重要的是“教育在先，勇于承担”，重要的是事前的告诫、预防，只有经过有效的教育，才会有良好的结果。通过事前预防，前述危机事实上是可以避免且容易避免的。

学生还得成长，请学生、家长、学校和全社会尽量降低学生面临的风险，努力营造未成年人成长的良好氛围。

第四章 产品损害维权

导读：

现代工业生产，在改变人们的生活时也引来了诸多烦恼，我们的衣食住行无法离开工业产品，作为消费者，您知道您的权利吗？从本章的维权专列中您会了解到遭受产品损害时的一些维权方法。

我家的洗衣机不光会“唱歌”，而且会“跳舞”，不是因为它功能齐全，而是因为它有产品缺陷。

触目惊心！2004 年安徽省阜阳市“杀人奶粉”让人还心有余悸，2008 年又曝出因食用添加了“三聚氰胺”的三鹿奶粉导致全国 29.4 万患儿泌尿系统异常、5.19 万人住院、6 人死亡的恶性事件。谁来保证我们的食品安全?

降低您的风险

作为消费者，我们得想办法让自己强大起来。

第一，不要对某一种产品情有独钟；远离不合格产品。

第二，查看 QS（食品质量安全市场准入标志）和产品合格证，看清产品的生产者，向销售者索要加盖了其公章的发票并妥善保管；如果产品还在的话，相应的外包装、合格证等先不要扔了。

第三，食品、药品等与人的生命安全、身体健康等密切相关的产品，要特别注意生产日期、有效期、保质期等；不要乱吃东西，不要随意用药。

第四，多关注产品质量的相关信息，多掌握与产品相关的知识，正确、安全使用产品。

上面的这几点，在《消费者权益保护法》第十三条等法条中有明确规定。

维权专列

一、购物去，我是消费者

有人曾经说过："所谓的道德与正义，只有当实力相等时才能提出来讨论。"这就是说：平衡来源于力量，和平依赖于威慑。我们是消费者，我们要努力成为独具慧眼的消费者，做有能力维权的消费者。

1. 借我一双慧眼吧——消费者的权利

我们要掌握消费和消费者权益保护方面的知识，还应当努力掌握所需商品或服务的知识和使用技能，正确使用商品，提高自我保护意识。

先看看《消费者权益保护法》适用于哪些情况。根据《消费者权益保护法》第二条和第五十四条的规定，消费者为生活消费需要购买、使用商品或者接受服务，农民购买、使用直接用于农业生产的生产资料，其权益受《消费者权益保护法》保护。可见，我们买衣服、猪肉、农药、种子都适用《消费者权益保护法》，在网吧上网、在洗脚坊里洗脚，也受到《消费者权益保护法》的保护。重提旧事：您得有证据意识，注意收集和保存证据。

法律赋予了我们很多权利，我们要依法用好、用足，防止合法权益受到侵害。您要理直气壮地用好您的权利，但做到这一点也不是很容易的，困难像弹簧，您弱它就强。任何事物都有"度"，行使权利也要把握好分寸，要在您力所能及的范围内。

作为消费者，究竟有哪些权利呢？我们有安全保障权、知悉真情权（或称知情权、了解权）、自主选择权、公平交易权、获得赔偿权、依法结社权、知识获取权、维护尊严权、监督批评权等。

先看《消费者权益保护法》第七条规定的安全保障权：一方面，消费者的人身、财产安全在购买、使用商品和接受服务时享有不受损害的权利。另一方面，消费者有权要求经营者提供的商品和服务，符合保障人身、财产安全的要求。

《消费者权益保护法》第八条规定的是知情权：消费者享有知悉其购买、使用的商品或者接受的服务的真实情况的权利。消费者有权要求经营者提供商品的价格、产地、生产者、用途、性能、规格、等级、主要成分、生产日期、有效期限、检验合格证明、使用方法说明书、售后服务，或者服务的内容、规格、费用等有关情况。

不得强卖！消费者有权进行比较、鉴别和挑选。自主选择权规定在《消费者权益保护法》第九条，我有自主选择商品或者服务的权利，我也有权自主选择这一家或者那一家的商品或服务。选择您想要的！法律赋予您挑选的权利，是希望您挑选到称心如意、物美价廉的商品和服务。挑来挑去，您不要自己选一些价高质差的商品和服务，更不能明知产品存在某些问题，还要不顾危险仍然去购买。

公平交易权和获得赔偿权在《消费者权益保护法》第十条和第十一条中有规定。《消费者权益保护法》第十三条忠告：您有获得有关消费和消费者权益保护方面的知识的权利。同时，也要求我们应当努力掌握所需商品或者服务的知识和技能，正确使用商品和接受服务，提高自我保护意识，让自己具备一双慧眼，让自己强大起来。

《消费者权益保护法》第二十五条　经营者不得对消费者进行侮辱、诽谤，不得搜查消费者的身体及其携带的物品，不得侵犯消费者的人身自由。

常常有人遭遇这种尴尬：超市搜查消费者的身体及其携带的手提包。您得拿起法律武器向他说“不”，这是我说的“在‘用’字上下工夫”的应有之意。

2. 一般产品及其生产者的义务

在前面我就说了，不要完全按照日常生活经验来理解法律用语。法律上所说的“产品”指的什么？根据《中华人民共和国产品质量法》（以下简称《产品质量法》）第二条的解释，产品是指经过加工、制作，用于销售的产品。建设工程使用的建筑材料、建筑构配件和设备属于产品，但建设工程不属于这里说的产品。可见，住房和枪支弹药等不是这里所说的产品。

我们需要合格、安全的产品。这在《产品质量法》第十二条和第十三条有规定。

《产品质量法》第二十六条　生产者应当对其生产的产品质量负责。

产品质量应当符合下列要求：

（一）不存在危及人身、财产安全的不合理的危险，有保障人体健康和人身、财产安全的国家标准、行业标准的，应当符合该标准；

（二）具备产品应当具备的使用性能，但是，对产品存在使用性能的瑕疵作出说明的除外；

（三）符合在产品或者其包装上注明采用的产品标准，符合以产品说明、实物样品等方式表明的质量状况。

谁来保证我们吃、穿、用的安全？首要的是生产者要做好。一是质量方面要安全，质量要过硬。二是标识包装要规范，特别要注意警示与说明，不要光想着用美女图片来抢我的眼！三是什么？下面会说。

《产品质量法》第二十七条　产品或者其包装上的标识必须真实，并符合下列要求：

（一）有产品质量检验合格证明；

（二）有中文标明的产品名称、生产厂厂名和厂址；

（三）根据产品的特点和使用要求，需要标明产品规格、等级、所含主要成份的名称和含量的，用中文相应予以标明；需要事先让消费者知晓的，应当在外包装上标明，或者预先向消费者提供有关资料；

（四）限期使用的产品，应当在显著位置清晰地标明生产日期和安全使用期或者失效日期；

（五）使用不当，容易造成产品本身损坏或者可能危及人身、财产安全的产品，应当有警示标志或者中文警示说明。

裸装的食品和其他根据产品的特点难以附加标识的裸装产品，可以不附加产品标识。

三是不得昧着良心干坑害百姓的事，不要做法律明令禁止的事。生产者不得生产国家明令淘汰的产品，不得伪造产地，不得伪造或者冒用他人的厂名、厂址，不得伪造或者冒用认证标志等质量标志，不得掺杂、掺假，不得以假充真、以次充好，不得以不合格产品冒充合格产品。这些在《产品质量法》中都有规定。

掺杂、掺假、以不合格产品冒充合格产品的思想根源之一是“恶”，根源之二是“懒”——懒得付出时间、精力和金钱将产品做好、做精，懒得进行技术更新，懒得开发新产品……不要和我比懒，我懒得和您比。

3. 食品、药品及其生产者的义务

民以食为天，这事关重大，因而我要重点说一下《中华人民共和国食品安全法》（以下简称《食品安全法》）。

还是要先弄清什么叫“食品”。食品，指各种供人食用或者饮用的成品和原料以及按照传统既是食品又是药品的物品，但是不包括以治疗为目的的物品，《食品安全法》第九十九条对此进行了解释。至少现在的石蜡不是食品，工业盐也不是食品，这个连三岁小孩都知道，但却有人以此作为食品或掺杂在食品中进行销售。

食品安全，指食品无毒、无害，符合应当有的营养要求，对人体健康不造成任何急性、亚急性或者慢性危害。食品安全太令人担忧了！猪肉是食品，这地球人都知道。但猪肉也是药品！您不信？五百年前伟大的药学家、医学家李时珍在《本草纲目》中就记载了，并且他认为猪肉有毒，您知道吗？现在看来一般情况下猪肉是安全的，但是经过黑心的屠夫灌水的猪肉就有安全隐患了——心真是太黑了。

除了食品以外，还有一种常见的“进口货”，这就是我们偶尔会食用一种叫“药”的东西。但一定注意：药品并非都是用来吃的。《中华人民共和国药品管理法》（以下简称《药品管理法》）第一百零二条中有规定。您不是医生，作为普通百姓之一，要注意用药安全，不要乱买药，也不要乱用药。但作为炼丹的太上老君之流的药品生产者和许仙之流的药品销售者，就应当承担更大的社会责任和法律责任啰。这些在《药品管理法》里有较为全面的规定。

食品生产经营就更应当高标准严要求了。一方面，食品生产经营应当符合食品安全标准，包括生产的场所、生产的过程等，要让百姓吃得放心。这些情况一般的消费者看不到，只有寄希望于生产者自觉遵守相应的操作规范，寄希望于相关的监督管理部门严格履行职责。对食品生产者的要求，《食品安全法》第二十七条有详细的规定。不安全、不健康、不卫生的东西不能生产，特别不能乱添加化学物质。（难怪我长得这么强壮有力，原来猪饲料里添了大量的“瘦肉精”，段开宏又挡不住瘦肉的诱惑。）

国家也要从严监管，对食品生产经营实行许可制度，不要免检了。食品生产经营者应当依法管理好从业从员，特别是从业人员的健康。患有痢疾、伤寒、病毒性肝炎等消化道传染病的人员，以及患有活动性肺结核、化脓性或者渗出性皮肤病等有碍食品安全的疾病的人员，不得从事接触直接入口食品的工作。这是《食品安全法》第三十四条的规定，也是老百姓的愿望。

4. 农产品及其生产者的义务

超市里的猪肉鸡肉，也有点让人不放心，听说饲养的黄鳝还会喂避孕药，市场的蔬菜水果，也让人产生“癞蛤蟆吃豇豆——悬吊吊的”感受。

说到豇豆，还得说说菜市场的农产品。什么叫农产品？《中华人民共和国农产品质量安全法》（以下简称《农产品质量安全法》）第二条中说：本法所称农产品，是指来源于农业的初级产品，即在农业活动中获得的植物、动物、微生物及其产品。环境污染会导致对农产品对人体有害，所以还得从自然环境入手，当然农产品的生产者更应当注意相应的化肥、农药、兽药、农用薄膜等的安全使用问题，保证农产品无毒无害。

如果农产品给消费者造成损害的，由谁赔偿？根据《农产品质量安全法》第五十四条的规定，由农产品的生产者、销售者或者农产品批发市场进行赔偿，您作为消费者，可以选择被告。

（1）农产品的生产者。在现实中找他们索赔有一定难度，因为消费者往往无法知道生产者是谁，比如在菜市场上买一把青菜，无法向销售者查清是谁生产的、在哪里生产的，一般人也不会去查清。如果生产农产品的是一个较大的公司就更好办。

（2）农产品的销售者。您会向卖菜的人索要发票吗？您会查看他的身份证吗？当您回家发现菜是有毒害的，卖给您菜的人也早就回家了，他住在哪里？如果农产品的销售者是一个规范的商店（如超市）就更好办。

（3）农产品批发市场。这个好找，但还是要有证据意识才行，您凭什么说在这个农产品批发市场购买了这些菜，又是这些菜导致了您的损害呢？如果是在乡镇的农贸市场呢，又找谁？这些农贸市场往往是县工商局派出的工商所在管理，以县工商局为被告似乎也不适合吧。如果您坚持要起诉县工商局行政不作为，这是行政诉讼的问题，而不是民事赔偿问题。

另外，还有集中交易市场的开办者、柜台出租者和展销会举办者的责任问题。《食品安全法》第五十二条第二款规定，集中交易市场的开办者、柜台出租者和展销会举办者未履行前款规定义务，本市场发生食品安全事故的，应当承担连带责任。此处的集中交易市场应当不包括乡镇的农贸市场。这在本章后面会提到《消费者权益保护法》第三十七条和第三十八条对此也有相应的规定。

还是小心些才是，这些损害事件发生后，维权很难。

5. 食品的包装要求

食品容易受到污染，所以更应当讲究包装。这不光是好看，更重要的是安全。

《食品安全法》第四十二条　预包装食品的包装上应当有标签。标签应当标明下列事项：

（一）名称、规格、净含量、生产日期；

（二）成分或者配料表；

（三）生产者的名称、地址、联系方式；

（四）保质期；

（五）产品标准代号；

（六）贮存条件；

（七）所使用的食品添加剂在国家标准中的通用名称；

（八）生产许可证编号；

（九）法律、法规或者食品安全标准规定必须标明的其他事项。

专供婴幼儿和其他特定人群的主辅食品，其标签还应当标明主要营养成分及其含量。

在西双版纳的市场上，有很多泰国食品，您得留意其包装和标识是否符合要求。《食品安全法》第六十六条要求进口的预包装食品应当有中文标签、中文说明书。

不光是食品存在包装的问题，其他产品也存在这个问题，前面引用的法条中已经多次提到过了，因为食品的包装还存在显而易见的安全问题，所以我单独说说。十多年以前，有一首名叫《雾里看花》的流行歌曲，其创作初衷就是讲述产品包装的问题。关键是您要有看的意识，看不看是您的事，是否看得清楚是生产者的事。

6. 产品缺陷

什么叫产品缺陷呢？您可不能随意解说啊，法律对此是有明确界定的。

《产品质量法》第四十六条　本法所称缺陷，是指产品存在危及人身、他人财产安全的不合理的危险；产品有保障人体健康和人身、财产安全的国家标准、行业标准的，是指不符合该标准。

假冒伪劣产品是过街老鼠。如果您购买的产品不具备产品应当具备的使用性能而事先未作说明的，以及其他损害您的利益的情况，《产品质量法》第四十条中规定了承担违约责任的方式：修理、更换、退货、赔偿损失。

缺陷产品致人损害的，生产者赔偿，但《产品质量法》第四十一条中说了几种法定免责情形，有空的话可以去翻一下。

生产者和销售者应当保证其提供的商品或者服务符合保障人身、财产安全的要求，并说明和标明正确使用商品或者接受服务的方法以及防止危害发生的方法，避免危害的发生。这在《消费者权益保护法》第十八条说得很清楚。

7. 销售者（经营者）**的义务**

出事后为什么可以找销售者索赔？因为法律明确规定了销售者的相应义务，如果未尽到这些义务，销售者就存在过错，责任也因此到来。

《产品质量法》第三十四条　销售者应当采取措施，保持销售产品的质量。

销售者不得销售国家明令淘汰并停止销售的产品和失效、变质的产品，产品的标识应当符合规定，不得伪造或者冒用认证标志等质量标志。《产品质量法》第三十五条、第三十六条、第三十八条中作了规定。

切莫挂羊头卖狗肉！商家提供的信息应当是真实的，不得做引人误解的虚假宣传。针对质量和使用方法等问题提出的询问，应当作出真实、明确的答复。这是《消费者权益保护法》第十九条中规定的经营者的义务。生产者、销售者和消费者都要防患于未然！这更重要。

《侵权责任法》第四十五条　因产品缺陷危及他人人身、财产安全的，被侵权人有权请求生产者、销售者承担排除妨碍、消除危险等侵权责任。

法律规定了经营者的义务，但哪里有这么听话的经营者呢？

《消费者权益保护法》第二十一条　经营者提供商品或者服务，应当按照国家有关规定或者商业惯例向消费者出具购货凭证或者服务单据；消费者索要购货凭证或者服务单据的，经营者必须出具。

消费的时候索要发票是您的权利，这也是您日后维权的证据之一，但经营者往往会用托词来忽悠您："发票用完了，改天您再来时补给您。"

消费者啊，当一个理性的消费者吧，长一双慧眼，多一个心眼，您不能跟着广告走，不能光听商家的宣传，您得摸着石头过河。

8. 召回制度

产品生产出来后，厂家不能一了百了；商品销售出去后，商家不能万事大吉，还得做好跟踪观察。召回制度在一些知名企业中执行得比较好。没做好的，国家要强制其做好，因为召回制度是强制性的。

《侵权责任法》第四十六条　产品投入流通后发现存在缺陷的，生产者、销售者应当及时采取警示、召回等补救措施。未及时采取补救措施或者补救措施不力造成损害的，应当承担侵权责任。

《食品安全法》第五十三条第一款　国家建立食品召回制度。食品生产者发现其生产的食品不符合食品安全标准，应当立即停止生产，召回已经上市销售的食品，通知相关生产经营者和消费者，并记录召回和通知情况。

除此之外，我国的召回制度还散见于其他一些法律文件中，但这在我国仍然只处于起步阶段。召回制度，需要您的参与和配合！

9. 格式合同并非全部无效

格式合同？是的，我们生活中经常碰到格式合同。比如，我们到车站去乘车，购买车票的行为就是与运输公司订立了一份格式合同，生活中，像这样的情况太多了。格式合同很方便，但有人动不动就说格式合同无效，这是不对的。格式合同并非全部无效，只有法律规定的几种情形下，格式合同才无效。

《消费者权益保护法》第二十四条　经营者不得以格式合同、通知、声明、店堂告示等方式作出对消费者不公平、不合理的规定，或者减轻、免除其损害消费者合法权益应当承担的民事责任。

格式合同、通知、声明、店堂告示等含有前款所列内容的，其内容无效。

《合同法》第四十条也对此进行了重申，提供格式条款一方免除其责任、加重对方责任、排除对方主要权利的，该条款无效。从《合同法》第四十条和第五十三条可知，合同中造成对方人身伤害的免责格式条款无效，因故意或者重大过失造成对方财产损失的免责格式条款也无效。

如果您一窍不通，别人不欺负您又欺负谁呢？要把这些知识化作自己的能力，让自己强大起来，以免落得任人宰割的下场。这是我反复强调的降低风险的有效办法。

二、产品责任

我手里的包子是在孙二娘开的店里买的，但却是张青的包子铺生产的——产品责任由谁承担呢？

1. 生产者的产品责任

生产者承担的是无过错责任，对此《产品质量法》的规定与《侵权责任法》是一致的。

《侵权责任法》第四十一条　因产品存在缺陷造成他人损害的，生产者应当承担侵权责任。

对了，这关键涉及举证责任问题，您不需要证明生产者是否存在过错，只要产品存在缺陷就可以追究其责任。生产者在哪里找？它首先在老百姓的口碑中，其次在产品的包装上、外壳上上面可能还有联系电话呢，它当然也在×××县××街××号。

2. 销售者的产品责任

销售者承担的是过错责任，对此《产品质量法》的规定与《侵权责任法》也是一致的。

《侵权责任法》第四十二条　因销售者的过错使产品存在缺陷，造成他人损害的，销售者应当承担侵权责任。

销售者不能指明缺陷产品的生产者也不能指明缺陷产品的供货者的，销售者应当承担侵权责任。

因为《产品质量法》第三十四条规定了销售者应当采取措

施，保持销售产品的质量，《侵权责任法》第四十二条第一款的规定与其相一致，销售者此期间存在过错，使产品存在缺陷，造成他人损害的，应当承担过错责任。过错责任原则的四个构成要件一个也不能少，对此您可以参看第一章中“凭什么说他构成侵权”的讲述。

但销售者不能指明缺陷产品的生产者也不能指明缺陷产品的供货者的，应当适用无过错责任原则，由销售者向消费者承担最终责任。

3. 如何确定产品责任的被告

因产品缺陷遭受损害，可选择承担责任的对象。您得作出对您有利的选择，以生产者或销售者作为被告。

《侵权责任法》第四十三条　因产品存在缺陷造成损害的，被侵权人可以向产品的生产者请求赔偿，也可以向产品的销售者请求赔偿。

产品缺陷由生产者造成的，销售者赔偿后，有权向生产者追偿。

因销售者的过错使产品存在缺陷的，生产者赔偿后，有权向销售者追偿。

使用他人营业执照的违法经营者和营业执照的持有人，也要承担责任，您还可以向销售者、服务者以及展销会的举办者、柜台的出租者主张权利。

《消费者权益保护法》第三十七条　使用他人营业执照的违法经营者提供商品或者服务，损害消费者合法权益的，消费者可以向其要求赔偿，也可以向营业执照的持有人要求赔偿。

《消费者权益保护法》第三十八条　消费者在展销会、租赁柜台购买商品或者接受服务，其合法权益受到损害的，可以向销售者或者服务者要求赔偿。展销会结束或者柜台租赁期满后，也可以向展销会的举办者、柜台的出租者要求赔偿。展销会的举办者、柜台的出租者赔偿后，有权向销售者或者服务者追偿。

广告经营者、广告发布者、对产品质量作出承诺、保证、推荐的社会团体、社会中介机构也要承担相应的责任。

《中华人民共和国广告法》（以下简称《广告法》）第三十八条 违反本法规定，发布虚假广告，欺骗和误导消费者，使购买商品或者接受服务的消费者的合法权益受到损害的，由广告主依法承担民事责任；广告经营者、广告发布者明知或者应知广告虚假仍设计、制作、发布的，应当依法承担连带责任。

广告经营者、广告发布者不能提供广告主的真实名称、地址的，应当承担全部民事责任。

社会团体或者其他组织，在虚假广告中向消费者推荐商品或者服务，使消费者的合法权益受到损害的，应当依法承担连带责任。

《产品质量法》第五十八条 社会团体、社会中介机构对产品质量作出承诺、保证，而该产品又不符合其承诺、保证的质量要求，给消费者造成损失的，与产品的生产者、销售者承担连带责任。

在沸沸扬扬的“三鹿奶粉事件”中，政府有个所谓的“免检制度”，这是否类似于《产品质量法》第五十八条中所说的对产品质量作出了保证呢?

言归正传，在您维权的过程中，如果企业法人分立、合并怎么办?《民法通则》第四十四条规定企业法人分立、合并，它的权利和义务由变更后的法人享有和承担，《中华人民共和国公司法》（以下简称《公司法》）第一百七十五条与其是一脉相承的。

从以上的条文，您能够看出应该以谁为被告了吧。对，产品的生产者、销售者、服务者、广告经营者、广告发布者，对产品质量作出承诺、保证、推荐的社会团体、社会中介机构，展销会的举办者、柜台的出租者，等等，都可能成为被告。具体的案件中，您要具体问题具体分析，作出有利于自己的选择。核心问题是：理清“法律关系”，它决定着维权能否成功。

还有一个问题不得不再强调一下，就是违约责任与侵权责任竞合的问题。如果选择追究对方的违约责任，被告就只能是产品的销售者，因为合同只存在于您和销售者之间；如果选择追究侵权责任，被告则可以在销售者、生产者、广告发布者等之中选择。此外，违约或侵权责任的选择还会导致是否可以主张精神损害赔偿以及诉讼时效的不同。如果主张违约责任，其诉讼时效均为“一年”，因为《民法通则》第一百三十六条中第（二）项规定，“出售质量不合格的商品未声明的”诉讼时效为一年；如果主张侵权责任，其诉讼时效则应当适用《产品质量法》第四十五条的特殊规定——“二年”，而不再适用《民法通则》第一百三十六条的规定。

《产品质量法》第四十五条　因产品存在缺陷造成损害要求赔偿的诉讼时效期间为二年，自当事人知道或者应当知道其权益受到损害时起计算。

4. 赔偿的内容

在产品责任中，如果人身权益受到损害可以获得哪些赔偿呢？这与交通事故损害维权的赔偿基本一致。不一致的地方在于，在产品责任侵权中，还存在一种特殊的“惩罚性赔偿”。

《侵权责任法》第四十七条　明知产品存在缺陷仍然生产、销售，造成他人死亡或者健康严重损害的，被侵权人有权请求相应的惩罚性赔偿。

《食品安全法》第九十六条　违反本法规定，造成人身、财产或者其他损害的，依法承担赔偿责任。

生产不符合食品安全标准的食品或者销售明知是不符合食品安全标准的食品，消费者除要求赔偿损失外，还可以向生产者或者销售者要求支付价款十倍的赔偿金。

在我国首先规定惩罚性赔偿规则的是《消费者权益保护法》，它是企图减少和杜绝商品欺诈行为和服务欺诈行为，其法律责任性质是违约责任。

《消费者权益保护法》第四十九条　经营者提供商品或者服务有欺诈行为的，应当按照消费者的要求增加赔偿其受到的损失，增加赔偿的金额为消费者购买商品的价款或者接受服务的费用的一倍。

此外，最高人民法院《关于审理商品房买卖合同纠纷案件适用法律若干问题的解释》（以下简称《商品房解释》）中也作了规定。《商品房解释》第八条和第九条规定了在几种法定情形下，买受人可以请求出卖人承担不超过已付购房款一倍的赔偿责任。设立惩罚性赔偿制度的目的在于，通过处罚假冒伪劣行为来防止和减少坑蒙拐骗，建立社会诚信，规范社会经济秩序，保护普通消费者的利益。

因此，如果由于产品问题遭受侵害，您可以根据《侵权责任法》第十五条，要求对方“停止侵害、排除妨碍、消除危险、返还财产、恢复原状、赔偿损失”，这些方式可以单独适用，也可以合并适用。其中“赔偿损失”一项，您除了可以要求医疗费、误工费、护理费、交通费、住宿费、住院伙食补助费、必要的营养费、残疾赔偿金、残疾辅助器具费、被扶养人生活费，康复费、康复护理费、后续治疗费、丧葬费、死亡补偿费、精神损害抚慰金、财产损失等，还可能视情况获得惩罚性赔偿金。

5. 侵权人破产了，怎么办

人们往往容易忽视单位的变化，其实有些单位的变化可能比自然人变化还更快。据2010年初来自工业和信息化部的消息，中国目前注册的4 000万家中小企业的平均寿命才2.9岁。大企业也有会有变化，比如50年老店石家庄三鹿集团股份有限公司、美国的百年老店雷曼兄弟公司、英国的250年老店巴林银行都先后倒闭了。2008年12月23日，石家庄市中级人民法院宣布三鹿集团破产。如果您在维权过程中遇到这种情况，又该去找谁呢？根据《中华人民共和国企业破产法》（以下简称《破产法》）的规定，您的权利有获得赔偿的可能，但前提是在人民法院确定的债权申报期限内向管理人申报债权。此处的法院是指受理宣告破产案件的那个法院。如果您未依法申报债权，您的权利可能难以保障了，这在《破产法》第五十六条有体现。您要抢在这个“罪恶的企业”破产关门之前，拿着您生效的法律文书，到审理宣告破产案件的法院去。越快越好。

究竟要多快？《破产法》第四十五条规定，债权申报期限自人民法院发布受理破产申请公告之日起计算，最短不得少于三十日，最长不得超过三个月。公告中有确定的期限。您要以公告上的时间为准。企业破产就像人快要死亡一样，一旦破产，您就失去了追偿的法律主体，后续的一切索赔权利就无从谈起。到那时，您就只能潇洒地、淡淡地说："哥不会寂寞，因为有寂寞陪着哥。"

回到那句老话：降低您的风险。法律赋予了您自主选择的权利，您就要张开慧眼，选有实力的合作对方，选安全的产品和服务，这个您可以也能够做到。据说，2007 年底，三鹿销售额达到 100 亿元、品牌价值 149 亿元、总资产 16.19 亿元、负债 3.95 亿元、净资产达 12.24 亿元。它曾经连续 15 年占据国内奶粉市场的头把交椅。这么有实力的企业，也犯了致命的错误，轰然倒下，辉煌化为孤寂，难道您还敢痴迷没有信誉和实力的对方吗?

6. 定作的产品

生活中使用的器物并非都是由相应的厂家生产的，有些是从个人手中购买来的，其生产者很可能是个人（工匠）。比如，程咬金请刘备打制一对板斧，后来斧柄断掉砍伤程咬金的脚背。这是谁的责任？这就要看是谁提供的材料。如果材料是承揽人刘备提供的，应当按照《合同法》第二百五十五条的规定接受定作人程咬金检验。如果是程咬金自己提供的铁块或木棒，刘备应当根据《合同法》第二百五十六条的规定进行检验。如果不是材料问题，纯粹是刘备打制的技术问题，那没得说，刘备赔偿：没有金刚钻，不要揽瓷器活!

《合同法》第二百六十二条　承揽人交付的工作成果不符合质量要求的，定作人可以要求承揽人承担修理、重作、减少报酬、赔偿损失等违约责任。

注意，以上说的是合同（违约）责任。如果是刘备打制板斧过程中导致旁观者鲁智深受伤，由刘备赔偿；这个过程中也要看定作人程咬金是否存在选任等过错，如果刘备本来是个鞋匠，可以对耐克和阿迪达斯的草鞋指手画脚，但他对冶金工艺并不精通，那么程咬金也要承担相应的赔偿责任。

《人身损害赔偿解释》第十条　承揽人在完成工作过程中对第三人造成损害或者造成自身损害的，定作人不承担赔偿责任。但定作人对定作、指示或者选任有过失的，应当承担相应的赔偿责任。

在我们生活中有很多这种定制产品的情形，今后您在定作器物时，一定请鲁班师傅，这方面他是有高级工程师技术职称的，他的作品也最精巧、最耐用，这一点地球人都知道了。提醒一点，“定作的产品”专题中说的主要是《合同法》方面的事，其中的责任是合同责任，与侵权法中的法律责任是不相同的。

出了问题找谁解决呢？法律是拿来“用”的！您可以直接与对方协商和解，拨打“12315”，消费者协会可以为您协调，质量技术监督局可以帮忙解决……当然，您也可以直接到法院起诉，这一点在第九章“维权的多种方式”中有详细的讲述。与前述的道理一样，法官对产品质量并不专业，检验或鉴定基本上是产品质量案件必经的环节。

“不要把鸡蛋放在同一个篮子里。”在本章的开头我说的“不要对某一种产品情有独钟，远离不合格产品”就是这个意思。

第五章 饲养动物损害和物件损害维权

导读：

开宏将在“降低您的风险”中与您唠叨一些人与动物亲近时有潜在危险之类的话题；如果发生饲养动物损害，在“维权专列”中也许有您想要的答案；朋友家的猎犬用牙齿与您的小鸭子亲热后，顺便撕走了您小腿上的一块肉，在饲养动物致人损害责任中可能有您想获得的信息；而牛顿被苹果砸伤脑袋的事，依现在的法律是可以得到赔偿的，不信，您可以在本章的“物件损害责任”中找到答案。

邻居家的小狗很可爱，我刚想摸一摸，却被咬了一口；王员外家的女儿抛绣球刚好打伤了我的头……动物和物件虽然不是人，但也常会给他人造成损害。遇到这种情况，应该由谁来负责呢？

一、饲养动物致人损害责任

农家的耕牛和动物园的孔雀是深受人们喜爱的，但是，有的饲养动物却不是省油的灯。据说，中国田径的传奇教练马俊仁是中国饲养藏獒第一人；迪拜酋长国的王子饲养的宠物是狮子和豹子；在云南的西双版纳，还有饲养缅甸金花蟒蛇的……这些都是体形较大的动物，体形较小的动物如蜜蜂、蚂蚁等也有人饲养。无论体型大小，都有可能对人造成伤害。《侵权责任法》第八十四条是这样说的："饲养动物应当遵守法律，尊重社会公德，不得妨害他人生活。"我个人偏激观点：除了孤独的老头、老太养个宠物做伴外，其他人养宠物都有"玩物丧志"的嫌疑；把遛鸟的时间用来陪伴爹妈，把养狗的精力用来教育子女，胜造若干级浮屠！

降低您的风险

您要远离动物？饲养的动物无处不在！被动物伤害，不光是皮肉之苦，而且存在更大风险：狂犬病病毒能够从伤口进入人体，感染狂犬病的人死亡率为100%；鸡、鸭、鹅、鹌鹑、鸽、乌鸦、麻雀、孔雀、海鸥等容易患禽流感，人感染高致病性禽流感死亡率约是60%……

问题是，传染病往往有潜伏期，有的长达数十年，也就是受到饲养动物攻击后，极有可能不会马上出现传染病的症状，也就难以发现被传染上了疾病。因此，饲养人自觉对饲养动物进行防疫，这很重要。

假如被饲养动物伤害，该怎么办呢？第一是急救，并尽快进行相关的传染病免疫接种；第二要弄清该动物的饲养人或者管理人是谁；第三要有相应的证据，以证明是他家的动物造成的伤害，如果有足够的实力，可以将伤害您的动物先扣留下来。

维权专列

1. 动物饲养人或管理人的责任

动物饲养人或者管理人承担无过错责任，但您首先得找到动物饲养人或者管理人，否则您的权利只是水中月、镜中花。

《侵权责任法》第七十八条　饲养的动物造成他人损害的，动物饲养人或者管理人应当承担侵权责任，但能够证明损害是因被侵权人故意或者重大过失造成的，可以不承担或者减轻责任。

还记得第一章所说的无过错责任的证明问题吗？您作为原告，只需证明被告行为具有民事违法性、给您造成了损害、他的行为与您的损害后果之间具有因果关系。比如，二郎神出门在外，其饲养的孝天犬将路过的赤脚大仙咬伤，应当由二郎神承担无过错责任，即由饲养人对其饲养的动物的行为承担责任。

如果动物饲养人或者管理人要主张“损害是因被侵权人故意或者重大过失造成的”，则应由他们负举证责任，被伤害人不需要证明自己有没有过错。要注意，只有因被侵权人故意或者重大过失，动物饲养人或者管理人才能免责或减轻责任，被侵权人的一般过失是不能减免对方的责任的。比如，开宏与唐僧的宠物八戒猪嬉戏，后来互相撕咬，导致开宏受伤，开宏在此过程中就具有轻微过失，这时并不能减轻更不能免除唐僧的责任。又如，白骨精故意挑衅唐僧的宠物孙悟空，孙悟空使出其绝招“抓耳挠腮法”致白骨精大笑而死，唐僧作为动物饲养人只要举证证明白骨精确实存在故意，就可以免除相应的赔偿责任，如果能够证明白骨精具有重大过失，就可以减轻赔偿责任。

如果是动物饲养人或者管理人抛掷其饲养的动物致人伤害，则不是饲养动物致人损害的问题了，而是动物饲养人或者管理人利用动物直接侵权的行为，应当适用《侵权责任法》第六条中规定的过错责任。比如，南海龙王将其饲养的忍者神龟扔向观音菩萨，坚硬的龟壳致使观音菩萨重度脑震荡，这不是忍者神龟自由的行为，而是南海龙王将此神龟当作一个可以抛掷的物体进行的侵权行为，这是人的直接侵权行为，而不是饲养动物致人损害，应当由南海龙王承担“过错责任”。

动物饲养人或者管理人应当保证其饲养的动物不给他人造成侵害，对动物采取安全措施，这是他应该做的。比如在大街上遛狗是否给狗带了嘴套、束了缰绳，是否已经进行了传染病防疫等。在这一点上，我老家的农民就做得很好，为了能更好地控制耕牛，每头牛必然有一条缰绳，路过别人的庄稼地时，必定给牛戴上用竹篾编的牛嘴笼，对性情较烈的耕牛会将其犄角锯掉。

《侵权责任法》第七十九条　违反管理规定，未对动物采取安全措施造成他人损害的，动物饲养人或者管理人应当承担侵权责任。

管理规定主要涉及登记、办证、缴费等行政管理责任。违反管理规定，与此处的对动物采取安全措施并非同一回事。

《侵权责任法》第八十条　禁止饲养的烈性犬等危险动物造成他人损害的，动物饲养人或者管理人应当承担侵权责任。

哪些是烈性犬？对烈性犬，不同地方的公安行政管理部门的规定不完全相同；其他危险动物比如狮子等，须结合具体的案件来定。对禁止饲养的烈性犬以及其他危险动物动物造成的损害，饲养人或者管理人应当承担无过错责任.

2. 动物园的责任

动物园包括综合性动物园（包含饲养“章鱼哥”的那类水族馆）、专类性动物园、野生动物园、城市公园的动物展区、珍稀濒危动物饲养繁殖研究场所等。

《侵权责任法》第八十一条　动物园的动物造成他人损害的，

动物园应当承担侵权责任，但能够证明尽到管理职责的，不承担责任。

此处对动物园适用过错推定责任，实行举证责任倒置，即：由动物园证明其无过错，如果不能证明，就推定其有过错，应当承担侵权责任。

3. 流浪狗的问题

我走在路上，被不知道哪里来的流浪狗咬了一口，又该怎么办？普通百姓饲养的和动物园饲养的动物被遗弃或逃逸，不在原动物饲养人或者管理人控制之内，则应当适用《侵权责任法》第八十二条。

《侵权责任法》第八十二条　遗弃、逃逸的动物在遗弃、逃逸期间造成他人损害的，由原动物饲养人或者管理人承担侵权责任。

遗弃、逃逸的动物致人损害，原动物饲养人或者管理人承担无过错责任。要找到这些动物的主人，这谈何容易！街上那么多流浪狗和流浪猫，您知道是从哪家跑出来的？要证明饲养动物是自己的还比较容易，但要证明其是别人的，太难了。动物又未登记，且动物的身体状况（毛色、体形、健康状况等）处于不断变化之中。再说，饲养人、管理人既然抛弃动物，明摆着就不想承担责任，更何况现在闯祸了，因而您即使找着他，他恐怕也会万般抵赖。

别惹它们！远离遗弃、逃逸的动物，惹不起，躲得起。在发生遗弃、逃逸的动物侵害之时，您可以正当防卫或紧急避险，这一点在后面会讲到。

4. 第三人的过错责任

有时动物的攻击是由第三人引起的。无聊的法海大师，在许仙饲养的白龙马尾巴上挂了一串鞭炮，导致白龙马受惊飞奔，踏伤过路的小学生董永。董永的家长可以代理其向法海大师或许仙索赔。

《侵权责任法》第八十三条　因第三人的过错致使动物造成他人损害的，被侵权人可以向动物饲养人或者管理人请求赔偿，也可以向第三人请求赔偿。动物饲养人或者管理人赔偿后，有权向第三人追偿。

您可以选择起诉动物饲养人、管理人或第三人这三者中的任意一个，也可以将这三者同时告上法庭。动物饲养人或者管理人赔偿后通过追偿，最终由第三人承担责任。可见，动物饲养人或者管理人与第三人承担的其实是连带责任。此处需要注意的是，动物饲养人和管理人承担的是无过错责任，而第三人承担的是过错责任，这说明法律对动物饲养人、管理人的要求是高于第三人的。您主张权利时，要分析相应的法律关系，根据不同的归责原则来承担您的举证义务，这样才能更好地维护您的权利。

说一个我与动物的故事。有一次，我带儿子春游。在桃花烂漫的山间，有一老妇陪一个五六岁的女孩在写生，儿子去围观。一只蝴蝶在花间翩翩起舞，时年四岁的儿子伸手去抓。旁边的这位衣着素雅的、看起来很有修养的老妇连忙温和地说："乖乖，别抓它，它需要自由！"尊重生命、崇尚自由，多么高洁的思想啊！而我们通常是以益虫或害虫的标准来看待生命，是益虫的就善待，是害虫的就诛杀。我没有制止儿子抓蝴蝶，是因为我认为蝴蝶是害虫。我们的这种价值判断已经落后了，同"人与自然和谐相处"、"维护生物多样性"的标准相差很远了。可见，在举手投足间就能看出一个人的修养。

写到这里，我顺手打开收音机，一个温柔的声音传出："如果肤色微红，脸上的绒毛细嫩柔软，那么说明很健康……"开宏忍不住摸了自己的脸，对镜顾盼，再笑一笑，顿时觉得自己的样子健康可爱。这时又传来了播音员甜美的声音："好，听众朋友们，这次我们的《养猪知识讲座》就到这里……"

二、物件致人损害责任

公元 1666 年的某一天，牛顿正坐在花园里的苹果树下，忽然，一只熟透了的苹果从树上掉下来，正好打中牛顿师傅的脑袋，然后滚落进草地上一个小坑洼里，牛顿揉着被苹果打得生疼的脑袋，灵光一闪……哈！这对牛顿来说真是福从天降啊！不过认真考虑起来，这还是一个法律问题。嗖！如果是一个重达五千克的椰子被地球“勾引”下来放到我的头上……我也能够发现万有引力！哈哈！

再说一个真实的故事。2001 年 5 月 10 日深夜，某男下班回家途经重庆市渝中区田湾正街 65 号、67 号楼下时，被楼上掉下的一个烟灰缸砸中头部，生命垂危。一个烟灰缸砸出这两栋楼住户共 26 个被告！这个饱受争议的案例，在《侵权责任法》第八十七条中有了最终定论。

降低您的风险

小心些，再小心些！首先尽力避免自己的权益受到侵害，也可以在危险发生前同具有潜在危险的物品主人进行交涉，及早消除危险。

从建筑物下面经过时，不光要注意脚下，还要注意您的头顶，因为外墙砖、窗玻璃、空调机、洗脚水、人民币……随时可能坠落，能砸着您的东西太多了。如果有街沿的话，从街沿上面走风险就小得多。

在道旁树下漫步时，您无需再去尝试被苹果砸头的滋味，但也要小心枝叶、果实，绕一绕，对您并无多大妨碍。

走路多注意脚下，不必以牺牲性命的方式来填平“城市陷阱”……

还有一个重要的命题：让未成年人也注意这些潜在的危险，避免受到伤害！

维权专列

“物件等同于人的手臂的延长”，此处的“物件”是一个很宽泛的概念。从《侵权责任法》第八十五条至九十一条的规定来看，物件损害责任尽管有不同的类型，但在责任性质上，都是过错推定责任。也就是说，侵权人如果不能证明自己没有过错，就应当承担责任。

1. 建筑物、构筑物等致人损害的责任

什么是建筑物、构筑物?“百度百科”为我们提供了这样的解释：建筑物，是人造的、相对于地面固定的、有一定存在时间的、且是人们要么为了其形象、要么为了其空间使用的物体，包括工业建筑、民用建筑、农业建筑和园林建筑等。比如北京的天安门和我家的茅草屋等。构筑物，主要是指除了一般有明确定义的工业建筑、民用建筑和农业建筑等之外的、对主体建筑有辅助作用的、有一定功能性的结构建筑的统称，一般是不适合人员直接居住的。如道路、桥梁、堤坝、隧道、（纪念）碑、围墙、招牌框架等。建筑物、构筑物、搁置物、悬挂物在我们的生活中无处不在，比如花盆、空调的外挂机、广告牌等都是搁置物、悬挂物，冬天房屋檐上的冰溜子也是悬挂物。如果这些物件一旦坠落，那可真是祸从天降!

《侵权责任法》第八十五条　建筑物、构筑物或者其他设施及其搁置物、悬挂物发生脱落、坠落造成他人损害，所有人、管理人或者使用人不能证明自己没有过错的，应当承担侵权责任。所有人、管理人或者使用人赔偿后，有其他责任人的，有权向其他责任人追偿。

搁置物、悬挂物发生脱落、坠落的，承担责任的应当是搁置物、悬挂物的所有人、管理人或使用人。多数情况下建筑物、构筑物的所有人、管理人和使用人是一致的，如果房屋出借或出租给他人，借用和租用的住户，是建筑物的使用人，也要承担责任。如果还存在其他责任人，《侵权责任法》第八十五条说得很清楚，建筑物、构筑物的所有人、管理人或者使用人赔偿后，有权向其他责任人追偿。

此条适用过错推定责任，即侵权责任构成四个要件中，由法律直接推定被告具有过错，原告只要举证证明存在违法行为、有损害后果、损害行为与损害后果之间具有因果关系三个要件即可，由所有人、管理人或者使用人来“证明自己没有过错”，如果其举证不能，他就应当承担相应的赔偿责任。

《侵权责任法》第八十六条　建筑物、构筑物或者其他设施倒塌造成他人损害的，由建设单位与施工单位承担连带责任。建设单位、施工单位赔偿后，有其他责任人的，有权向其他责任人追偿。

因其他责任人的原因，建筑物、构筑物或者其他设施倒塌造成他人损害的，由其他责任人承担侵权责任。

这使人想起上海的“楼脆脆”：2009 年 6 月 27 日清晨 5 时 30 分左右，上海闵行区莲花南路莲花河畔景苑小区，一栋在建的 13 层住宅楼整体倒覆。好一个“连带责任”！对豆腐渣工程，就应当穷追猛打。您只要举证证明您家的楼确已倒塌，无论是“楼脆脆”式的整体倒塌，还是部分倒塌，建设单位与施工单位都应当承担责任。当然，如果是类似于奥特曼这种恐怖分子干的，建设单位与施工单位可以追偿。您可以将建设单位和施工单位都告上法庭，也可以只告其中的一个，但最好还是作为共同被告。这一点在后面的“连带责任”专题中会继续讲述。

这里的建设单位不作产权上的区分，即不论该建筑物、构筑物或者其他设施是国家、集体还是个人的，只要该设施倒塌造成他人损害的，就应当由建设单位与施工单位承担连带责任。再说得深入一点，如果这个建筑物是由几家人共有的，则可以将共有的所有权人都作为被告，至于他们内部是共同共有还是按份共有，您可以暂时不管。推广开去，前面提到的机动车、饲养的动物等，都可能是共有关系，都应当将共有人作为被告。对此，也可以从《物权法》第一百零二条的规定中得到进一步证实。这一点在后面的第九章“共同诉讼人”专题中还会讲到。

2. 谨防高空坠物

从建筑物中抛掷物品或者从建筑物上坠落物品，有时不一定知道是谁干的。如果不知道谁是肇事者，那么“火”将烧到所有邻居身上……

《侵权责任法》第八十七条　从建筑物中抛掷物品或者从建筑

物上坠落的物品造成他人损害，难以确定具体侵权人的，除能够证明自己不是侵权人的外，由可能加害的建筑物使用人给予补偿。

如果是一片很轻的羽毛砸着我，这就算了，但我可能没有这么幸运。首先应当报警，由公安部门介入侦查。让可能加害的建筑物使用人给予补偿，他们可能觉得很冤，但我无缘无故受到伤害，我更冤。两利相权取其重，两害相权取其轻，使用人给予补偿和我获得补偿相比，补偿人失去的是少量钱财但可以得到良心安宁，此前我却遭受了身体上和心灵上的重大创伤。如果真正的肇事者不勇敢站出来承担责任，那法院就只有让全体可能的加害人来共同补偿受害人的损失。据说，山东的一位居委会老太太被菜篮子砸伤、广东的一名小学生被玻璃砸死，均难以确定具体侵权人，法院均判决由数十户可能的加害人承担责任了。

3. 堆放物品的责任

路旁或货场经常会堆着西瓜、木材、空铁桶、砂石等物品，您路过时要小心！

《侵权责任法》第八十八条　堆放物倒塌造成他人损害，堆放人不能证明自己没有过错的，应当承担侵权责任。

堆放人包括该堆放物的所有人、管理人、控制人等，关键是谁实施的堆放行为，这涉及以谁为被告的问题。这里又是过错推定责任，堆放人须举证证明其“没有过错”，其他三方面的举证责任仍然在原告方，这一点前面已经多次提到。

圣诞老人驾着麋鹿拉的车在公路上急驰，突遇前方路面上遗撒的碎石而来不及停车，导致圣诞礼物损失、麋鹿受伤、圣诞老人的鼻子被撞红。圣诞老人可以找谁索赔？如果能够找到遗撒的碎石的行为人（或车辆），他就是当然的被告，并且承担无过错责任。

《侵权责任法》第八十九条　在公共道路上堆放、倾倒、遗撒妨碍通行的物品造成他人损害的，有关单位或者个人应当承担侵权责任。

在公路上堆放砂石等建筑材料的现象是较常见的。堆放者往往是施工的建筑公司或者建设方。县交通局路政管理大队、公路养护管理段、高速公路管理公司等就是本条中说的有关单位，这些单位有义务保障公路的完好、安全和畅通。圣诞老人可以向县交通局路政管理大队等主张权利，当然可以将其告上法庭。这些单位承担的是过错责任。曾经有一个“圣诞老人”因为驾驶车辆撞击到西双版纳某公路上的沙堆以后，直接上了天堂，由其亲属到法院请求法官为其做主，法院依法让堆沙的行为人和管理公路的路政大队承担了相应的责任。

堆放、倾倒物品的人比较容易找到，但遗撒妨碍通行的物品的人就不一定找得到了。

《中华人民共和国公路法》（以下简称《公路法》）第八条和第四十三条规定，各级地方人民政府应当采取措施，加强对公路的保护。县级以上地方人民政府交通主管部门应当，提高公路管理水平，逐步完善公路服务设施，保障公路的完好、安全和畅通。县交通局可以决定由公路管理机构依照本法规定行使公路行政管理职责。乡、民族乡、镇人民政府负责本行政区域内的乡道的建设和养护工作。

有一种观点认为，县交通局、城市管理部门和乡、镇人民政府行使的是行政管理职责，如果认为其侵犯了您的合法权益而进行诉讼，那么，此时的诉讼应当是行政诉讼，应当主张国家赔偿。我认为，保障公路的完好、安全和畅通是地方人民政府交通主管部门的法定职责，该管理职责应当作广义地理解，道路管理瑕疵责任属于国家赔偿责任，但该国家赔偿请求权与普通的损害赔偿请求权性质相同，可以通过普通的民事诉讼程序请求。《侵权责任法》第八十九条中的有关单位（包括前述的公路管理部门）如果没有尽到相应的管理义务，即为过错，应当承担相应的赔偿责任，人民法院出版社 2010 年 1 月第 1 版《中华人民共和国侵权责任法条文理解与适用》一书中第 589 页到 595 页也持这种观点。

“公共道路”不光包括公路，还应当包括城市的街道等，城市街道由城市管理部门管理，这就意味着城市管理部门可以成为被告。我认为“公共道路”还应当包括小区内的公共道路、公用楼道等非私人场所的通道。如果您在公共走廊上撒满了绿豆，将段开宏摔伤，段开宏不找您索赔——那才是怪事。

说到遗撒妨碍通行的物品造成他人损害，开宏想到十多年前我班上的一个学生家长的遭遇。当时一辆货车的轮子轧到遗撒在公路上的石块，石块受到巨大的压力而弹射出去，击中这个学生家长的头部，当场夺走了其生命，我的学生——一个可爱的小女孩在一瞬间就成了孤儿。

4. 枝叶坠落——牛顿遇到的法律问题

前面说了，牛顿被苹果砸到，这不光是一个科学问题，还是一个法律问题。林木折断造成他人损害的，所有人或者管理人承担的也是过错推定责任。

《侵权责任法》第九十条　因林木折断造成他人损害，林木的所有人或者管理人不能证明自己没有过错的，应当承担侵权责任。

您首先得根据《中华人民共和国森林法》第二十七条等的规定弄清林木的所有权归属问题。砸伤我的树木可能是公路旁的，也可能是城市绿化树木，也可能是农民房前屋后的树木……林木的所有人是个复杂的事。比如，公路旁的树与公园里的树以及农村里的树，它们的所有人不是一回事。虽然林木的所有人在林业局有登记，但因为诸多原因，可能不完善。通过查询，找准被告！

5. 在公共场所施工等责任

城市里经常被翻得稀巴烂，一会儿安水管，一会儿埋电线，一会儿嵌地砖……虽然没有肥肉诱惑，但段开宏还是掉进了陷阱，开宏以沙哑而又凄厉的歌喉，唱出了那句时尚的歌词：“救命啊……”这一次，我非常直观又真切地体会到了什么叫做被“坑害”！

《侵权责任法》第九十一条　在公共场所或者道路上挖坑、修缮安装地下设施等，没有设置明显标志和采取安全措施造成他人损害的，施工人应当承担侵权责任。

窨井等地下设施造成他人损害，管理人不能证明尽到管理职责的，应当承担侵权责任。

《道路交通安全法》第三十条和《公路法》第三十二条均作了

类似的规定。施工人应当承担“设置明显标志和采取安全措施”的举证责任。请注意这个“和”字，它表明必须同时具备“设置明显标志”和“采取安全措施”这两个条件。生活中往往是施工人设置了一些警示标志，但并未采取安全措施或采取的措施并不能保证安全，这时，施工人仍然不能免责。一句话，施工人应当保证这个地方基本上是安全的。

窨（yìn）井等地下设施的管理人是谁？遍布于各条道路、小区、单位庭院的窨井“身份”一定要查清。可能是城市管理部门，也可能是某物业管理公司，还有可能是某通讯公司、自来水公司、消防大队……虽然这些很复杂，但只要您去理，一定有头绪的。窨井等地下设施的管理人承担的是过错推定责任。

还有一个问题：如何才能将自己因物件受伤的证据固定下来呢？报警。警察出警后会有出警记录，警察到现场会制作相应的笔录，这些都可以作为证据；人命关天，警察应当出警，如果警察未出警，能找到几个现场证人也可以；拿出随身的手机，将现场情况拍摄下来，这在证据中叫“视听资料”。

高空还会坠物，陷阱还会吞人。行路多留意，防患于未然。

第六章

因公伤亡维权

导读：

我们成年后总会找点事情做，能够当老板的是少数，多数人是员工，在“维权专列”中也许有您想要的有关“工伤待遇”和有关“公职人员的抚恤优待”的法律知识。

2010年1月23日至5月27日，深圳富士康科技园发生了“富士康十三连跳”，先后有13名富士康的员工以跳楼或割脉的方式在宿舍楼自杀。这难道不令人痛心吗？生命只有一次，且您的生命并非只属于您自己。

一把坚实的大锁挂在大门上，一根铁杆费了九牛二虎之力，还是无法将它撬开。钥匙来了，他瘦小的身子钻进锁孔，只轻轻一转，大锁就“啪”的一声打开了。解不开心结，是您没有找对钥匙。在通往胜利之门的路上，您会捡到很多钥匙，这些钥匙有的古色古香，有的金光闪闪，有的锈迹斑斑，但只有一把才能打开那扇门。如果您选择自杀，就永远地失去找到钥匙的可能性了。

降低您的风险

工作中也存在人身风险！在脚手架上，我看见地上的人小得就像蚂蚁，不由得一阵头晕；我出差返程驾车在公路上正常行驶，但对面来了一辆像吃了摇头丸的摩托车……如果我受伤了，应当属于工伤吗？如果是工伤，可以享受工伤待遇。假如我死了，会被批准为烈士吗？如果是烈士，可以享受很高的优待。

即便工伤可以受到抚慰，也不如出入平安珍贵。工作中也要处处有安全意识，不要麻痹大意：

第一，尽量维护作为劳动者的权利，比如签订劳动合同、要求单位提供安全的工作环境和条件等；发生安全生产事故，可以报告安监局和劳动局，通过行政执法途径迫使单位进行工伤认定。

第二，遵守安全制度、保证劳动安全；遵守工作纪律、确保工作安全。

第三，工人也要活得有尊严，不要胆大妄为，不要以生命健康换取微不足道的报酬。

我将分两种情况来介绍，一种是各种企事业单位等普通用人单位的劳动者受伤害后的待遇，我姑且称之为“普通职工的工伤待遇”；另一种是国家机关工作人员（包括公务员、军人、警察等）受伤害后的待遇，我姑且称之为“公职人员的抚恤优待”，因为在现行法律制度中，这两类人的待遇有所不同。这样做只是为了更有条理地介绍法律知识，并没有任何歧视的意思，请读者谅解。

维权专列

一、普通职工的工伤待遇

“高高兴兴上班，平平安安回家”是我们再熟悉不过了的一副对联，因为它就挂在工厂的大门两边。我们每天在单位上班，但不一定能明白地说出什么叫职工。先得搞清楚什么叫用人单位？什么叫职工？

1. 用人单位

在很多法律文件中均能看到用人单位的字样，在不同的法律文件中，用人单位的含义还有细微差别，那么在劳动法领域中用人单位指的是什么呢？从《中华人民共和国劳动法》（以下简称《劳动法》）第二条中可以看出，我国境内的企业、个体经济组织统称用人单位。从“国家机关、事业组织、社会团体和与之建立劳动合同关系的劳动者，依照本法执行”可以看出，国家机关、事业组织、社会团体也应当是用人单位，而《中华人民共和国劳动合同法》（以下简称《劳动合同法》）第二条将民办非企业单位等组织作为用人单位加以规定。我国境内的外企也是用人单位。

是否是用人单位，不能光看该组织的性质，还要看该单位使用人员的身份，如果是与单位建立劳动合同关系，此时与提供劳动一方相对应的国家机关、事业组织、社会团体就是用人单位。《中华人民共和国劳动合同法实施条例》（以下简称《劳动合同法实施条例》）第三条规定，依法成立的会计师事务所、律师事务所等合伙组织和基金会也是用人单位，自 2011 年 1 月 1 日起施行的新《工伤保险条例》第二条中则将以上的几种情况均包括在其中了。

可见，劳动法领域中用人单位包括：境内的企业（含外资企业）、有雇工的个体工商户、民办非企业单位、国家机关、事业单位、社会团体、会计师事务所、律师事务所等合伙组织、基金会等组织，只要该组织与提供劳动一方建立劳动关系，该组织即为用人单位。用人单位是一个组织，而不是个人，换言之，家庭和个人不能成为用人单位。这在《最高人民法院关于审理劳动争议案件适用法律若干问题的解释（二）》（以下简称《劳动争议解释（二）》）第七条中有体现。

请注意下列规定中“单位”的外延与内涵。

《人事争议处理规定》第二条　本规定适用于下列人事争议：

（一）实施公务员法的机关与聘任制公务员之间、参照《中华人民共和国公务员法》管理的机关（单位）与聘任工作人员之间因履行聘任合同发生的争议。

（二）事业单位与工作人员之间因解除人事关系、履行聘用合同发生的争议。

（三）社团组织与工作人员之间因解除人事关系、履行聘用合同发生的争议。

（四）军队聘用单位与文职人员之间因履行聘用合同发生的争议。

（五）依照法律、法规规定可以仲裁的其他人事争议。

由以上可推断出：用人单位又被分成了两类。一类是适用《劳动法》等法律的单位，单位与职工因劳动用工等发生争议属于劳动争议，解决纠纷时以劳动争议仲裁为起诉的法定前置程序；另一类适用《中华人民共和国公务员法》（以下简称《公务员法》）、《中国人民解放军文职人员条例》等有关法律法规，单位与聘任工作人员之间因履行聘任合同等发生的争议属于人事争议，解决纠纷时以人事争议仲裁为起诉的法定前置程序。

2. 我是职工

什么叫职工呢？职工就是劳动者，包括雇员。修订前的《工伤保险条例》第六十一条中的界定为：职工，是指与用人单位存在劳动关系（包括事实劳动关系）的各种用工形式、各种用工期限的劳动者。您再结合前面的“用人单位”来理解这里的“职工”，就会更准确更全面。职工是活生生的人，不是组织。

《劳动部意见》第3条　国家机关、事业组织、社会团体实行劳动合同制度的以及按规定应实行劳动合同制度的工勤人员；实行企业化管理的事业组织的人员；其他通过劳动合同与国家机关、事业组织、社会团体建立劳动关系的劳动者，适用劳动法。

顺便提一下，一定要与单位签订劳动合同（含聘用合同）。虽然您脑中可能会产生签“卖身契”的印象，但是如果您不签此“卖身契”，您“卖”了自己却不知道更无法证明把自己“卖”给了谁。劳动合同是您与用人单位存在劳动关系的最有力的凭据，这在《劳动法》和《劳动合同法》中均有规定。生活中很多情况下用人单位不与员工签劳动合同，您作为劳动者如果想签劳动合同，得想办法争取，这也是化解您的风险的方法。但有时也存在单位愿意签订劳动合同而职工不签的情况，这就是您的不是了。为了保护劳动者的利益，《劳动部意见》第2条规定了未签订劳动合同的事实劳动关系，应当适用劳动法。我爷爷给大地主刘文彩放牛三年，就没有签订劳动合同。哈哈，这可是七十多年以前的事了。

请注意，有的人虽然以劳动谋生，但不是劳动法意义上的劳动者，比如农村劳动者（农民）。

笑话!？天天在家种田的农民却不是劳动者？是的，他们不是劳动法意义上的劳动者。与之相对应的其服务的对象也不是用人单位，而叫“农村承包经营户”。一人吃饱全家不饿——有时一户就一个人。

3. 谁来保证劳动安全

劳动安全，单位和职工均有责任。用人单位应当提供安全生产的劳动条件和必要的劳动防护用品，这在《劳动法》第五十二条、

第五十三条和第五十四条有规定。

有时也不尽然，唐王李世民安排唐僧探险时，就只发了一套袈裟和一个饭钵，哪有什么安全卫生条件和劳动保护用品！后来，唐僧在招聘人才时，几个职工也是自带防卫兵器的，孙悟空倒得了一顶安全帽——观音姐姐赠送的——可唐僧还经常利用它（念紧箍咒）来恐吓悟空呢。

劳动者也应当具备足够的安全意识和相应的作业资格，没有金刚钻就不要去揽瓷器活，在《劳动法》第五十五条和第五十六条中规定了劳动者的义务。

劳动者要活得有尊严！劳动者对用人单位管理人员违章指挥、强令冒险作业的行为，有权拒绝执行；对危害生命安全和身体健康的行为，有权提出批评、检举和控告。探险队长唐僧经常违章指挥，强令职工冒险作业，胆子最大的是悟空，而八戒经常敢于提出批评意见或消极违抗。八戒是对的，哪怕丢掉工作，也要保全生命。您不能只要钱不要命！有时您可以拒绝。

4. 工资

您经常领工资，我问您，什么叫工资？哈哈，答不上来了吧？简单说来，工资就是一种劳动报酬，是劳动者劳动收入的主要组成部分。对此《劳动部意见》第53条说得很明确。

您领取的现金可能是工资，但如果单位把发给您的高温补贴费用也说成是工资的话，那您的权利可能被侵害了。劳动者的以下劳动收入不属于工资范围：①单位支付给劳动者个人的社会保险福利费用，如丧葬抚恤救济费、生活困难补助费、计划生育补贴等；②劳动保护方面的费用，如用人单位支付给劳动者的工作服、解毒剂、清凉饮料费用等；③按规定未列入工资总额的各种劳动报酬及其他劳动收入，如根据国家规定发放的创造发明奖、国家星火奖、自然科学奖、科学技术进步奖、合理化建议和技术改进奖、中华技能大奖等，以及稿费、讲课费、翻译费等。

杨白劳苦苦干了一年，反而倒欠地主的，哪儿有什么工资哦。

工伤保险中所说的工资还有细微的不同。下面还将多次提到

“工资”，您得注意它在不同地方的实际含义。

《工伤保险条例》第六十四条第二款　本条例所称本人工资，是指工伤职工因工作遭受事故伤害或者患职业病前12个月平均月缴费工资。本人工资高于统筹地区职工平均工资300%的，按照统筹地区职工平均工资的300%计算；本人工资低于统筹地区职工平均工资60%的，按照统筹地区职工平均工资的60%计算。

5. 工伤待遇如何保障

用人单位应当依照《工伤保险条例》的规定参加工伤保险，为本单位全部职工缴纳工伤保险费，这是用人单位的法定义务。职工个人不缴纳工伤保险费。这一点得到了后来制定的《社会保险法》第三十三条的肯定。

假设把我派到南非去上班，嘿，正好，我也去体验一把非洲风情。但有言在先，单位要给我买工伤保险：要么参加前往国家或者地区当地工伤保险，国内工伤保险关系中止；如果不能参加当地工伤保险的，其国内工伤保险关系不中止，这在《工伤保险条例》第四十四条中有规定。没有上保险的不光是唐僧和他的队友，到中国来的马可·波罗，在意大利没有买保险，在中国也没有买保险，不过这是古代，如果在今天就违法了。

职工有享受工伤保险待遇的权利。根据《工伤保险条例》第三十条等条文的规定，职工因工作遭受事故伤害或者患职业病，享受工伤待遇，所需费用符合工伤保险标准的，从工伤保险基金支付。《社会保险法》第三十八条也对此予以了肯定，相关规定将在后面的“工伤有哪些待遇”专题中详细讲述。

国家机关和依照或者参照国家公务员制度进行人事管理的事业单位、社会团体的工作人员，往往是占编制的，这类劳动者的工伤待遇由所在单位支付费用，而不从工伤保险基金支付，对此《工伤保险条例》第六十五条中有规定。

不光是观音姐姐和太上老君之流使用童工的行为属于非法用工，我们周围现在仍然存在非法用工的情况，如无照经营等。非法用工的，单位的责任就更重了，由该单位向伤残职工或者死亡职工的直系亲属给予一次性赔偿，赔偿标准不得低于《工伤保险条例》规定的工伤保险待遇。

《工伤保险条例》第六十六条　无营业执照或者未经依法登记、备案的单位以及被依法吊销营业执照或者撤销登记、备案的单位的职工受到事故伤害或者患职业病的，由该单位向伤残职工或者死亡职工的直系亲属给予一次性赔偿，赔偿标准不得低于本条例规定的工伤保险待遇；用人单位不得使用童工，用人单位使用童工造成童工伤残、死亡的，由该单位向童工或者童工的直系亲属给予一次性赔偿，赔偿标准不得低于本条例规定的工伤保险待遇。具体办法由国务院劳动保障行政部门规定。

前款规定的伤残职工或者死亡职工的近亲属就赔偿数额与单位发生争议的，以及前款规定的童工或者童工的近亲属就赔偿数额与单位发生争议的，按照处理劳动争议的有关规定处理。

关于非法用工赔偿项目和标准，我在此就一并交代清楚了，非法用工赔偿项目包括：在劳动能力鉴定之前进行治疗期间的生活费、医疗费、护理费、住院期间的伙食补助费、交通费、劳动能力鉴定费用、一次性赔偿金。

一次性赔偿金的支付标准如下：

中华人民共和国劳动和社会保障部《非法用工单位伤亡人员一次性赔偿办法》（以下简称《非法用工赔偿办法》）第五条　一次性赔偿金按以下标准支付：

一级伤残的为赔偿基数的16倍，二级伤残的为赔偿基数的14倍，三级伤残的为赔偿基数的12倍，四级伤残的为赔偿基数的10倍，五级伤残的为赔偿基数的8倍，六级伤残的为赔偿基数的6倍，七级伤残的为赔偿基数的4倍，八级伤残的为赔偿基数的3倍，九级伤残的为赔偿基数的2倍，十级伤残的为赔偿基数的1倍。

《非法用工赔偿办法》第六条　受到事故伤害或患职业病造成死亡的，按赔偿基数的10倍支付一次性赔偿金。

先得搞清楚什么叫赔偿基数？根据《非法用工赔偿办法》第七

条的规定，赔偿基数是指单位所在地工伤保险统筹地区上年度职工年平均工资。可以理解为，这样规定对非法用工单位具有一定的惩罚性。比如，《工伤保险条例》第三十五条中规定一级伤残为27个月的本人工资，即2年多的工资，并保留劳动关系，退出工作岗位。而《非法用工赔偿办法》第五条则规定一级伤残的为赔偿基数的16倍，即为年平均工资的16倍，相当于约16年的工资。如果单位拒不支付一次性赔偿的，您可以根据《非法用工赔偿办法》第八条的规定，向劳动保障行政部门举报。这次中大奖了，可以发家致富了，但搭上的是健康、牺牲的是老命。

职工（含童工）及其直系亲属就赔偿数额与单位发生争议的，按照处理劳动争议的有关规定处理。也就是，您得先进行劳动仲裁。显然，劳动者的风险就更大了，这些单位一般都是搞“地下活动”的，他们的隐蔽性强、流动性大，您根本就难以理出头绪来；出了事故，对方为了逃避责任，往往会采取各种办法包括以逃逸的方式逃避责任。因此，从用工开始就保持一定的防范意识很重要。

6. 哪些情形算工伤

那四个自助游的游客一路西行，经常能听到一个不紧不慢的声音：“悟空、悟空……”猴子以迅雷不及掩耳之势来到唐僧身边。他们的自助游，其实是在上班，但在这过程中他们经常受到工伤。与他们工作性质类似的还有地质勘察队员、导游、电力和通讯公司的巡线工等。

在发生危险之前，您就要想到：如果发生工伤怎么办？比如，怎么向大师兄呼救？到哪个医院最近？到哪些医院就诊才能够享受工伤的医疗待遇？

我受伤了，单位不能见死不救，否则就违反了《工伤保险条例》第四条规定的法定义务。发生工伤，应当在签订服务协议的医疗机构就医，情况紧急时可以先到就近的医疗机构急救。治疗工伤所需费用符合工伤保险诊疗项目目录、工伤保险药品目录、工伤保险住院服务标准的，从工伤保险基金支付。这在《工伤保险条例》第三十条中有规定。

我作为普通职工怎么知道哪些是签订服务协议的医疗机构呢？单位应当知道，单位应当参与救助工伤职工。名单是公布了的，可以去劳动和社会保障局查询。社会保险经办机构一般不会与小诊所签订协议的。

哪些情形算工伤？您得将《工伤保险条例》第十四条、第十五条、第三十七条和第四十一条等条文结合起来理解，才会更准确。

《工伤保险条例》第十四条　职工有下列情形之一的，应当认定为工伤：

（一）在工作时间和工作场所内，因工作原因受到事故伤害的；

（二）工作时间前后在工作场所内，从事与工作有关的预备性或者收尾性工作受到事故伤害的；

（三）在工作时间和工作场所内，因履行工作职责受到暴力等意外伤害的；

（四）患职业病的；

（五）因工外出期间，由于工作原因受到伤害或者发生事故下落不明的；

（六）在上下班途中，受到非本人主要责任的交通事故或者城市轨道交通、客运轮渡、火车事故伤害的；

（七）法律、行政法规规定应当认定为工伤的其他情形。

下班后，我打扫车床时，被铁屑划伤手臂——工伤；在瑶池为王母娘娘烤酒的技师杜康，正在调制XO，被孙猴子打得半身不遂——工伤；大禹治水下班回家途中被秦二世胡亥的马车撞伤，是工伤吗？是工伤。出差期间因工下落不明也算工伤，这在《工伤保险条例》第四十一条中有规定。

《工伤保险条例》第十五条　职工有下列情形之一的，视同工伤：

（一）在工作时间和工作岗位，突发疾病死亡或者在48小时之内经抢救无效死亡的；

（二）在抢险救灾等维护国家利益、公共利益活动中受到伤害的；

（三）职工原在军队服役，因战、因公负伤致残，已取得革命伤残军人证，到用人单位后旧伤复发的。

职工有前款第（一）项、第（二）项情形的，按照本条例的有关规定享受工伤保险待遇；职工有前款第（三）项情形的，按照本条例的有关规定享受除一次性伤残补助金以外的工伤保险待遇。

怪哉！我因工作疲劳过度倒在工作岗位上，经在医院里持续抢救50小时后命归黄泉，不是工伤？不是工伤！哦，看来我们以前的认识存在一定的偏差。

《社会保险法》第三十七条　职工因下列情形之一导致本人在工作中伤亡的，不认定为工伤：

（一）故意犯罪；

（二）醉酒或者吸毒；

（三）自残或者自杀；

（四）法律、行政法规规定的其他情形。

单位陪酒团的哥哥，少喝点，如果劳动合同中没有约定“醉死算烈士”的话，您和您的家属将面临法律风险——醉酒导致伤亡的不是工伤。

以上只是法律规定，要获得现实的工伤待遇，先要进行工伤认定。

7. 工伤认定

是不是工伤，由谁说了算？到哪里去认定呢？向统筹地区劳动保障行政部门提出工伤认定申请。

谁申请？单位申请。如果单位未申请，职工或其直系亲属、工会组织可以申请。

注意，提出申请还有时间限制。单位自事故伤害发生之日或者被诊断、鉴定为职业病之日起30日内提出工伤认定申请。如果用人单位未在该时限内提交工伤认定申请，在此期间发生的工伤待遇等有关费用由该用人单位负担。职工或其直系亲属、工会组织，在事故伤害发生之日或者被诊断、鉴定为职业病之日起1年内提出工伤认定申请。这些在《工伤保险条例》第十七条说得很明白。

劳动保障行政部门凭什么来认定呢？您要提交一定的证据。

《工伤保险条例》第十八条　提出工伤认定申请应当提交下列材料：

（一）工伤认定申请表；

（二）与用人单位存在劳动关系（包括事实劳动关系）的证明材料；

（三）医疗诊断证明或者职业病诊断证明书（或者职业病诊断鉴定书）。

工伤认定申请表应当包括事故发生的时间、地点、原因以及职工伤害程度等基本情况。

工伤认定申请人提供材料不完整的，劳动保障行政部门应当一次性书面告知工伤认定申请人需要补正的全部材料。申请人按照书面告知要求补正材料后，劳动保障行政部门应当受理。

您瞧，前面让您签订的劳动合同，现在就派上用场了吧。如果没有劳动合同，您得提交具有事实劳动关系的证明材料。还是那句老话，您得有证据意识，否则，法律可能也帮不了您。

如果职工或者其直系亲属认为是工伤，用人单位不认为是工伤的，由用人单位承担举证责任。如果职工再次发生工伤，根据规定应当享受伤残津贴的，按照新认定的伤残等级享受伤残津贴待遇，在《工伤保险条例》第四十三条中对此有规定。

不要拖久了哦，我等得很苦！还是那句话，得依法办事，要有耐心。社会保险行政部门应当自受理工伤认定申请之日起60日内作出工伤认定的决定，并书面通知申请工伤认定的职工或者其近亲属和该职工所在单位。根据《工伤保险条例》第二十条，工伤认定决定包括两种：①工伤或视同工伤的认定决定；②不属于工伤或不视同工伤的认定决定。

《工伤认定办法》第十六条　工伤认定决定应当载明下列事项：

（一）用人单位全称；

（二）职工的姓名、性别、年龄、职业、身份证号码；

（三）受伤部位、事故时间和诊治时间或职业病名称、伤害经过和核实情况、医疗救治的基本情况和诊断结论；

（四）认定为工伤、视同工伤或认定为不属于工伤、不视同工伤的依据；

（五）认定结论；

（六）不服认定决定申请行政复议的部门和期限；

（七）作出认定决定的时间。

工伤认定决定应加盖劳动保障行政部门工伤认定专用印章。

这个认定决定将在维权的后续程序中发挥关键作用，其作用与第一章中提到的《交通事故责任认定书》有相类似的地方。这两者之间也不同的地方：工伤认定是一种行政确认，对其不服需经行政复议后再进行行政诉讼；而交警的交通事故责任认定书却不是这样的。

有一点应当明确：根据《工伤保险条例》第三十一条的规定，社会保险行政部门作出认定为工伤的决定后发生行政复议、行政诉讼的，行政复议和行政诉讼期间不停止支付工伤职工治疗工伤的医疗费用。也就是被认定为工伤后，应当享受相应的工伤待遇，哪怕对此不服还在进行行政复议、行政诉讼，但社会保险经办机构的人员应当从工伤保险基金中支付工伤职工治疗工伤的医疗费用，而不得以还在进行行政复议或行政诉讼为理由而拒绝支付。

8. 劳动能力鉴定

被认定为工伤了，但工伤到什么程度，是否影响劳动能力呢？一般人都无法估计。如果对劳动者造成残疾、影响劳动能力的，劳动能力鉴定是必不可少的。

《工伤保险条例》第二十一条　职工发生工伤，经治疗伤情相对稳定后存在残疾、影响劳动能力的，应当进行劳动能力鉴定。

根据《工伤保险条例》第二十二条的规定，劳动能力鉴定是指劳动功能障碍程度和生活自理障碍程度的等级鉴定。劳动功能障碍分为十个伤残等级，最重的为一级，最轻的为十级。生活自理障碍分为三个等级：生活完全不能自理、生活大部分不能自理和生活部分不能自理。

根据《工伤保险条例》第二十三条和第二十五条规定，用人单位、工伤职工或者其近亲属都可以提出劳动能力鉴定的申请。鉴定要到设区的市里去做，劳动能力鉴定委员会应当自收到劳动能力鉴定申请之日起60日内作出劳动能力鉴定结论，必要时，作出劳动能力鉴定结论的期限可以延长30日。劳动能力鉴定结论应当及时送达申请鉴定的单位和个人。

《工伤保险条例》第二十三条　劳动能力鉴定由用人单位、工伤职工或者其近亲属向设区的市级劳动能力鉴定委员会提出申请，并提供工伤认定决定和职工工伤医疗的有关资料。

单位和个人都应当获得一份书面的劳动能力鉴定结论。对鉴定结论不服的，您得根据《工伤保险条例》第二十六条的规定自收到该鉴定结论之日起15日内提出再次鉴定申请。这次需向省级的劳动能力鉴定委员会提出再次鉴定申请，省级的劳动能力鉴定结论为最终结论。认为伤残情况发生变化的，还可以申请劳动能力复查鉴定，注意复查的时间规定在《工伤保险条例》第二十八条中："自劳动能力鉴定结论作出之日起1年后。"如果您认为单位或者经办机构申请的重新鉴定或复查可能对您不利，不配合重新鉴定或者复查，您也可能面临一定的风险。

9. 工伤有哪些待遇

职工被认定为工伤后，可以享受到一些社会保障的待遇，包括工伤保险待遇和伤残待遇两个方面。《社会保险法》第三十六条第一款规定：职工因工作原因受到事故伤害或者患职业病，且经工伤认定的，享受工伤保险待遇；其中，经劳动能力鉴定丧失劳动能力的，享受伤残待遇。

工伤待遇有哪些？首先是可以享受工伤医疗待遇。医疗待遇在前面曾提及过，具体情况您得参看《工伤保险条例》第三十条。

《工伤保险条例》第三十条　职工因工作遭受事故伤害或者患职业病进行治疗，享受工伤医疗待遇。

职工治疗工伤应当在签订服务协议的医疗机构就医，情况紧急时可以先到就近的医疗机构急救。

治疗工伤所需费用符合工伤保险诊疗项目目录、工伤保险药品目录、工伤保险住院服务标准的，从工伤保险基金支付。工伤保险诊疗项目目录、工伤保险药品目录、工伤保险住院服务标准，由国务院社会保险行政部门会同国务院卫生行政部门、食品药品监督管理部门等部门规定。

职工住院治疗工伤的伙食补助费，以及经医疗机构出具证明，报经办机构同意，工伤职工到统筹地区以外就医所需的交通、食宿费用从工伤保险基金支付，基金支付的具体标准由统筹地区人民政府规定。

工伤职工治疗非工伤引发的疾病，不享受工伤医疗待遇，按照基本医疗保险办法处理。

工伤职工到签订服务协议的医疗机构进行工伤康复的费用，符合规定的，从工伤保险基金支付。

除了可以享受工伤医疗待遇以外，还可以安假肢、领取工资福利、接受单位派人护理或单位支付护理费；已经评定伤残等级并经确认的，工伤保险基金按月支付生活护理费；根据不同情况，还有一次性伤残补助金、伤残津贴、伤残就业补助金。注意，没有精神损害赔偿，这一点在后面还会说到。

关羽刮骨疗伤期间没有上班，但薪水不能少，因为停工留薪期内，职工没有上班，但单位仍然要发给工资。《社会保险法》第三十九条第一项里写着呢。《工伤保险条例》第三十三条中规定得更细致：

《工伤保险条例》第三十三条　职工因工作遭受事故伤害或者患职业病需要暂停工作接受工伤医疗的，在停工留薪期内，原工资福利待遇不变，由所在单位按月支付。

停工留薪期一般不超过 12 个月。伤情严重或者情况特殊，经设区的市级劳动能力鉴定委员会确认，可以适当延长，但延长不得超过 12 个月。工伤职工评定伤残等级后，停发原待遇，按照本章的有关规定享受伤残待遇。工伤职工在停工留薪期满后仍需治疗的，继续享受工伤医疗待遇。

生活不能自理的工伤职工在停工留薪期需要护理的，由所在单位负责。

生活护理费从工伤保险基金按月支付，但护理等级不同其标准也不同。

《工伤保险条例》第三十四条　工伤职工已经评定伤残等级并经劳动能力鉴定委员会确认需要生活护理的，从工伤保险基金按月支付生活护理费。

生活护理费按照生活完全不能自理、生活大部分不能自理或者生活部分不能自理3个不同等级支付，其标准分别为统筹地区上年度职工月平均工资的50％、40％或者30％。

再次提醒“本人工资”的含义，这里的工资与我们每次从单位所领取工资的金额是不一致的。

《工伤保险条例》第六十四条第二款　本条例所称本人工资，是指工伤职工因工作遭受事故伤害或者患职业病前12个月平均月缴费工资。本人工资高于统筹地区职工平均工资300％的，按照统筹地区职工平均工资的300％计算；本人工资低于统筹地区职工平均工资60％的，按照统筹地区职工平均工资的60％计算。

因工致残为一级至四级伤残的，保留劳动关系，退出工作岗位，并由工伤保险基金按伤残等级支付一次性伤残补助金、按月支付伤残津贴，达到退休年龄并办理退休手续后，停发伤残津贴，享受基本养老保险待遇。

《工伤保险条例》第三十五条　职工因工致残被鉴定为一级至四级伤残的，保留劳动关系，退出工作岗位，享受以下待遇：

（一）从工伤保险基金按伤残等级支付一次性伤残补助金，标准为：一级伤残为27个月的本人工资，二级伤残为25个月的本人工资，三级伤残为23个月的本人工资，四级伤残为21个月的本人工资；

（二）从工伤保险基金按月支付伤残津贴，标准为：一级伤残为本人工资的90％，二级伤残为本人工资的85％，三级伤残为本人工资的80％，四级伤残为本人工资的75％。伤残津贴实际金额低于当地最低工资标准的，由工伤保险基金补足差额；

（三）工伤职工达到退休年龄并办理退休手续后，停发伤残津贴，按照国家有关规定享受基本养老保险待遇。基本养老保险待遇低于伤残津贴的，由工伤保险基金补足差额。

职工因工致残被鉴定为一级至四级伤残的，由用人单位和职工个人以伤残津贴为基数，缴纳基本医疗保险费。

如果是五级、六级伤残的，可以领取一次性伤残补助金，单位安排适当工作。难以安排工作的，由用人单位按月发给伤残津贴；也可经工伤职工本人提出，该职工可以与用人单位解除或者终止劳动关系，由用人单位支付一次性工伤医疗补助金和伤残就业补助金。注意《工伤保险条例》第三十五条与第三十六条中伤残津贴的支付主体是不相同的，一级至四级伤残的，由工伤保险基金支付伤残津贴；五级、六级伤残的，由单位支付伤残津贴。

《工伤保险条例》第三十六条　职工因工致残被鉴定为五级、六级伤残的，享受以下待遇：

（一）从工伤保险基金按伤残等级支付一次性伤残补助金，标准为：五级伤残为18个月的本人工资，六级伤残为16个月的本人工资；

（二）保留与用人单位的劳动关系，由用人单位安排适当工作。难以安排工作的，由用人单位按月发给伤残津贴，标准为：五级伤残为本人工资的70%，六级伤残为本人工资的60%，并由用人单位按照规定为其缴纳应缴纳的各项社会保险费。伤残津贴实际金额低于当地最低工资标准的，由用人单位补足差额。

经工伤职工本人提出，该职工可以与用人单位解除或者终止劳动关系，由工伤保险基金支付一次性工伤医疗补助金，由用人单位支付一次性伤残就业补助金。一次性工伤医疗补助金和一次性伤残就业补助金的具体标准由省、自治区、直辖市人民政府规定。

如果是七级至十级伤残的，可以领取一次性伤残补助金，单位安排适当工作，劳动合同期满终止，或者合同期未满职工本人提出解除劳动合同的，由用人单位支付一次性工伤医疗补助金和伤残就业补助金。

《工伤保险条例》第三十七条　职工因工致残被鉴定为七级至十级伤残的，享受以下待遇：

（一）从工伤保险基金按伤残等级支付一次性伤残补助金，标准为：七级伤残为13个月的本人工资，八级伤残为11个月的本人工资，九级伤残为9个月的本人工资，十级伤残为7个月的本人工资；

（二）劳动、聘用合同期满终止，或者职工本人提出解除劳动、聘用合同的，由工伤保险基金支付一次性工伤医疗补助金，由用人单位支付一次性伤残就业补助金。一次性工伤医疗补助金和一次性伤残就业补助金的具体标准由省、自治区、直辖市人民政府规定。

人的身体状态处于不断变化之中，可能由糟变好，也可能是旧伤复发，还可能是再次受伤。

《工伤保险条例》第三十八条　工伤职工工伤复发，确认需要治疗的，享受本条例第三十条、第三十二条和第三十三条规定的工伤待遇。

《工伤保险条例》第四十五条　职工再次发生工伤，根据规定应当享受伤残津贴的，按照新认定的伤残等级享受伤残津贴待遇。

随着年龄不断增长，工伤职工达到退休年龄，或者因为其他原因符合领取基本养老金条件，则由享受工伤保险待遇转为养老保险待遇。

《社会保险法》第四十条　工伤职工符合领取基本养老金条件的，停发伤残津贴，享受基本养老保险待遇。基本养老保险待遇低于伤残津贴的，从工伤保险基金中补足差额。

假如因工伤死亡，还可以从工伤保险基金领取丧葬补助金、供养亲属抚恤金和一次性工亡补助金；职工受工伤后可能过了一段时间才死亡的，这个也不能差钱。

《工伤保险条例》第三十九条　职工因工死亡，其近亲属按照下列规定从工伤保险基金领取丧葬补助金、供养亲属抚恤金和一次性工亡补助金：

（一）丧葬补助金为6个月的统筹地区上年度职工月平均工资；

（二）供养亲属抚恤金按照职工本人工资的一定比例发给由因工死亡职工生前提供主要生活来源、无劳动能力的亲属。标准为：配偶每月40%，其他亲属每人每月30%，孤寡老人或者孤儿每人每月在上述标准的基础上增加10%。核定的各供养亲属的抚恤金之和不应高于因工死亡职工生前的工资。供养亲属的具体范围由国务院社会保险行政部门规定；

（三）一次性工亡补助金标准为上一年度全国城镇居民人均可支配收入的20倍。

伤残职工在停工留薪期内因工伤导致死亡的，其近亲属享受本条第一款规定的待遇。

一级至四级伤残职工在停工留薪期满后死亡的，其近亲属可以享受本条第一款第（一）项、第（二）项规定的待遇。

如果是伤残职工在停工留薪期内因工伤导致死亡的，其近亲属从工伤保险基金领取丧葬补助金、供养亲属抚恤金和一次性工亡补助金；一级至四级伤残职工在停工留薪期满后死亡的，其近亲属就只能从工伤保险基金领取丧葬补助金、供养亲属抚恤金而不能领取一次性工亡补助金。

因为出差期间因工下落不明也算工伤，所以供养亲属应当享受相关待遇。

《工伤保险条例》第四十一条　职工因工外出期间发生事故或者在抢险救灾中下落不明的，从事故发生当月起3个月内照发工资，从第4个月起停发工资，由工伤保险基金向其供养亲属按月支付供养亲属抚恤金。生活有困难的，可以预支一次性工亡补助金的50%。职工被人民法院宣告死亡的，按照本条例第三十九条职工因工死亡的规定处理。

《工伤保险条例》第四十二条规定了工伤职工停止享受工伤保险待遇，这与《社会保险法》第四十三条是一致的。

《社会保险法》第四十三条　工伤职工有下列情形之一的，停止享受工伤保险待遇：

（一）丧失享受待遇条件的；

（二）拒不接受劳动能力鉴定的；

（三）拒绝治疗的。

之所以在这里提到停止享受工伤保险待遇，是因为在享受工伤待遇时，也可能因多种法定原因而停止，特别是您故意闹别扭，拒不接受劳动能力鉴定或拒绝治疗等，您的风险就大了，对此《劳动部意见》第 28 条和第 29 条您也可以给予一定的关注。劳动者经证明被错误限制人身自由的，暂时停止履行劳动合同期间劳动者的损失，可由其依据《国家赔偿法》要求有关部门赔偿。关于国家赔偿的问题，下一章会讲到。

这些钱，要由谁来支付呢？有些是从工伤保险基金中支付，有些是由用人单位支付。

《社会保险法》第三十八条　因工伤发生的下列费用，按照国家规定从工伤保险基金中支付：

（一）治疗工伤的医疗费用和康复费用；

（二）住院伙食补助费；

（三）到统筹地区以外就医的交通食宿费；

（四）安装配置伤残辅助器具所需费用；

（五）生活不能自理的，经劳动能力鉴定委员会确认的生活护理费；

（六）一次性伤残补助金和一至四级伤残职工按月领取的伤残津贴；

（七）终止或者解除劳动合同时，应当享受的一次性医疗补助金；

（八）因工死亡的，其遗属领取的丧葬补助金、供养亲属抚恤金和因工死亡补助金；

（九）劳动能力鉴定费。

社会保险经办机构的人员如果彬彬有礼地说：“抱歉，贵单位未依法缴纳工伤保险费，您无法享受相应的待遇，请您另想办法。”别听他的！我有尚方宝剑在此——《社会保险法》第四十一条。

《社会保险法》第四十一条第一款　职工所在用人单位未依法缴纳工伤保险费，发生工伤事故的，由用人单位支付工伤保险待遇。用人单位不支付的，从工伤保险基金中先行支付。

如果社会保险经办机构的人员怒气冲冲地向您叫嚷：“交通事故受伤也来找我们？谁造成你工伤，你去找谁，这钱不该我们给。”您可以拿出您的“通行证”——《社会保险法》第四十二条，冷冷地对他说：“别忽悠我了。”

《社会保险法》第四十二条　由于第三人的原因造成工伤，第三人不支付工伤医疗费用或者无法确定第三人的，由工伤保险基金先行支付。工伤保险基金先行支付后，有权向第三人追偿。

如果社会保险经办机构的工作人员平静地对您说：“五级、六级伤残职工按月领取的伤残津贴，请到您的单位里去领。”您在前两次尝到了甜头，于是对他大发雷霆……我只好对您甜甜一笑，他答对了，您抢答错了，因为有一部分费用依法应当由用人单位支付，《社会保险法》第三十九条也是有明确规定的。

《社会保险法》第三十九条　因工伤发生的下列费用，按照国家规定由用人单位支付：

（一）治疗工伤期间的工资福利；

（二）五级、六级伤残职工按月领取的伤残津贴；

（三）终止或者解除劳动合同时，应当享受的一次性伤残就业补助金。

安装假肢、假牙和配置轮椅等的费用，也从工伤保险基金支付。

《工伤保险条例》第三十二条　工伤职工因日常生活或者就业需要，经劳动能力鉴定委员会确认，可以安装假肢、矫形器、假眼、假牙和配置轮椅等辅助器具，所需费用按照国家规定的标准从工伤保险基金支付。

10. 工伤纠纷的解决途径

工伤职工与单位发生纠纷了怎么办？从《人身损害赔偿解释》第十二条第一款中的规定“因工伤事故遭受人身损害，劳动者或者其近亲属向人民法院起诉请求用人单位承担民事赔偿责任的，告知其按《工伤保险条例》的规定处理”可见，职工因工伤而起诉用人单位要求赔偿的，只能按《工伤保险条例》规定的途径来维权，也就是不能按照普通人身损害的方式来进行诉讼。

那么，因工伤发生争议后，应当通过什么途径来解决纠纷呢？首先要根据争议的性质理清法律关系，可以通过调解、向劳动行政部门投诉、行政复议、行政诉讼、民事诉讼等来解决，这些问题在《劳动法》第七十九条、《中华人民共和国劳动争议调解仲裁法》（以下简称《劳动争议调解仲裁法》）第九条、《工伤保险条例》第五十四条和第五十五条等法条中有规定，其中《工伤保险条例》第五十五条就说到“可以依法申请行政复议，也可以依法向人民法院提起行政诉讼。”不过，您得搞清楚，您所面临的是什么法定情形，您的对手是谁，再来选择维权途径。

《工伤保险条例》第五十五条　有下列情形之一的，有关单位或者个人可以依法申请行政复议，也可以依法向人民法院提起行政诉讼：

（一）申请工伤认定的职工或者其近亲属、该职工所在单位对工伤认定申请不予受理的决定不服的；

（二）申请工伤认定的职工或者其近亲属、该职工所在单位对工伤认定结论不服的；

（三）用人单位对经办机构确定的单位缴费费率不服的；

（四）签订服务协议的医疗机构、辅助器具配置机构认为经办机构未履行有关协议或者规定的；

（五）工伤职工或者其近亲属对经办机构核定的工伤保险待遇有异议的。

注意，《工伤保险条例》第五十五条里说的“可以……也可以……”，也就是申请行政复议和提起行政诉讼是选择性的，行政复议不是诉讼的前置程序。

《工伤保险条例》第五十四条　职工与用人单位发生工伤待遇方面的争议，按照处理劳动争议的有关规定处理。

前述规定中“按照处理劳动争议的有关规定处理”是什么意思呢？根据我国法律，职工与用人单位发生劳动争议，可以通过调解、仲裁、诉讼等方式来解决，如果您与单位之间因为劳动争议要到法院进行民事诉讼，法院处理劳动争议有一个法定的前置程序：经劳动争议仲裁委员会仲裁。您得根据《劳动争议调解仲裁法》的规定向劳动争议仲裁委申请劳动仲裁，如果劳动争议仲裁委员会不予受理或者逾期未作出决定的，申请人可以就该劳动争议事项向人民法院提起诉讼，这在《劳动争议调解仲裁法》第二十九条和第四十三条有规定。如果未经其仲裁，法院不予受理。也就是劳动争议必须先经过劳动争议仲裁委员会仲裁才能到法院进行诉讼，哪怕是劳动仲裁委员会作出不予受理的决定也行。

《劳动争议调解仲裁法》第二十七条中，对仲裁时效进行了规定。即，当事人知道或者应当知道其权利被侵害之日起一年内，注意起算的时间点；劳动关系存续期间因拖欠劳动报酬发生争议的，劳动者申请仲裁不受本条第一款规定的仲裁时效期间的限制，但是，劳动关系终止的，应当自劳动关系终止之日起一年内提出。

《劳动争议调解仲裁法》第二十七条　劳动争议申请仲裁的时效期间为一年。仲裁时效期间从当事人知道或者应当知道其权利被侵害之日起计算。

前款规定的仲裁时效，因当事人一方向对方当事人主张权利，或者向有关部门请求权利救济，或者对方当事人同意履行义务而中断。从中断时起，仲裁时效期间重新计算。

因不可抗力或者有其他正当理由，当事人不能在本条第一款规定的仲裁时效期间申请仲裁的，仲裁时效中止。从中止时效的原因消除之日起，仲裁时效期间继续计算。

劳动关系存续期间因拖欠劳动报酬发生争议的，劳动者申请仲裁不受本条第一款规定的仲裁时效期间的限制；但是，劳动关系终止的，应当自劳动关系终止之日起一年内提出。

劳动仲裁委员会应当在受理仲裁申请之日起四十五日内作出裁决。逾期未作出仲裁裁决的，当事人可以就该劳动争议事项向人民法院提起诉讼。

《劳动争议调解仲裁法》第四十三条第一款　仲裁庭裁决劳动争议案件，应当自劳动争议仲裁委员会受理仲裁申请之日起四十五日内结束。案情复杂需要延期的，经劳动争议仲裁委员会主任批准，可以延期并书面通知当事人，但是延长期限不得超过十五日。逾期未作出仲裁裁决的，当事人可以就该劳动争议事项向人民法院提起诉讼。

对仲裁裁决不服的，可以自收到仲裁裁决书之日起十五日内向人民法院提起诉讼。

《劳动争议调解仲裁法》第五十条　当事人对本法第四十七条规定以外的其他劳动争议案件的仲裁裁决不服的，可以自收到仲裁裁决书之日起十五日内向人民法院提起诉讼；期满不起诉的，裁决书发生法律效力。

已超过仲裁申请期限又无不可抗力或者其他正当理由的，法院就会依法驳回您的诉讼请求。法律不保护躺在权利上睡觉的人！明白了吗？

《劳动争议调解仲裁法》第四十七条挺有意思的，它规定了一裁终局的情形——针对用人单位来说，也就是说，这些类型的劳动争议经过劳动仲裁裁决后，单位不能再到法院去诉讼了，不过还留了一点余地。

《劳动争议调解仲裁法》第四十七条　下列劳动争议，除本法另有规定的外，仲裁裁决为终局裁决，裁决书自作出之日起发生法律效力：

（一）追索劳动报酬、工伤医疗费、经济补偿或者赔偿金，不超过当地月最低工资标准十二个月金额的争议；

（二）因执行国家的劳动标准在工作时间、休息休假、社会保险等方面发生的争议。

《劳动争议调解仲裁法》的终局裁决是相对于用人单位来说的，因为劳动者对仲裁委依据《劳动争议调解仲裁法》第四十七条作出的裁决不服，可以根据《劳动争议调解仲裁法》第四十八条规定向法院起诉。对此，《最高人民法院关于审理劳动争议案件适用法律若干问题的解释（三）》（以下简称《劳动争议解释（三）》）第十三条进一步解释道：追索劳动报酬、工伤医疗费、经济补偿或者赔偿金，如果仲裁裁决涉及数项，每项确定的数额均不超过当地月最低工资标准十二个月金额的，应当按照终局裁决处理。用人单位对仲裁委依据《劳动争议调解仲裁法》第四十七条作出的裁决不服，不可以起诉。但法律还是设置了一个救济渠道：根据《劳动争议调解仲裁法》第四十九条的规定请求中级人民法院撤销裁决。

如果对一般的劳动仲裁裁决不服（含劳动仲裁委“不予受理”的情况），您可以到法院进行诉讼。您得准备书面的材料：裁决书、决定书或者通知书等，才好向法官出示。到哪个法院去呢？有管辖权的法院可能不止一个。

《最高人民法院关于审议劳动争议案件适用法律若干问题的解释》（以下简称《劳动争议解释》）第八条　劳动争议案件由用人单位所在地或者劳动合同履行地的基层人民法院管辖。

劳动合同履行地不明确的，由用人单位所在地的基层人民法院管辖。

您去告谁呢？当然是单位。我是说，单位也还有好几种情况。比如：个体户、劳务派遣单位、用工单位等，您在起诉状中必须明确。

《劳动争议解释（二）》第九条　劳动者与起有字号的个体工商户产生的劳动争议诉讼，人民法院应当以营业执照上登记的字号为当事人，但应同时注明该字号业主的自然情况。

《劳动争议解释（二）》第十条　劳动者因履行劳动力派遣合同产生劳动争议而起诉，以派遣单位为被告；争议内容涉及接受单位的，以派遣单位和接受单位为共同被告。

您得以用人单位（包括未办理营业执照、营业执照被吊销或者营业期限届满仍继续经营的用人单位以及前述单位出资人）作为被告，这一点在《劳动争议解释（三）》第四条中进行了明确；如果是借用他人的营业执照，营业执照出借方也可以作为被告；如果营业执照出借方以自己“并未在出借营业执照中获利”为由来对抗您的主张，他是在糊弄您，因为他承担责任不以其是否获利为前提。

《劳动争议解释（三）》第五条　未办理营业执照、营业执照被吊销或者营业期限届满仍继续经营的用人单位，以挂靠等方式借用他人营业执照经营的，应当将用人单位和营业执照出借方列为当事人。

单位分立、合并、转让，工伤待遇怎么办？单位不能玩“金蝉脱壳”，丢下我这个可怜的人不管啊。

《工伤保险条例》第四十三条　用人单位分立、合并、转让的，承继单位应当承担原用人单位的工伤保险责任；原用人单位已经参加工伤保险的，承继单位应当到当地经办机构办理工伤保险变更登记。

用人单位实行承包经营的，工伤保险责任由职工劳动关系所在单位承担。

职工被借调期间受到工伤事故伤害的，由原用人单位承担工伤保险责任，但原用人单位与借调单位可以约定补偿办法。

企业破产的，在破产清算时依法拨付应当由单位支付的工伤保险待遇费用。

单位分立、合并、转让以谁为被告呢？最高人民法院《劳动争议解释》第十条规定，如果是合并前发生的劳动争议，由合并后的单位为当事人；如果是其分立前发生的劳动争议，由分立后的实际用人单位为当事人；如果单位分立后，对承受劳动权利义务的单位不明确的，分立后的单位均为当事人。如果在您受伤后尚未得到工伤认定时单位就发生了变化，您也得根据这些规定来确定单位的主体资格，进行维权。如果劳动仲裁委在进行仲裁时，遗漏了必须共同参加仲裁的当事人的，案件诉到法院后，法院认为仲裁裁决遗漏了必须共同参加仲裁的当事人，可以直接追加并依法判决，不必重新进行劳动仲裁。这在《劳动争议解释（三）》第六条中有规定。

任何案件都有举证责任问题，劳动争议也不例外。《劳动争议调解仲裁法》第六条说的实质也是“谁主张、谁举证”的原则。但劳动争议中存在举证责任倒置——由用人单位负举证责任的情形："作出的开除、除名、辞退、解除劳动合同、减少劳动报酬、计算劳动者工作年限等决定"。

《劳动争议解释》第十三条　因用人单位作出的开除、除名、辞退、解除劳动合同、减少劳动报酬、计算劳动者工作年限等决定而发生的劳动争议，用人单位负举证责任。

用人单位只就前述《劳动争议解释》第十三条规定的内容进行举证，其他的证据仍然由劳动者提供。《工伤保险条例》第五十四条规定，职工与用人单位发生工伤待遇方面的争议，按照处理劳动争议的有关规定处理。这个举证责任在职工方，没有倒置。

为单位加班的情形在我们的日常工作中大量存在，"主张加班费难"也是长期困扰着劳动者的问题，《劳动争议解释（三）》第九条对此进行了明确的举证责任分配。

《劳动争议解释（三）》第九条　劳动者主张加班费的，应当就加班事实的存在承担举证责任。但劳动者有证据证明用人单位掌握加班事实存在的证据，用人单位不提供的，由用人单位承担不利后果。

前面说了，《工伤保险条例》第五十五条规定，申请工伤认定的职工或者其直系亲属对相应的法定情形，可以依法提起行政诉讼，这个举证责任按行政诉讼的举证责任分配进行，《最高人民法院关于行政诉讼证据若干问题的规定》（以下简称《行政诉讼证据规定》）中有较为详细的规定，您可以查阅一下。

除了劳动争议以外，与之相类似的还有人事争议问题。根据《人事争议处理规定》第三十二条规定，人事争议也得先经过有管辖权的人事争议仲裁委员会仲裁后，才可以自收到裁决书之日起十五日内到法院进行诉讼。进行人事争议仲裁和诉讼也要有相应的证据。值得一提的是，在政府机构改革的过程中，人力资源和社会保障部 2010 年 2 月 27 日颁布并实施的《劳动人事争议仲裁组织规则》，已经将"劳动争议仲裁委员会"和"人事争议仲裁委员会"，整合为"劳动人事争议仲裁委员会"。

顺便提一下，职工除了与单位会发生争议，与社会保险费征收机构也可能发生纠纷，如果是这样，也得依法解决。对此《社会保险法》第八十三条规定了可以依法申请行政复议或者提起行政诉讼；如果是个人与所在用人单位发生社会保险争议的，可以依法申请调解、仲裁，提起诉讼；如果是用人单位侵害个人社会保险权益的，个人也可以要求社会保险行政部门或者社会保险费征收机构依法处理。

如果工伤是因为第三人的行为导致的，您可以请求第三人承担民事赔偿责任。《人身损害赔偿解释》第十二条第二款中说得很清楚，您可能暗自窃喜——可以先告第三人然后再去申请工伤保险待遇，不就可以得到双倍赔偿了吗？您不要高兴得太早了，如果您得到了工伤保险待遇，又获得了第三人的赔偿，等社会保险经办机构根据《社会保险法》第四十二条向第三人追偿时，第三人赔给您的钱，您还得拿回去，因为该第三人不可能对自己的同一行为进行两次赔偿，您也不应当获得双重赔偿。

除了一般的工伤以外，还存在单位以犯罪的方式侵犯职工人身权的情况，对此您可以通过后面会说到的刑事附带民事诉讼来进行维权。

11. 享受工伤待遇后还可以起诉单位吗

享受工伤待遇后，我的损失可能还未能全部得到赔偿，比如，工伤待遇中就没有精神损害赔偿，还可以让单位赔偿我吗？

《中华人民共和国安全生产法》（以下简称《安全生产法》）第四十八条　因生产安全事故受到损害的从业人员，除依法享有工伤社会保险外，依照有关民事法律尚有获得赔偿的权利的，有权向本单位提出赔偿要求。

《中华人民共和国职业病防治法》第五十二条对职业病病人的权利作了与《安全生产法》第四十八条类似的规定。由以上法律规定可以看出，须先请求工伤保险赔偿，然后再向单位主张差额部分的赔偿（包括精神损害赔偿）。

工伤还会发生，维权不要放松。必要时，您可以申请法律援助，关于法律援助的问题，请参看第九章“诉讼代理和法律援助”专题中的相关内容。

二、公职人员的抚恤优待

2010年6月1日，湖南永州的三名法官在法院上班时被犯罪分子无辜地枪杀。2010年7月20日，在湖南永州隆重举行“6·1”事件烈士追认暨负伤干警表彰大会，湖南省人民政府批准追认永州市零陵区人民法院赵沪宁、谭斌、蒋启东为烈士，湖南省高级人民法院为牺牲法官和负伤干警记功表彰，并颁发了证书、奖章和奖金。

1. 哪些人员能得到抚恤优待

如果公务员、军人因公牺牲，或者见义勇为成了烈士，这种行为会受到社会的尊敬和褒扬吗？

什么叫烈士？哪些人可以被批准为烈士？由谁说了算？《革命烈士褒扬条例》第二条、第三条和《军人抚恤优待条例》第八条对烈士进行了说明并对可以批准为革命烈士的几种情形进行了列举。

究竟哪些人员应当得到抚恤优待，法律对此是如何规定的呢？《军人抚恤优待条例》第二条、第四十九条和第五十条规定的抚恤优待对象包括：中国人民解放军现役军人、服现役或者退出现役的残疾军人以及复员军人、退伍军人、烈士遗属、因公牺牲军人遗属、病故军人遗属、现役军人家属、军队离（退）休干部，因参战伤亡的民兵、民工、因参加军事演习、军事训练和执行军事勤务伤亡的预备役人员、民兵、民工以及其他人员，中国人民武装警察部队中的前述人员。

我不是军人，也不是武警，是一般的小公务员，又怎么办？

《公务员法》第七十七条第二款　公务员因公致残的，享受国家规定的伤残待遇。公务员因公牺牲、因公死亡或者病故的，其亲属享受国家规定的抚恤和优待。

《公务员法》第八十四条　对有下列情形之一的公务员，不得辞退：

（一）因公致残，被确认丧失或者部分丧失工作能力的；

（二）患病或者负伤，在规定的医疗期内的；

（三）女性公务员在孕期、产假、哺乳期内的；

（四）法律、行政法规规定的其他不得辞退的情形。

民政部2004年12月24日发布《关于国家机关工作人员、人民警察伤亡抚恤有关问题的通知》（以下简称《民政部抚恤通知》）规定，国家机关工作人员、人民警察因战因公负伤致残，按照现行规定的审批权限及评残办法予以评残。其伤残性质的认定和伤残等级标准、伤残抚恤金标准、补办评残手续和伤残抚恤关系转移等，参照《军人抚恤优待条例》及《伤残抚恤管理暂行办法》的有关规定办理。该通知还规定，国家机关工作人员、人民警察牺牲，批准为烈士的条件、因公牺牲和病故的确认，参照《军人抚恤优待条例》的有关规定办理，死亡一次性抚恤金标准，参照《军人抚恤优待条例》执行（不享受现役军人立功和获得荣誉称号者死亡时增发抚恤金的待遇），具体计发标准，仍按照现行规定执行。

民政部《伤残抚恤管理办法》第二条对优抚适用对象进行了更为细致的规定，但根据《工伤保险条例》应当认定视同工伤的，不再办理因战、因公伤残抚恤。也即您不能重复享受优待。

一般情况下，抚恤金由县民政局发放，如果是未列入行政编制的人民警察，依《伤残抚恤管理办法》第二十八的规定，其伤残抚恤金由所在单位按规定发放。

《革命烈士褒扬条例》第八条　革命烈士家属的抚恤，按照作战牺牲军人家属的有关抚恤规定办理。

《军人抚恤优待条例》第七条　现役军人死亡被批准为烈士、被确认为因公牺牲或者病故的，其遗属依照本条例的规定享受抚恤。

综上所述，可能享受抚恤优待的人员包括以下人员：①中国人民解放军现役军人；②服现役或者退出现役的残疾军人以及复员军人；③退伍军人；④烈士遗属；⑤因公牺牲军人遗属；⑥病故军人遗属；⑦现役军人家属；⑧军队离休、退休干部；⑨中国人民武装警察部队中前述1—8项中的人员；⑩因参战伤亡的民兵、民工；⑪因参加军事演习、军事训练和执行军事勤务伤亡的预备役人员、民兵、民工以及其他人员；⑫公务员；⑬参照《公务员法》管理的国家机关工作人员；⑭为维护社会治安同违法犯罪分子进行斗争致残的人员；⑮为抢救和保护国家财产、人民生命财产致残的人员；⑯未列入行政编制的人民警察；⑰见义勇为的英雄。在本书中，我将以上人员统称为公职人员。

2. 抚恤优待项目和标准

公职人员死亡有多种原因，除了前述的烈士以外，还可能是因公牺牲，也可能是病故。《军人抚恤优待条例》第九条和第十条对因公牺牲和病故的确认条件和程序进行了规定。要享受优待，找谁办理呢？简言之：找单位，找县民政局。一是要发给遗属相应的证书，二是要发给抚恤金。《革命烈士褒扬条例》第六条和《军人抚恤优待条例》第五条、第十一条和第二十五条对此进行了明确。

被批准为烈士、被确认为因公牺牲或者病故的，可以享受优待的具体项目有：①发给其遗属一次性抚恤金；②生前获得荣誉称号或者立功的，由县民政局按照比例增发一次性抚恤金；③军队按照有关规定发给生前获得荣誉称号或者立功烈士的遗属一次性特别抚恤金；④定期抚恤金；⑤护理费。

钱由谁发给您呢？县民政局。抚恤金的多少与公职人员死亡的性质及死亡时的月工资有关系。

《军人抚恤优待条例》第十二条　现役军人死亡，根据其死亡性质和死亡时的月工资标准，由县级人民政府民政部门发给其遗属一次性抚恤金，标准是：烈士，80个月工资；因公牺牲，40个月工资；病故，20个月工资。月工资或者津贴低于排职少尉军官工资标准的，按照排职少尉军官工资标准发给其遗属一次性抚恤金。

获得荣誉称号或者立功的烈士、因公牺牲军人、病故军人，其遗属在应当享受的一次性抚恤金的基础上，由县级人民政府民政部门按照下列比例增发一次性抚恤金：

（一）获得中央军事委员会授予荣誉称号的，增发35%；

（二）获得军队军区级单位授予荣誉称号的，增发30%；

（三）立一等功的，增发25%；

（四）立二等功的，增发15%；

（五）立三等功的，增发5%。

多次获得荣誉称号或者立功的烈士、因公牺牲军人、病故军人，其遗属由县级人民政府民政部门按照其中最高等级奖励的增发比例，增发一次性抚恤金。

《军人抚恤优待条例》第十三条和第十五条还规定了一次性特别抚恤金和定期抚恤金。

残疾的，也要给予抚恤，金额多少与全国职工平均工资水平有关，且保障残疾军人的生活不低于当地的平均生活水平。

《军人抚恤优待条例》第二十七条　退出现役的因战、因公致残的残疾军人因旧伤复发死亡的，由县级人民政府民政部门按照因公牺牲军人的抚恤金标准发给其遗属一次性抚恤金，其遗属享受因公牺牲军人遗属抚恤待遇。

退出现役的因战、因公、因病致残的残疾军人因病死亡的，对其遗属增发12个月的残疾抚恤金，作为丧葬补助费；其中，因战、因公致残的一级至四级残疾军人因病死亡的，其遗属享受病故军人遗属抚恤待遇。

这些钱发给哪些人呢？《军人抚恤优待条例》第十四条规定，一次性抚恤金发给烈士、因公牺牲军人、病故军人的父母（抚养人）、配偶、子女；没有父母（抚养人）、配偶、子女的，发给未满18周岁的兄弟姐妹和已满18周岁但无生活费来源且由该军人生前供养的兄弟姐妹。

《军人抚恤优待条例》第十五条　对符合下列条件之一的烈士遗属、因公牺牲军人遗属、病故军人遗属，发给定期抚恤金：

（一）父母（抚养人）、配偶无劳动能力、无生活费来源，或者收入水平低于当地居民平均生活水平的；

（二）子女未满18周岁或者已满18周岁但因上学或者残疾无

生活费来源的；

（三）兄弟姐妹未满 18 周岁或者已满 18 周岁但因上学无生活费来源且由该军人生前供养的。

对符合享受定期抚恤金条件的遗属，由县级人民政府民政部门发给《定期抚恤金领取证》。

《军人抚恤优待条例》第十八条　享受定期抚恤金的烈士遗属、因公牺牲军人遗属、病故军人遗属死亡的，增发 6 个月其原享受的定期抚恤金，作为丧葬补助费，同时注销其领取定期抚恤金的证件。

2008 年 6 月 18 日，人力资源和社会保障部、民政部、财政部《关于事业单位工作人员和离退休人员死亡一次性抚恤金发放办法的通知》对一次性抚恤金（工亡补助金）标准进行了明确。这些事项的政策性很强，一般的人难以弄清，如果还不清楚，可以到劳动部门或民政部门去咨询。

3. 您得进行行政诉讼

如果在抚恤金等的问题上您的权益受到损害，可以到法院进行诉讼，注意这次是进行行政诉讼。根据《中华人民共和国行政诉讼法》（以下简称《行政诉讼法》）第十一条第一款第（六）项规定，认为行政机关没有依法发给抚恤金的可以进行行政诉讼。

行政诉讼一般由被告所在地的基层法院管辖，即县民政局所在地的县基层人民法院，这在《行政诉讼法》第十三条中进行了规定。但根据《行政诉讼法》第十七条规定，经复议的案件，复议机关改变原具体行政行为的，也可以由复议机关所在地人民法院管辖。“改变原具体行政行为”，根据最高人民法院《关于执行〈中华人民共和国行政诉讼法〉若干问题的解释》（以下简称《行政诉讼法解释》）第七条，包括：①改变原具体行政行为所认定的主要事实和证据的；②改变原具体行政行为所适用的规范依据且对定性产生影响的；③撤销、部分撤销或者变更原具体行政行为处理结果的。《最高人民法院关于审理行政赔偿案件若干问题的规定》（以下简称《行政赔偿规定》）第七条还规定，提起行政诉讼的同时还可以一并提出行政赔偿请求。

在行政诉讼中，谁可以作原告？权利受到损害的人，以及其近亲属，具体包括：配偶、父母、子女、兄弟姐妹、祖父母、外祖父母、孙子女、外孙子女和其他具有扶养、赡养关系的亲属。见《行政诉讼法》第二十四条和《行政诉讼法解释》第十一条。

在行政诉讼中，告谁呢？可能作为被告的包括以下几种：①作出具体行政行为的行政机关；②复议机关改变原具体行政行为的，复议机关是被告；③两个以上行政机关作出同一具体行政行为的，共同作出具体行政行为的行政机关是共同被告；④由法律、法规授权的组织所作的具体行政行为，该组织是被告；⑤行政机关被撤销的，继续行使其职权的行政机关是被告；⑥由行政机关委托的组织所作的具体行政行为，委托的行政机关是被告。详细规定可以参看《行政诉讼法》第二十五条。

如果您认为民政局对您的事不理不问——没有依法发给抚恤金的行为侵害了您的合法权益，您同样可以告它。因为《行政诉讼法解释》第三十九条是这样说的："行政机关在接到申请之日起60日内不履行的，公民、法人或者其他组织向人民法院提起诉讼，人民法院应当依法受理。"虽然是"民告官"，但您要相信法院，他们会秉公办事的。

已经多次提到"证据决定输赢"，行政诉讼中的举证问题在《行政诉讼法》、《行政诉讼法解释》中有规定，在《行政诉讼证据规定》中的规定更为全面。在举证责任分配上，法律给被告赋予了更重的举证责任，这在《行政诉讼法》第三十二条、第三十三条、《行政诉讼法解释》第二十六条、《行政诉讼证据规定》第二条、第三条中有规定。您作为原告也负有一定的举证责任，您至少得有起码的证据，这在《行政诉讼证据规定》第四条讲得明白：①向人民法院起诉时，应当提供其符合起诉条件的相应的证据材料；②在起诉被告不作为的案件中，原告应当提供其在行政程序中曾经提出申请的证据材料。不过您不必担心，即使您提供的证据不能证明被诉具体行政行为违法，也不能免除被告对被诉具体行政行为合法性的举证责任。这在《行政诉讼证据规定》第六条是有规定的。

行政赔偿诉讼的举证责任则主要在您原告方，这规定在《行政诉讼证据》第五条和《行政赔偿规定》第三十二条中，行政赔偿诉讼的问题下一章还会说到。

到法院进行诉讼，存在举证期限的问题，您得听从法官的引导和指挥，我在这里就不再多说。

在《行政诉讼法》第五十七条中对行政案件审理期限进行了规定：在立案之日起三个月内作出第一审判决。有特殊情况需要延长的，由高级人民法院批准，高级人民法院审理第一审案件需要延长的，由最高人民法院批准。

4. 见义勇为的善报

见义勇为英雄徐洪刚，男，云南省彝良县洛旺乡人。1993 年 8 月 17 日，身为济南军区某红军团通讯连中士班长的徐洪刚从家乡返回部队。当他乘坐的客车行至四川省筠连县巡司镇铁索桥附近时，车内的几个歹徒突然向一名青年妇女强行勒索钱物。当被拒绝后，歹徒一边对妇女耍流氓，一边把她往车外推。在角落里打盹的徐洪刚被惊醒了，见此情况，徐洪刚冲上前去，大吼一声：“住手，不许这样耍横！”歹徒看到有人干预，便把注意力集中在徐洪刚身上。徐洪刚挨了两个耳光，他为了保护车内其他乘客，没有马上还手。歹徒的气焰更加嚣张，继续把那位妇女往车窗外推。徐洪刚再也无法沉默，他一脚把后面的一个歹徒踢得不停地后退，又狠狠一拳打在另一个家伙胸口上。不料，从后面又窜出两个家伙，一个抱住徐洪刚的腿，一个死死地卡住他的脖子，最先寻衅的那个家伙掏出匕首，穷凶极恶地挥刀猛刺徐洪刚的胸、背、腹……鲜血染红了他身上的迷彩服，也染红了坐椅、地板，肠子从腹部流出。司机把车刹住，歹徒纷纷逃窜。此时，身中 14 刀、肠子流出体外达 50 厘米的徐洪刚，用背心兜住往外流的肠子，紧跟着跳下车来，用全部的力气往前追出了 50 多米，一头栽倒在路旁……

徐洪刚是值得全国人民学习的见义勇为英雄。但英雄受到了伤害，应当怎么办呢？

《侵权责任法》第二十三条　因防止、制止他人民事权益被侵害而使自己受到损害的，由侵权人承担责任。侵权人逃逸或者无力承担责任，被侵权人请求补偿的，受益人应当给予适当补偿。

《民事案件案由规定》专门规定了“见义勇为人受害责任纠纷”这样一个案由，就是针对这种纠纷的。注意：①侵权人承担责任，即责任主体是侵权人；②当侵权人不明、侵权人无力承担责任、或者没有侵权人时，由受益人给予适当补偿。请注意结合第一章中的“被告”来理解此处的“侵权人”的范围，即此处承担责任的人可能是行为人的父母或单位等，您得具体情况具体分析。

看来，英雄徐洪刚是可以向那几个流氓主张民事赔偿的，也可以向那个得到保护的姑娘请求补偿。对这种见义勇为的情况，民政部门还应当对见义勇为的英雄或英雄家属进行抚恤。

还有一点，该条规定并不要求见义勇为一定达到理想的目的，换句话说：我出于好心办好事，我行动了且尽力了，即使好事没有做成功，我的这种行为也应当得到社会的肯定，应当有人为此埋单，否则，还有谁会扶危济困、见义勇为呢?

与见义勇为类似的是“无因管理”，这也是一种乐于助人的行为，是值得社会称赞的行为。

《民法通则》第九十三条　没有法定的或者约定的义务，为避免他人利益受损失进行管理或者服务的，有权要求受益人偿付由此而支付的必要费用。

此处的必要费用，包括在管理或者服务活动中直接支出的费用，以及在该活动中受到的实际损失。这在《贯彻民法通则意见》第132条中进行了明确。不能光是称赞，还得主动地进行感谢或抚慰，不能让我出了力又贴钱，更不能让我伤心，否则，您的良心也过不去。

细心的您也许发现了，见义勇为实质上是无因管理的一种特殊情形。我为什么要专门讲见义勇为和无因管理的问题呢？一方面，这本身是个法律问题，应当介绍；另一方面，一般人在做好事向别人施以援手时，都会有价值取向，会有思想斗争，会考虑社会评价和法律风险。我帮大家厘清相关的法律问题，也是倡导人们能继续发扬“一方有难，八方支援”的良好风尚。

提一点建议：救人也要讲方法！有旁人在场的时候，最好叫上一两个帮手，一起去帮助别人；也可大喊一声“出事了!”以提醒别人注意；第一时间报警，等待救援，及时形成证据等，免得危难之时伸出援手的好心人反而被别人诬陷，这种好心人被诬陷的案件已经出现过多起了，您也得多个心眼儿。

人民能安居乐业，因为有能士、志士、勇士、烈士！

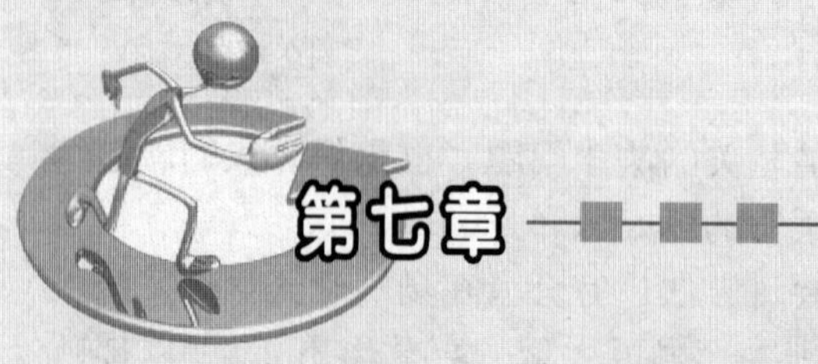

第七章 要求国家赔偿

导读：

国家机器有时也会伤及无辜，虽然这种情况在生活中并不多见，但一旦伤人就会伤得很深，好在可以通过国家赔偿进行一定的抚慰。

国家机关及其工作人员在执行职务时有时也会伤及无辜，这种情形在生活中虽不多见，但如果遭遇上了，那国家机器的伤害力之巨大、破坏力之深远，是其他侵权行为无法比拟的——在强大的国家机器面前，生命就像是一根草。

在2010年里，国人知道了赵作海的遭遇：赵作海1999年因同村赵振晌失踪后发现一具无头尸体而被拘留，2002年商丘市中级人民法院以故意杀人罪判处赵作海死刑，缓刑2年，他在监狱里度过了11年。呜呼！受伤的可不只是他一个人啊，他的全家都受到了影响——案发后，赵作海的妻子也曾被当地公安局羁押，后来因生活所迫改嫁；赵作海的儿子因为背负着“他爹是杀人犯”的沉重包袱而被迫辍学；女儿则一直没能上学……赵作海获得自由后，经过同商丘市中级人民法院协商，得到了国家赔偿。

降低您的风险

如果您遭受了国家机器的侵害，您也不要“等”和“靠”，更不能对国家丧失信心，事实上国家也会知错就改，您要克服重重困难，积极地依法向相关的国家机关要求国家赔偿，维护您的合法权益。

维权专列

国家机关和国家机关工作人员行使职权，有侵犯公民、法人和其他组织合法权益的情形，造成损害的，受害人有取得国家赔偿的权利。国家赔偿又分为行政赔偿和刑事赔偿两种，这两种情况的赔偿程序还有一些不同，《中华人民共和国国家赔偿法》（以下简称《国家赔偿法》）中有明确规定。

为什么只有行政赔偿和刑事赔偿两种情况呢？看来还得做一点背景知识交代。我国的国家机关分为权力机关、行政机关、司法机关、军事机关等几类，并非所有国家机关的行为造成您的损害都能够得到国家赔偿，只有行政机关（国务院及其各部门、地方各级人民政府及其各部门）和司法机关（各级人民检察院、各级人民法院）等国家机关及其工作人员的部分不法行为造成您的损害，您才可以依照《国家赔偿法》的规定获得国家赔偿。可见，《国家赔偿法》中所说的“国家机关和国家机关工作人员”有着特定的含义，并且，《国家赔偿法》和相关的法律文件对可以获得赔偿的事项、范围和程序等进行了限定，具体内容后面会说到。特别提醒，要求国家赔偿时，您可以申请法律援助，这是《法律援助条例》赋予您的权利，具体内容您可以参看第九章“诉讼代理和法律援助”专题中的相关解说。

1. 哪些情形可以获得行政赔偿

并非您的所有权利受到侵害都能得到国家赔偿，只有符合法律规定的情形才能获得国家赔偿，究竟哪些情况可以获得行政赔偿呢？这在《国家赔偿法》第三条有规定。

《国家赔偿法》第三条　行政机关及其工作人员在行使行政职权时有下列侵犯人身权情形之一的，受害人有取得赔偿的权利：

（一）违法拘留或者违法采取限制公民人身自由的行政强制措施的；

（二）非法拘禁或者以其他方法非法剥夺公民人身自由的；

（三）以殴打、虐待等行为或者唆使、放纵他人以殴打、虐待等行为造成公民身体伤害或者死亡的；

（四）违法使用武器、警械造成公民身体伤害或者死亡的；

（五）造成公民身体伤害或者死亡的其他违法行为。

行政机关及其工作人员在行使行政职权时侵犯财产权的，受害人也有取得赔偿的权利，这在《国家赔偿法》第四条、第十八条等条文中有规定。

哪些不能获得赔偿，您也可以了解一下，在《国家赔偿法》第五条有规定：①行政机关工作人员与行使职权无关的个人行为；②因公民、法人和其他组织自己的行为致使损害发生的；③法律规定的其他情形。那这些情况又该怎么办呢？如果是行政机关工作人员与行使职权无关的个人行为所致，您可以将其作为被告，通过民事诉讼或刑事附带民事诉讼的途径来请求侵权损害赔偿。如果是行政机关工作人员与行使职权无关但仍属于执行工作任务的行为所致，可以主张该单位赔偿。具体法律依据在《侵权责任法》第三十四条："用人单位的工作人员因执行工作任务造成他人损害的，由用人单位承担侵权责任。"这是单位替代责任的体现。

如果是因公民、法人和其他组织自己的行为致使损害发生的，比如，公民的自杀、自残行为等，有一个词叫"自作自受"，这就要自己学会承担。

哪些人可以是国家赔偿的请求人？《国家赔偿法》第六条规定了以下主体可以要求国家赔偿：①受害的公民、法人和其他组织；②受害的公民死亡，其继承人和其他有扶养关系的亲属；③受害的法人或者其他组织终止的，其权利承受人。

2. 向谁申请行政赔偿

行政机关及其工作人员行使行政职权侵犯公民、法人和其他组织的合法权益造成损害的，找谁赔偿呢？这要分多种情况。一般可以这样来操作，看生效的法律文书上加盖的公章，谁盖公章，谁就是赔偿义务机关。请细看下面的法律条文，规定得很细，以条文规定为准。

《国家赔偿法》第七条　行政机关及其工作人员行使行政职权侵犯公民、法人和其他组织的合法权益造成损害的，该行政机关为赔偿义务机关。

两个以上行政机关共同行使行政职权时侵犯公民、法人和其他组织的合法权益造成损害的，共同行使行政职权的行政机关为共同赔偿义务机关。

法律、法规授权的组织在行使授予的行政权力时侵犯公民、法人和其他组织的合法权益造成损害的，被授权的组织为赔偿义务机关。

受行政机关委托的组织或者个人在行使受委托的行政权力时侵犯公民、法人和其他组织的合法权益造成损害的，委托的行政机关为赔偿义务机关。

赔偿义务机关被撤销的，继续行使其职权的行政机关为赔偿义务机关；没有继续行使其职权的行政机关的，撤销该赔偿义务机关的行政机关为赔偿义务机关。

《国家赔偿法》第八条　经复议机关复议的，最初造成侵权行为的行政机关为赔偿义务机关，但复议机关的复议决定加重损害的，复议机关对加重的部分履行赔偿义务。

注意：复议机关只对加重的部分履行赔偿义务。

3. 如何提出行政赔偿请求

什么时候提出请求？向谁提出赔偿请求呢？程序要紧——您要去启动这个程序，并按规定程序进行维权。《国家赔偿法》第九条和第十条规定，赔偿请求人要求赔偿，应当先向赔偿义务机关提出，可以向共同赔偿义务机关中的任何一个要求赔偿，也可以在申请行政复议或者提起行政诉讼时一并提出。

如何提出？书面申请为主，并提交相应的证明材料。

《国家赔偿法》第十二条　要求赔偿应当递交申请书，申请书应当载明下列事项：

（一）受害人的姓名、性别、年龄、工作单位和住所，法人或者其他组织的名称、住所和法定代表人或者主要负责人的姓名、职务；

（二）具体的要求、事实根据和理由；

（三）申请的年、月、日。

赔偿请求人书写申请书确有困难的，可以委托他人代书；也可以口头申请，由赔偿义务机关记入笔录。

赔偿请求人不是受害人本人的，应当说明与受害人的关系，并提供相应证明。

赔偿请求人当面递交申请书的，赔偿义务机关应当当场出具加盖本行政机关专用印章并注明收讫日期的书面凭证。申请材料不齐全的，赔偿义务机关应当当场或者在五日内一次性告知赔偿请求人需要补正的全部内容。

提交了这些证据材料后，就是等待，不论结果是赔还是不赔。

4. 行政赔偿决定

相关的国家机关，可不要让我们等久了。

《国家赔偿法》第十三条　赔偿义务机关应当自收到申请之日起两个月内，作出是否赔偿的决定。赔偿义务机关作出赔偿决定，应当充分听取赔偿请求人的意见，并可以与赔偿请求人就赔偿方式、赔偿项目和赔偿数额依照本法第四章的规定进行协商。

赔偿义务机关决定赔偿的，应当制作赔偿决定书，并自作出决定之日起十日内送达赔偿请求人。

赔偿义务机关决定不予赔偿的，应当自作出决定之日起十日内书面通知赔偿请求人，并说明不予赔偿的理由。

就赔偿方式、赔偿项目和赔偿数额等方面，您可以与相关赔偿义务机关协商。两个月内不答复，三个月内去法院告它。这里说的两个月是“赔偿义务机关应当自收到申请之日起”两个月内。这里说的三个月是“自期限届满之日起”的三个月内！

谁主张，谁举证。《国家赔偿法》第十五条中有规定。如果在赔偿义务机关采取行政拘留或者限制人身自由的强制措施期间，被限制人身自由的人死亡或者丧失行为能力的，赔偿义务机关应当提供证据证明其行为与该死亡或者丧失行为能力的事实之间不存在因果关系，才能免赔。

5. 行政赔偿诉讼

有时候，代表国家的某些国家机关也死不认错，您只好通过诉讼程序进行维权了。说到诉讼，您就会想到起诉的期限、法院的管辖、证据的提交等问题，这说明您的法律意识很强了，维权的程序意识也大大增强了。

《国家赔偿法》第十四条　赔偿义务机关在规定期限内未作出是否赔偿的决定，赔偿请求人可以自期限届满之日起三个月内，向人民法院提起诉讼。

赔偿请求人对赔偿的方式、项目、数额有异议的，或者赔偿义务机关作出不予赔偿决定的，赔偿请求人可以自赔偿义务机关作出赔偿或者不予赔偿决定之日起三个月内，向人民法院提起诉讼。

《行政赔偿规定》对提起行政赔偿诉讼的程序进行了规定，先看到什么法院去告？

《行政赔偿规定》第九条第一款　单独提起的行政赔偿诉讼案件由被告住所地的基层人民法院管辖。

《行政赔偿规定》第七条　公民、法人或者其他组织在提起行政赔偿诉讼的同时一并提出行政赔偿请求的，人民法院依照行政诉讼法第十七条、第十八条、第二十条的规定管辖。

《行政诉讼法》第十七条规定的是由最初作出具体行政行为的行政机关所在地人民法院管辖。经复议的案件，如果是复议机关改变原具体行政行为的，也可以由复议机关所在地人民法院管辖。这里所说的有管辖权的法院，根据《行政诉讼法》第十三条的规定，指的是该地的基层法院，如果想到中级以上的法院，必须符合《行政诉讼法》第十四条、第十五条第十六条中规定的情形。这里说的“改变原具体行政行为”包括以下三种情况：①改变原具体行政行为所认定的主要事实和证据的；②改变原具体行政行为所适用的规范依据且对定性产生影响的；③撤销、部分撤销或者变更原具体行政行为处理结果的。

《行政诉讼法》第十八条规定的是对限制人身自由的行政强制措施不服提起的诉讼，由被告所在地或者原告所在地人民法院管辖。如果公民对限制人身自由的行政强制措施不服，或者对行政赔偿机关基于同一事实对同一当事人作出限制人身自由和对财产采取强制措施的具体行政行为不服，在提起行政诉讼的同时一并提出行政赔偿请求的，由受理该行政案件的人民法院管辖；单独提起行政赔偿诉讼的，由被告住所地或原告住所地或不动产所在地的人民法院管辖。这在《行政赔偿规定》第十一条中说得明白。

谁可以做原告？受伤害的公民本人当然可以作为原告。如果是受害者近亲属作为原告起诉，需要满足的前提条件是：受害的公民死亡，这在《行政赔偿规定》第十五条中是这样表述的：受害的公民死亡，其继承人和其他有抚养关系的亲属以及死者生前抚养的无劳动能力的人有权提起行政赔偿诉讼。

谁是被告呢？在《国家赔偿法》第七条和第八条中规定的赔偿义务机关就是被告。根据作出侵权行为的机关不同，可以作为被告的单位具体包括：作出具体行政行为的机关，法律、法规授权的组织，共同侵权的机关，委托的行政机关，撤销该赔偿义务机关的行政机关。最初造成侵权行为的行政机关，复议机关，申请法院强制执行的行政机关。其中，申请法院强制执行的行政机关在《行政赔偿规定》第十九条有规定。

您起诉得符合相关规定：①原告具有请求资格；②有明确的被告；③有具体的赔偿请求和受损害的事实根据；④赔偿义务机关已先行处理或超过法定期限不予处理；⑤属于人民法院行政赔偿诉讼的受案范围和受诉人民法院管辖；⑥符合法律规定的起诉期限。关于符合法律规定的起诉期限问题，还得注意《行政赔偿规定》第二十四条的规定。

《行政赔偿规定》第二十四条　赔偿义务机关作出赔偿决定时，未告知赔偿请求人的诉权或者起诉期限，致使赔偿请求人逾期向人民法院起诉的，其起诉期限从赔偿请求人实际知道诉权或者起诉期限时计算，但逾期的期间自赔偿请求人收到赔偿决定之日起不得超过一年。

人民法院接到原告单独提起的行政赔偿起诉状，应当进行审查，并在七日内立案或者作出不予受理的裁定。审理期限一般不会太长，单独受理的第一审行政赔偿案件的审理期限为三个月，第二审为两个月。如果赔偿义务机关拒绝履行的，您可以向第一审人民法院申请执行。申请执行的期限为一年。

6. 哪些情形可以申请刑事赔偿

再回到尘封已久的1998年春夏，人民警察杜培武被自己的同事实施超出人的生理、心理忍耐极限的十分野蛮、残酷的刑讯，杜培武在同事的淫威下被迫低下了头颅，他开始“供述杀人的罪行”，最终酿成重大冤假错案。好在云南省高级人民法院“刀下留人”，杜培武没有于1999年10月20日因此而冤死。

含冤的杜培武不是第一个，希望他是最后一个，但他绝不是最后一个——冤案还在发生。在这里，我引用清华大学教授张建伟发表在2010年11月26日《人民法院报》第五版的《透过〈聊斋〉看司法：冤狱是怎样“炼”成的》一句话：“许多冤错案件，情节不同，人物不同，但滤掉这些，会发现一大堆冤狱其实不过是同一冤案的自我复制，这些案件形成的公式都是一样的，致错的因素也颇多雷同，问题是，教训必须汲取，不真正汲取冤案教训并改良司法，一个冤案过后，下一个冤案又来了。”

行使侦查、检察、审判职权的机关乱打人、乱逮捕、乱判决的，国家埋单。这就国家赔偿中的刑事赔偿。

《国家赔偿法》第十七条　行使侦查、检察、审判职权的机关以及看守所、监狱管理机关及其工作人员在行使职权时有下列侵犯人身权情形之一的，受害人有取得赔偿的权利：

（一）违反刑事诉讼法的规定对公民采取拘留措施的，或者依照刑事诉讼法规定的条件和程序对公民采取拘留措施，但是拘留时间超过刑事诉讼法规定的时限，其后决定撤销案件、不起诉或者判决宣告无罪终止追究刑事责任的；

（二）对公民采取逮捕措施后，决定撤销案件、不起诉或者判决宣告无罪终止追究刑事责任的；

（三）依照审判监督程序再审改判无罪，原判刑罚已经执行的；

（四）刑讯逼供或者以殴打、虐待等行为或者唆使、放纵他人以殴打、虐待等行为造成公民身体伤害或者死亡的；

（五）违法使用武器、警械造成公民身体伤害或者死亡的。

七仙女被王母派人抓回天庭后，由判官阎王负责审判，后以重婚罪被打入地牢，一呆就是上千年。终于到了北京举办奥运会，玉帝一高兴，唱着“我家大门常打开……”大赦天下。曾经满头青丝的七仙女现在已经是“白发魔女”了，她因为自己遭遇不幸而请求玉帝启动审判监督程序。后经查实，七仙女与董永属于自由恋爱，双方均系新婚，只是因为阎王心生嫉妒枉法裁判而铸成冤案，玉帝改判七仙女无罪。董永在七仙女的授权下出面要求国家赔偿，阎王派出副官护韦驮深夜与董永进行调解，董永与七仙女夫妇也很通情达理，答应由阎王在国家电视台天堂之音发布公告进行赔礼道歉，叙明七仙女系良家妇女，并赔偿精神抚慰金50 000元，误工费365元/年×1 000年=365 000元。

法院的执行错误，也可以要求国家赔偿，这在《国家赔偿法》第三十八条中有规定。

《国家赔偿法》第三十八条　人民法院在民事诉讼、行政诉讼过程中，违法采取对妨害诉讼的强制措施、保全措施或者对判决、裁定及其他生效法律文书执行错误，造成损害的，赔偿请求人要求赔偿的程序，适用本法刑事赔偿程序的规定。

哪些情况下不能获得国家赔偿?《国家赔偿法》第十九条规定了六种国家不承担赔偿责任的情形：①因公民自己故意作虚伪供述，或者伪造其他有罪证据被羁押或者被判处刑罚的；②依照《刑法》第十七条、第十八条规定不负刑事责任的人被羁押的；③依照《刑事诉讼法》第十五条、第一百四十二条第二款规定不追究刑事责任的人被羁押的；④行使侦查、检察、审判职权的机关以及看守所、监狱管理机关的工作人员与行使职权无关的个人行为；⑤因公民自伤、自残等故意行为致使损害发生的；④法律规定的其他情形。

因公民自己故意作虚伪供述，或者伪造其他有罪证据被羁押或者被判处刑罚的，戏弄国家机关，国家不赔。忽悠国家，自吞苦果。依照《刑法》第十七条、第十八条规定不负刑事责任的人被羁押的，国家不赔。

《刑法》第十七条　已满十六周岁的人犯罪，应当负刑事责任。

已满十四周岁不满十六周岁的人，犯故意杀人、故意伤害致人重伤或者死亡、强奸、抢劫、贩卖毒品、放火、爆炸、投毒罪的，应当负刑事责任。

已满十四周岁不满十八周岁的人犯罪，应当从轻或者减轻处罚。

因不满十六周岁不予刑事处罚的，责令他的家长或者监护人加以管教；在必要的时候，也可以由政府收容教养。

《刑法》第十八条　精神病人在不能辨认或者不能控制自己行为的时候造成危害结果，经法定程序鉴定确认的，不负刑事责任，但是应当责令他的家属或者监护人严加看管和医疗；在必要的时候，由政府强制医疗。

间歇性的精神病人在精神正常的时候犯罪，应当负刑事责任。尚未完全丧失辨认或者控制自己行为能力的精神病人犯罪的，应当负刑事责任，但是可以从轻或者减轻处罚。

醉酒的人犯罪，应当负刑事责任。

依照《中华人民共和国刑事诉讼法》（以下简称《刑事诉讼法》）第十五条、第一百四十二条第二款规定不追究刑事责任的人被羁押的，国家不赔。

《刑事诉讼法》第十五条　有下列情形之一的，不追究刑事责任，已经追究的，应当撤销案件，或者不起诉，或者终止审理，或者宣告无罪：

（一）情节显著轻微、危害不大，不认为是犯罪的；

（二）犯罪已过追诉时效期限的；

（三）经特赦令免除刑罚的；

（四）依照刑法告诉才处理的犯罪，没有告诉或者撤回告诉的；

（五）犯罪嫌疑人、被告人死亡的；

（六）其他法律规定免予追究刑事责任的。

《刑事诉讼法》第一百四十二条第二款　对于犯罪情节轻微，依照刑法规定不需要判处刑罚或者免除刑罚的，人民检察院可以作出不起诉决定。

以上两种情况可以这样来看：其行为已经造成了社会危害，只是法律规定不追究刑事责任，所以国家对其被羁押的行为不承担赔偿责任。

对行使侦查、检察、审判职权的机关以及看守所、监狱管理机关的工作人员与行使职权无关的个人行为，虽然国家不承担赔偿责任，但并不表明行为人也不承担赔偿责任，您可以将其作为被告，通过民事诉讼或刑事附带民事诉讼的途径，向行为人请求侵权损害赔偿。

7. 如何申请刑事赔偿

哪些人可以是国家赔偿的请求人？《国家赔偿法》第二十条是这样说的：受害的公民、法人和其他组织，受害的公民死亡，其继承人和其他有扶养关系的亲属，受害的法人或者其他组织终止的，其权利承受人，均可依法提出国家赔偿要求。与这前面的《国家赔偿法》第六条是一致的。

虽然是“国家赔偿”，但不可能由抽象的“国家”来进行赔偿，得落实到一个具体的司法机关才行。如何确定具体的赔偿义务机关呢？错误拘留的，由作出拘留决定的公安机关（含具有相应权力的国家安全机关等）、检察院或法院赔偿；错误逮捕的，由作出逮捕决定的检察院或法院赔偿；错误判决的，由作出错误判决的法院赔偿。

《国家赔偿法》第二十一条　行使侦查、检察、审判职权的机关以及看守所、监狱管理机关及其工作人员在行使职权时侵犯公民、法人和其他组织的合法权益造成损害的，该机关为赔偿义务机关。

对公民采取拘留措施，依照本法的规定应当给予国家赔偿的，作出拘留决定的机关为赔偿义务机关。

对公民采取逮捕措施后决定撤销案件、不起诉或者判决宣告无罪的，作出逮捕决定的机关为赔偿义务机关。

再审改判无罪的，作出原生效判决的人民法院为赔偿义务机关。二审改判无罪，以及二审发回重审后作无罪处理的，作出一审有罪判决的人民法院为赔偿义务机关。

再回到本章开篇的赵作海案，2010 年 4 月 30 日，所谓的“被害人”赵振晌回到村中，“杀人犯”赵作海得以昭雪，河南省高级人民法院通过再审程序承认这是一起错案，宣告赵作海无罪并将其立即释放。2010年5月13日上午，商丘市中级人民法院宋海萍院长将国家赔偿款亲手交付给了赵作海。现在您明白了吗？这就是《国家赔偿法》第二十一条中规定的“再审改判无罪的，作出原生效判决的人民法院为赔偿义务机关”的具体体现。

从《国家赔偿法》第二十二条的规定来看，赔偿请求人要求赔偿，应当先向赔偿义务机关提出。您得先向赔偿义务机关提出，并且提交书面申请，提交相应的证明材料。

您当然希望尽快处理，尽快是多快？赔偿义务机关应当自收到申请之日起两个月内，作出是否赔偿的决定。具体情况在《国家赔偿法》第二十三条有规定。如果赔偿义务机关未在规定的期间内作出决定呢？根据《国家赔偿法》第二十四条的规定，赔偿请求人可以向赔偿义务机关的上一级机关申请复议。同样可以申请复议的情形还有：对赔偿的方式、项目、数额有异议的，赔偿义务机关作出不予赔偿决定的。

什么时候提出申请复议呢？赔偿请求人可以自赔偿义务机关作出赔偿或者不予赔偿决定之日起三十日内，向赔偿义务机关的上一级机关申请复议。如果赔偿义务机关是人民法院的，赔偿请求人可以依照本条规定向其上一级人民法院赔偿委员会申请作出赔偿决定。复议机关，请在两个月内搞定！这是《国家赔偿法》第二十五条中规定了的。

8. 请人民法院赔偿委员会作出赔偿决定

前面提到的《国家赔偿法》第二十二条已经说了，在刑事赔偿中，赔偿请求必须先向赔偿义务机关（公安局、检察院等）提出。只有赔偿义务机关不理不问或者明确回复不赔，并且您又申请了复议，复议机关逾期不作决定或者您对复议决定不服，这时才可以根据《国家赔偿法》第二十四条的规定去法院——到复议机关所在地的同级人民法院赔偿委员会申请作出赔偿决定，这个法院是中级以上的人民法院。如果赔偿义务机关是法院的，则可以直接向该法院的上一级人民法院赔偿委员会申请作出赔偿决定，不需要经过复议程序了。

《国家赔偿法》第二十五条　复议机关应当自收到申请之日起两个月内作出决定。

赔偿请求人不服复议决定的，可以在收到复议决定之日起三十日内向复议机关所在地的同级人民法院赔偿委员会申请作出赔偿决定；复议机关逾期不作决定的，赔偿请求人可以自期限届满之日起三十日内向复议机关所在地的同级人民法院赔偿委员会申请作出赔偿决定。

法院赔偿委员会可要为我做主啊，尽快哈！

赔偿请求人依法应当递交赔偿申请书一式四份，问题是——您可能书写申请书确有困难——这不是问题，您可以口头申请，由法院填写《申请赔偿登记表》。还有一个关键问题，您还应当提供以下相关的法律文书和证明材料：①赔偿义务机关作出的决定书；②复议机关作出的复议决定书，但赔偿义务机关是人民法院的除外；③赔偿义务机关或者复议机关逾期未作出决定的，应当提供赔偿义务机关对赔偿申请的收讫凭证等相关证明材料；④行使侦查、检察、审判职权的机关在赔偿申请所涉案件的刑事诉讼程序、民事诉讼程序、行政诉讼程序、执行程序中作出的法律文书；⑤赔偿义务机关职权行为侵犯赔偿请求人合法权益造成损害的证明材料；⑥证明赔偿申请符合申请条件的其他材料。这一点如果您不重视，这将成为一个大问题，这是在 2011 年 3 月 17 日最高人民法院《关于人民法院赔偿委员会审理国家赔偿案件程序的规定》（以下简称《审理国家赔偿案件程序的规定》）中予以明确了的。

一般情况下，人民法院赔偿委员会自收到赔偿申请后，经审查认为符合申请条件的，应当在七日内立案，申请材料不齐全的，赔偿委员会应当在五日内一次性告知赔偿请求人需要补正的全部内容，并在三个月内依法作出决定。

您作为赔偿请求人，对自己提出的主张所依据的事实有责任提供证据加以证明。这是“谁主张，谁举证”的基本原则的体现，没有证据或者证据不足以证明其事实主张的，不利后果得由您自己承担。但也有举证责任倒置的情况：具有《国家赔偿法》第二十六条第二款规定情形的，应当由赔偿义务机关提供证据，赔偿义务机关对其职权行为的合法性负有举证责任。您作为赔偿请求人，可以提供证明职权行为违法的证据，但不因此免除赔偿义务机关对其职权行为合法性的举证责任。《审理国家赔偿案件程序的规定》第十四条还规定了赔偿委员会可以组织赔偿请求人和赔偿义务机关进行质证的几种情形：①对侵权事实、损害后果及因果关系争议较大的；②对是否属于国家赔偿法第十九条规定的国家不承担赔偿责任的情形争议较大的；③对赔偿方式、赔偿项目或者赔偿数额争议较大的；④赔偿委员会认为应当质证的其他情形。还是那句老话："证据决定输赢。"

人民法院赔偿委员会决定书应当根据决定事项，分别送达赔偿请求人、赔偿义务机关和复议机关。一般情况是法院说了算，但也不绝对。一方面，赔偿委员会审理赔偿案件，可以组织赔偿义务机关与赔偿请求人就赔偿方式、赔偿项目和赔偿数额依照国家赔偿法第四章的规定进行协商；另一方面，人民法院赔偿委员会作出决定的，还有一个救济渠道，根据《国家赔偿法》第三十条规定，赔偿请求人或者赔偿义务机关对赔偿委员会作出的决定，认为确有错误的，可以向上一级人民法院赔偿委员会提出申诉，这次至少您得到省高院去了，不过出现这些情况都很少了。

9. 赔偿方式和赔偿标准

终于要赔了，赔偿方式有哪些？钱——国家赔偿以支付赔偿金为主，没有钱是万万不能的；但钱不是万能的，我要的就是旧模样，能够返还财产或者恢复原状的，予以返还财产或者恢复原状；如果造成精神损害，还要消除影响，恢复名誉，赔礼道歉等。

《国家赔偿法》第三十二条　国家赔偿以支付赔偿金为主要方式。

能够返还财产或者恢复原状的，予以返还财产或者恢复原状。

《国家赔偿法》第三十三条　侵犯公民人身自由的，每日赔偿金按照国家上年度职工日平均工资计算。

1996年2月13日《中华人民共和国最高人民法院关于印发国家统计局〈关于对职工日平均工资计算问题的复函〉的通知》中明确：我局现有的劳动统计中没有设置"职工日平均工资"指标，也不计算“职工日平均工资”；建议采用职工年平均工资除以全年法定工作日数的方法计算。劳动部在《关于贯彻执行〈劳动法〉若干问题的意见》中规定，实行每周 40 小时工作制的年法定工作日数为 254 天。1996 年 5 月 6 日最高人民法院印发《关于人民法院执行〈中华人民共和国国家赔偿法〉几个问题的解释》的通知中再次明确了：国家上年度职工日平均工资数额，应当以职工年平均工资除以全年法定工作日数的方法计算。年平均工资以国家统计局公布的数字为准。都到这个分上了，就不要再坑人了，如果一年按 365 天来计算就亏待我们了。

《国家赔偿法》第三十四条　侵犯公民生命健康权的，赔偿金按照下列规定计算：

（一）造成身体伤害的，应当支付医疗费、护理费，以及赔偿因误工减少的收入。减少的收入每日的赔偿金按照国家上年度职工日平均工资计算，最高额为国家上年度职工年平均工资的五倍；

（二）造成部分或者全部丧失劳动能力的，应当支付医疗费、护理费、残疾生活辅助具费、康复费等因残疾而增加的必要支出和继续治疗所必需的费用，以及残疾赔偿金。残疾赔偿金根据丧失劳动能力的程度，按照国家规定的伤残等级确定，最高不超过国家上年度职工年平均工资的二十倍。造成全部丧失劳动能力的，对其扶养的无劳动能力的人，还应当支付生活费；

（三）造成死亡的，应当支付死亡赔偿金、丧葬费，总额为国家上年度职工年平均工资的二十倍。对死者生前扶养的无劳动能力的人，还应当支付生活费。

前款第二项、第三项规定的生活费的发放标准，参照当地最低生活保障标准执行。被扶养的人是未成年人的，生活费给付至十八周岁止；其他无劳动能力的人，生活费给付至死亡时止。

《国家赔偿法》第三十五条　有本法第三条或者第十七条规定情形之一，致人精神损害的，应当在侵权行为影响的范围内，为受害人消除影响，恢复名誉，赔礼道歉；造成严重后果的，应当支付相应的精神损害抚慰金。

因此，国家赔偿的项目有：①医疗费；②护理费；③因误工减少的收入；④残疾生活辅助具费；⑤康复费；⑥继续治疗所必需的费用；⑦残疾赔偿金；⑧死亡赔偿金；⑨丧葬费；⑩被扶养人生活费；⑪精神损害抚慰金。关于精神损害赔偿责任，您得结合第一章和第八章中关于精神损害赔偿的相关内容来理解，请注意参看。具体的赔偿数额您经过计算可以得出，您还可以与相关国家机关派来的工作人员进行协商。

从哪里拿钱？国家财政部门。但您得凭生效的法律文书，根据《国家赔偿法》第三十七条的规定，先向赔偿义务机关提出支付赔偿金申请，他们会对您进行引导。

时间就是金钱，管理好您的时间，这是一种重要能力。申请国家赔偿的时效问题，《国家赔偿法》第三十九条规定："赔偿请求人请求国家赔偿的时效为两年，自其知道或者应当知道国家机关及其工作人员行使职权时的行为侵犯其人身权、财产权之日起计算，但被羁押等限制人身自由期间不计算在内。在申请行政复议或者提起行政诉讼时一并提出赔偿请求的，适用行政复议法、行政诉讼法有关时效的规定。"提示一下，如果您在申请行政复议或提起行政诉讼时一并提出行政赔偿请求，相关的时效应当适用申请行政复议或提起行政诉讼的时效，而不要咬着《国家赔偿法》中规定的时效不放。关于行政复议的时效，《行政复议法》第九条规定："自知道该具体行政行为之日起六十日内提出行政复议申请；但是法律规定的申请期限超过六十日的除外。"关于行政诉讼的时效规定在《行政诉讼法》第三十八条第二款："申请人不服复议决定的，可以在收到复议决定书之日起十五日内向人民法院提起诉讼。复议机关逾期不作决定的，申请人可以在复议期满之日起十五日内向人民法院提起诉讼。法律另有规定的除外。"另外，《行政诉讼法》第三十九条、《行政诉讼解释》第四十一条、第四十二条、第四十三条也有相关的规定。

要求国家赔偿的，不收费、不征税，这是《国家赔偿法》第四十一条明确规定的。

百姓力量弱小，要依法行事。国家实力强大，也要依法行事。

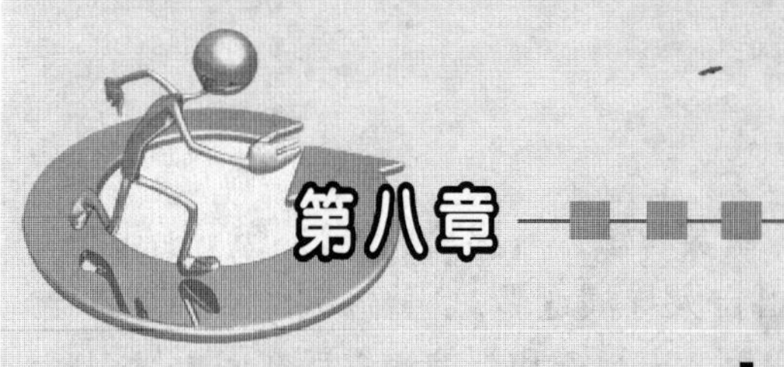

第八章

人格利益维权

导读：

别人是不能偷窥我们（包括小孩）的日记和身体的私密部位的，生活中侵害名誉权的情况时有发生，在“维权专列”您能见到维护这类人格权利和利益的相关法律规定。

电影《高山下的花环》、《芙蓉镇》、《鸦片战争》，您不陌生吧？这些获得过大奖的电影都出自大导演谢晋之手。2008 年，著名导演谢晋辞世，此后一段时间里，宋祖德和刘信达先后在网上发表多篇文章，以虚构的事实诋毁谢晋的名誉。2009 年，谢晋遗孀徐大雯将宋、刘二人告上法庭。后来，法院判决宋祖德与刘信达败诉，并向徐大雯公开道歉。

人身权包括人格权和身份权。通常人们把生命权、健康权、身体权、名誉权、姓名权、肖像权、隐私权等称为人格权，而身份权则包括亲权、配偶权、亲属权、荣誉权等。活着的人拥有这些人格权利，是天经地义的，死者本来是没有这些权利的，因为人的权利能力始于出生、终于死亡，这一点在第三章中的“民事行为能力”专题中已经讲述过，但这种个人利益是与社会利益相结合的，如果得不到保护，社会秩序将会发生混乱，因而死者的姓名、肖像、名誉、荣誉、隐私和其他相关利益也应当得到保护，并允许其近亲属请求精神损害赔偿。

谢晋去世，英名永存！他的人格利益仍然存在，不允许他人玷污。其他人的也一样。假如我死了，谁来维护我的人格利益？

降低您的风险

第一，正常行使权利时，增强保护人格权益的意识和措施。

第二，网络无处不在，要注意保密。网上的信息无秘密，涉密的信息不上网。

第三，如果有人侵犯人格权利和利益，要及时进行维权，以免造成更大的负面影响。

维权专列

1. 隐私权及其他权益

我们经常听到或说到隐私权，在《妇女保障法》和《侵权责任法》中也明确写了隐私权。一般来说，隐私权是指自然人享有的与公共利益无关的私人生活安宁与私人信息秘密依法受到保护，不被他人非法侵扰、知悉、收集、利用和公开的一种人格权，而且权利主体对他人在何种程度上可以介入自己的私生活，对自己是否向他人公开隐私以及公开的范围和程度等具有决定权。

身体秘密（比如我的健康状况）、私人空间（比如我的住宅和学生公寓的壁橱）、个人事实（比如我爱挖鼻孔和我写的日记）、私人生活（比如我在家里爱打赤膊）等，都属于隐私的内容。对于隐私，我有权隐瞒、不为人所知，除非我想公开让别人知道；我有权利用，以满足自己精神、物质等方面需要；我有权维护，在受到非法侵犯时可以寻求公力与私力救济；我有权支配我的隐私利益。

如果有下列行为，就可能侵犯他人的隐私权或者别的人格权利了：周文王随意地公开了周武王的姓名、肖像、住址、电话号码、QQ 号码、银行账号、电子邮箱等私人信息；孙悟空未经王母娘娘允许闯入蟠桃会，搅扰了王母娘娘的安宁；宋徽宗雇佣“私家侦探”跟踪“天王巨星”李师师，安装窃听设备，私自拍摄其私生活镜头，窥探李师师在室内与玉兔逗乐的情况；“狗仔队”随意打探朝鲜国家足球队队员们的月工资收入及其他财产状况，发现他们与中国国足们的收入相距甚远；“天线宝宝”随意开启“花园宝宝”的信件，其中有一部分被拆开的是广告信件……

还有很多方面，都得悠着点！《宪法》第三十八条、第三十九条、第四十条，《民法通则》第一百条、第一百零一条，《贯彻民法通则意见》第 140 条、第 141 条，《侵权责任法》第二条以及《刑法》第二百四十五条、第二百四十六条、第二百五十二条中都对姓名权、肖像权、名誉权、荣誉权等人格权利和利益进行了保护，如果侵犯人格利益严重的，会构成犯罪。未成年人的人格利益一样应当得到保护，这在《未成年人保护法》第三十一条等条文中有体现。

前面已讲过姓名及签名的重要性了，这里再说说姓名权的问题。公民享有姓名权，有权决定、使用和依照规定改变自己的姓名，禁止他人干涉、盗用、假冒。这在《民法通则》第九十九条中说得很明白，《贯彻民法通则意见》第141条将盗用、假冒他人姓名的行为定为侵犯姓名权的行为。如果给公司命名，工商局在进行登记时会对企业名称进行预先核准登记，但对于公民个人的姓名使用，公安局却缺乏预先审查的制度，于是在中国出现很多重名，又特别是少数民族更多，这对界定姓名侵权造成了一定的难度。在办理第二代身份证时，一位名叫赵C的人遭到公安局的拒绝，公安局让其改名，但此八尺男儿因自己使用了二三十年的姓名得不到认可将公安局告上了法庭。姓名还涉及就学、就业、就医、存款等生活中方方面面的问题，看来，给子女取名是一件很重要的事情，是一件在成为父母之前或在子女出世之初就必须决定好的事。《侵权责任法》中仅限于人身权益受到损害时，才可以请求精神损害赔偿。据说，有人冒名顶替别人去读大学，而真实的优秀学子却在穷乡僻壤仰天长叹，这种人侵犯的就不光是姓名权了。

《民法通则》第一百条规定，公民享有肖像权，未经本人同意，不得以营利为目的使用公民的肖像。此处“不得以营利为目的使用”可能与我们日常中的理解略有差异。

侵犯名誉权的情形也时有发生，可能是在日常生活中，也可能出现在网络和报端，主要是以侮辱和诽谤的方式。一句话，用无中生有的方式降低别人的才干、品德、声誉等，是侵犯名誉权的行为。

荣誉权与普通大众的联系似乎显得更少。荣誉主要来自单位、社会对我们的肯定性评价，并因此而授予令人引以为荣的称号，比如开宏在读小学时曾被推选为“优秀小组长”候选人，开宏的朋友更为杰出，获得了全国“五一劳动奖章”，如果您恶意贬损的话，我们会对您不客气的。

2. 人格利益维权中的精神损害赔偿

人格利益的损害往往是无形的，不存在身体上的伤疤，却给受害人带来愤怒、焦虑、悲伤、绝望等不良情感，给人带来无尽的痛苦。这种情况能够得到精神损害赔偿吗？

《侵权责任法》第二十二条　侵害他人人身权益，造成他人严重精神损害的，被侵权人可以请求精神损害赔偿。

精神损害赔偿，与人身损害赔偿、财产损害赔偿相并立，是为维护我们的精神利益而设置的法律制度，当我们的人格利益、身份利益受到损害，或者遭受精神痛苦等，同样有权通过请求侵权人用财产赔偿的方式来保护我们的合法权益。

哪些人格权益受损能获得精神损害赔偿呢？这在《精神损害赔偿解释》第一条中有体现，结合第一章中的相关讲述来看，能获得精神损害赔偿的情形包括生命权、健康权、身体权、姓名权、名誉权、荣誉权、肖像权、隐私权、人格尊严权、人身自由权、婚姻自主权、监护权受到损害，以及遗体、遗骨以及特定物品受到不法侵害等情形。

《精神损害赔偿解释》第三条中的遗体、遗骨以及第四条中的特定物品也列为保护的对象，比如结婚纪念照片受到损失，可以请求精神损害赔偿。注意，这些不是人身权利，而是特定的物品，是财产。即，具有人格象征意义的特定的财产受到损害，也可以主张精神损害赔偿。比如，夸父逐日未果，心生一计，取走悟空的如意金箍棒将其磨成绣花针。这根钢管可不是用来跳钢管舞的啊，它不光是文物——大禹治水留下的定海神针，它更是龙王同志送给孙大哥的定情之物啊！是具有人格象征意义的特定纪念物品。如果猴子到法院来告，夸父兄弟是要赔钱的哈。

《精神损害赔偿解释》第四条　具有人格象征意义的特定纪念物品，因侵权行为而永久性灭失或者毁损，物品所有人以侵权为由，向人民法院起诉请求赔偿精神损害的，人民法院应当依法予以受理。

非法使被监护人脱离监护，比如绑架、拐卖、拐骗、偷盗儿童，收买被拐卖的儿童等，受害人是可以主张精神损害赔偿的。前述行为极有可能涉嫌犯罪，但在刑事附带民事诉讼中是不能主张精神损害赔偿的。唉——无奈！

《精神损害赔偿解释》第二条　非法使被监护人脱离监护，导致亲子关系或者近亲属间的亲属关系遭受严重损害，监护人向人民法院起诉请求赔偿精神损害的，人民法院应当依法予以受理。

工伤待遇中也没有精神损害赔偿，但这可以在享受了工伤待遇后另行起诉单位，这在前面已经讲过了。

《侵权责任法》第二十二条中明确了请求精神损害赔偿需具备“严重精神损害”的条件。请注意“严重”二字，这是请求精神损害赔偿的标准，也是法官在判决赔偿精神损害抚慰金时会着重考虑的问题。如果因侵权致人精神损害，但未造成严重后果，受害人请求赔偿精神损害的，一般是得不到法院的支持的，但可以根据情形要求侵权人停止侵害、恢复名誉、消除影响、赔礼道歉，在《精神损害赔偿解释》第八条中讲的也是这个意思。是否达到“严重”的程度，我们可以参看《精神损害赔偿解释》第十条的规定，从侵权人的过错程度，和侵害的手段、场合、行为方式等具体情节，以及侵权行为所造成的后果等方面来衡量。

从上面的讲述，也可以看出，精神损害赔偿的主要功能仍然是填补损害，即，以财产的方式补偿被侵权人受到的精神损害，使该损害得到平复。我在审判中曾经碰到有人请求赔偿其精神损失人民币 100 万元，如果您是法官，您会支持这种请求吗？不过这里我还要给您说另外一个关于 100 万元的故事：著名演员金巧巧以名誉侵权为由将宋祖德和刘信达（呵呵，又是他们）诉至法院，称其虚构事实、用语低级粗俗、故意侮辱她的人格，提出索赔 100 万元精神抚慰金。法院审理后判令二被告删除涉案文章，分别在新浪、搜狐、网易三大门户网站的博客频道首页持续 7 天向金巧巧赔礼道歉，并分别赔偿金巧巧精神损害抚慰金 10 万元。从法官判决赔偿 20 万元这个角度来看，请求赔偿 100 万元还真的不是天方夜谭呢。

3. 谁来维权

如果我还在，我的权利我会维护的。但假如我死了，谁来维护我的权利呢？在第一章中已经说过，我的近亲属，其中包括：我的父母、配偶、子女以作为原告参加诉讼，同样，也就可以参与调解与和解，以及用其他方式维权。这在《侵权责任法》第十八条和《精神损害赔偿解释》第七条中也说得很清楚。

《精神损害赔偿解释》第七条　自然人因侵权行为致死，或者自然人死亡后其人格或者遗体遭受侵害，死者的配偶、父母和子女向人民法院起诉请求赔偿精神损害的，列其配偶、父母和子女为原告；没有配偶、父母和子女的，可以由其他近亲属提起诉讼，列其他近亲属为原告。

4. 大胆说出您的请求

金角大王与银角大王进行智力竞赛，谁答对唐僧肉就归谁。金角大王问银角大王："你知道我兜里有几个鸡蛋么？"银角大王一听鸡蛋，来了精神，就问："答对了给我吃么？"金角大王说："答对了两个都给你！"听到全体小妖的欢呼声，情绪激动的银角大王以为鸡蛋和唐僧肉都唾手可得，左顾右盼后壮着胆子回答："是五个么？"唐僧和全体小妖都异口同声地发出一声惨叫，昏了过去。

您不至于像银角大王那么糊涂吧。遭到精神损害，如何提出您的请求？您可以请求人民法院判令侵权人停止侵害、恢复名誉、消除影响、赔礼道歉，也可以请求其赔偿相应的精神损害抚慰金。精神损害，以精神方面的抚慰为主，但精神损害抚慰金也是精神损害赔偿的一种重要方式。

究竟以什么标准来提出您的精神抚慰金数额？500 万元还是12 345元？您总不能顺口说个吉利数或者将预留在银行的密码数字作为主张精神损害赔偿的数字吧！还是先看看法律是如何规定的吧。

《侵权责任法》第二十条　侵害他人人身权益造成财产损失的，按照被侵权人因此受到的损失赔偿；被侵权人的损失难以确定，侵权人因此获得利益的，按照其获得的利益赔偿；侵权人因此获得的利益难以确定，被侵权人和侵权人就赔偿数额协商不一致，向人民法院提起诉讼的，由人民法院根据实际情况确定赔偿数额。

该条说了三种赔偿数额的确定方法：一种是被侵权人受到的财产损失，第二种是侵权人获得的利益，第三种是法院根据实际情况确定赔偿数额。这三种确定方法是有先后顺序的。“被侵权人因此受到的损失”是第一顺位的，也是最基础的。只有这种损失难以确定的时候，才会适用第二种方法，以侵权人因此获得的利益来进行赔偿。只有当前述两种方法都难以确定且被侵权人和侵权人就赔偿数额协商不一致的时候，法官才能根据实际情况确定赔偿数额。并且，这个“实际情况”隐含着“被侵权人因此受到的损失”与“侵权人获得的利益”基本持平的意思。

《精神损害赔偿解释》和《名誉权解释》中有更具体的规定：

《精神损害赔偿解释》第十条　精神损害的赔偿数额根据以下因素确定：

（一）侵权人的过错程度，法律另有规定的除外；

（二）侵害的手段、场合、行为方式等具体情节；

（三）侵权行为所造成的后果；

（四）侵权人的获利情况；

（五）侵权人承担责任的经济能力；

（六）受诉法院所在地平均生活水平。

《名誉权解释》第十条　因名誉权受到侵害使生产、经营、销售遭受损失予以赔偿的范围和数额，可以按照确因侵权而造成客户退货、解除合同等损失程度来适当确定。

您所主张的损失或对方获得的利益数额凭什么来确定？您可以找到相关的证人、报纸、合同、音像资料，也可以请求法院进行证据保全，比如保全相应的合同、记账凭证、网页等，可能的话，还可以申请司法鉴定等。您要根据具体的案情来决定您应当具备的基本证据。比如涉及出版物的，其发行范围、售价等都是确定赔偿数额的重要依据。您得用这些证据来证明您的损失或对方因侵权所得的利益。

我们来小结一下，当您的人格利益受到侵害，您可以要求对方承担责任的方式有：停止侵害、赔礼道歉、消除影响、恢复名誉、赔偿损失等，您可以根据情况选取一种或几种责任方式。

5. 名誉侵权中的法院管辖

到哪里去打这场官司？这涉及人民法院的管辖问题。1993 年《最高人民法院关于审理名誉权案件若干问题的解答》（以下简称《名誉权解答》）和 1998 年 7 月 14 日的《名誉权解释》对此进行了明确。

《名誉权解答》第四条　名誉权案件，适用民事诉讼法第二十九条的规定，由侵权行为地或者被告住所地人民法院管辖。侵权行为地包括侵权行为实施地和侵权结果发生地。

《名誉权解释》第一条　人民法院受理这类案件时，受侵权的公民、法人和其他组织的住所地，可以认定为侵权结果发生地。

因为被告可能离您很远，比如甲网站侵害了我的权利，这个网站与我不在同一个省，而转载了侵权内容的乙杂志又在另一个省，如果让我跨两三个省来打这场官司，对我很不利。现在我的住所地即为“侵权结果发生地”，这样我就可以在本地法院进行诉讼，方便多了。不光如此，还有一个潜在的标准问题。法官会考虑“受诉法院所在地平均生活水平”等当地的社会状况来确定赔偿数额，比如北京的法院对金巧巧诉宋祖德案就判赔 20 万元，如果由云南的法院来判，可能难以超过 10 万元。您不觉得依法选择法院有时也很重要吗？

6. 被告要抓准

除了确定被告的一般方法外，新闻报道或其他作品发生的名誉权纠纷，其被告又有特殊性。作者、出版单位、网络用户、网络服务提供者均可以成为被告。

《名誉权解答》第六条　因新闻报道或其他作品发生的名誉权纠纷，应根据原告的起诉确定被告。只诉作者的，列作者为被告；只诉新闻出版单位的，列新闻出版单位为被告；对作者和新闻出版单位都提起诉讼的，将作者和新闻出版单位均列为被告，但作者与新闻出版单位为隶属关系，作品系作者履行职务所形成的，只列单位为被告。

李白成在其博客中撰文大骂朱无璋，列举了朱家祖宗八代的事，但都是污蔑、诽谤之词。又在其QQ网络空间里发表了大量图片和动漫视频，是有关于武则大、康稀和钱龙的个人隐私的内容，盗光先生及时对此发表了严正声明，要求小李立即停止侵权，并通知“管他4729”网站采取删除、屏蔽、断开链接等必要措施。

《侵权责任法》第三十六条　网络用户、网络服务提供者利用网络侵害他人民事权益的，应当承担侵权责任。

网络用户利用网络服务实施侵权行为的，被侵权人有权通知网络服务提供者采取删除、屏蔽、断开链接等必要措施。网络服务提供者接到通知后未及时采取必要措施的，对损害的扩大部分与该网络用户承担连带责任。

网络服务提供者知道网络用户利用其网络服务侵害他人民事权益，未采取必要措施的，与该网络用户承担连带责任。

网络用户（网民）、网络服务提供者（网站）利用网络侵害他人民事权益的，承担的是过错责任；网站接到通知后未及时采取必要措施的，适用的是过错推定责任原则。

作为受侵害者，您的任务是通知网络服务提供者。电子邮件是比较好的方式，既快捷，又有痕迹，方便以后提供证据。网站也不一定那么听您的话，如果您通知后，网站仍然未及时采取必要措施，怎么办呢？您可以考虑借助公权力采取相应的措施，比如向工商局、文化局举报，或者进行证据保全、诉讼等。

就在前面提到的金巧巧诉宋祖德、刘信达名誉权纠纷案中，北京市朝阳区人民法院在宣判的同时向侵权的三个网站发出了《司法建议函》，建议三网站立即进行全面清查，彻底删除网站中侵权文章；加强对网站内容的审查和监管，发现传播违法内容的，及时采取有效监管措施；提高社会责任意识，积极抵制网络低俗内容，净化网络环境，营造文明健康网络新风尚，促进互联网产业健康发展。

7. 如何认定构成侵权

如果您认为网站侵犯您的权益了，但网站（或其他侵权人）却认为没有侵权，怎么办？这就涉及人格利益侵权责任如何认定问题。名誉侵权责任的构成要件与一般侵权责任的构成要件一样，需具备被损害的事实、行为人行为违法、违法行为与损害后果之间有因果关系、行为人主观上有过错四个要件，且举证责任在原告方。这在《名誉权解答》中说得很清楚。

《名誉权解答》第七条　是否构成侵害名誉权的责任，应当根据受害人确有名誉被损害的事实、行为人行为违法、违法行为与损害后果之间有因果关系、行为人主观上有过错来认定。

以书面或者口头形式侮辱或者诽谤他人，损害他人名誉的，应认定为侵害他人名誉权。

对未经他人同意，擅自公布他人的隐私材料或者以书面、口头形式宣扬他人隐私，致他人名誉受到损害的，按照侵害他人名誉权处理。

因新闻报道严重失实，致他人名誉受到损害的，应按照侵害他人名誉权处理。

撰写、发表批评文章的，关键是看是否属实，是否有侮辱人格的内容。

《名誉权解答》第八条　因撰写、发表批评文章引起的名誉权纠纷，人民法院应根据不同情况处理：文章反映的问题基本真实，没有侮辱他人人格的内容的，不应认定为侵害他人名誉权。

文章反映的问题虽基本属实，但有侮辱他人人格的内容，使他人名誉受到侵害的，应认定为侵害他人名誉权。

文章的基本内容失实，使他人名誉受到损害的，应认定为侵害他人名誉权。

《名誉权解答》第九条　撰写、发表文学作品，不是以生活中特定的人为描写对象，仅是作品的情节与生活中某人的情况相似，不应认定为侵害他人名誉权。

描写真人真事的文学作品，对特定人进行侮辱、诽谤或者披露隐私损害其名誉的；或者虽未写明真实姓名和住址，但事实是以特定人或者特定人的特定事实为描写对象，文中有侮辱、诽谤或者披露隐私的内容，致其名誉受到损害的，应认定为侵害他人名誉权。

编辑出版单位在作品已被认定为侵害他人名誉权或者被告知明显属于侵害他人名誉权后，应刊登声明消除影响或者采取其他补救措施；拒不刊登声明，不采取其他补救措施，或者继续刊登、出版侵权作品的，应认定为侵权。

“侮辱、诽谤或者披露隐私损害其名誉的”是认定行为人的行为和损害后果的标准。如果其行为只是进行真实的描述，不是侮辱、诽谤或者披露隐私的行为，则不是违法行为，也不会有损害后果。此外，生活中还存在几种特别的情况。按照下列的规定来判断即可。

《名誉权解释》第二条　有关机关和组织编印的仅供领导部门内部参阅的刊物、资料等刊登的来信或者文章，当事人以其内容侵害名誉权向人民法院提起诉讼的，人民法院不予受理。

机关、社会团体、学术机构、企事业单位分发本单位、本系统或者其他一定范围内的内部刊物和内部资料，所载内容引起名誉权纠纷的，人民法院应当受理。

这要看所编印刊物的受众的范围，内容真实、散布范围不大且采取了保密措施的，不认为是侵权，如果范围较大，内容又涉及侮辱、诽谤或者披露隐私的很有可能会被认定为侵权。

《名誉权解释》第四条　国家机关、社会团体、企事业单位等部门对其管理的人员作出的结论或者处理决定，当事人以其侵害名誉权向人民法院提起诉讼的，人民法院不予受理。

单位等对其管理的人员作出的结论或者处理决定，是涉及人事管理的事务，是单位对员工的内部管理问题，如果这些管理方式不违反法律规定或属于当事人的劳动合同（有的劳动合同中包括单位的管理制度）约定之内的情况，公权力不宜过多介入。

《名誉权解释》第五条　公民依法向有关部门检举、控告他人的违法违纪行为，他人以检举、控告侵害其名誉权向人民法院提起诉讼的，人民法院不予受理。

如果借检举、控告之名侮辱、诽谤他人，造成他人名誉损害，当事人以其名誉权受到侵害向人民法院提起诉讼的，人民法院应当受理。

检举、控告是宪法赋予人民的权利，依法行使这些权利不存在侵权的问题，如果借检举、控告之名侮辱、诽谤他人，这就不是行使权利而是侵权行为了，应当承担法律责任，这里的法律责任包括民事责任、行政责任和刑事责任。

《名誉权解释》第六条　新闻单位根据国家机关依职权制作的公开的文书和实施的公开的职权行为所作的报道，其报道客观准确的，不应当认定为侵害他人名誉权；其报道失实，或者前述文书和职权行为已公开纠正而拒绝更正报道，致使他人名誉受到损害的，应当认定为侵害他人名誉权。

可以看出，接受采访时也要出言谨慎，特别当您面对的是有些并不严谨的报刊和电台的记者，更要有“祸从口出”的意识，因为他们通过对您的声音和图像进行剪辑后，可能陷您于不利之境地。

《名誉权解释》第七条　因提供新闻材料引起的名誉权纠纷，认定是否构成侵权，应区分以下两种情况：

（一）主动提供新闻材料，致使他人名誉受到损害的，应当认定为侵害他人名誉权。

（二）因被动采访而提供新闻材料，且未经提供者同意公开，新闻单位擅自发表，致使他人名誉受到损害的，对提供者一般不应当认定为侵害名誉权；虽系被动提供新闻材料，但发表时得到提供者同意或者默许，致使他人名誉受到损害的，应当认定为侵害名誉权。

很多媒体悬赏提供新闻线索，在金钱的诱惑下，您敢说没有人不会昧着良心乱说话？现在还有专门打探别人的隐私的“狗仔队”，还有一个网络热词叫“人肉搜索”，这些您都得小心啊。

8. 名誉侵权的执行问题

根据《名誉权解答》第十条的规定，恢复名誉、消除影响、赔礼道歉可以书面或者口头的方式进行，内容须事先经人民法院审查，不然的话，如果遇到态度不诚恳的当事人，可能会出现新的侵权行为。恢复名誉、消除影响的范围，一般应与侵权所造成不良影响的范围相当。

如果面对的是不见面、不出庭、不道歉、不赔偿的死硬分子，怎么办？在《名誉权解答》第十一条中对此进行了明确：侵权人拒不执行生效判决，不为对方恢复名誉、消除影响的，人民法院可以采取公告、登报等方式，将判决的主要内容和有关情况公布于众，费用由被执行人负担，并且可依照《民事诉讼法》第一百零二条第六项的规定，予以罚款、拘留，更为严重的还可能承担刑事责任。

比如在前述的徐大雯诉宋祖德、刘信达名誉侵权案中，宋祖德就没有在生效判决书规定的履行期内履行相应的义务。这次宋祖德、刘信达挑战的不是徐大雯，而是国家的司法权威。上海市静安区法院在 2010 年 5 月 19 日的《解放日报》上刊登执行公告，责令宋祖德于 24 日下午 1 时到法院报到，并提供公开赔礼道歉的声明供法院审核，同时支付相关费用，若其逾期不履行或不报到，法院将依法采取强制措施。5 月 24 日中午 12 时 15 分，被执行人宋祖德、刘信达在规定的期限内到庭。宋祖德、刘信达当场提交了致歉声明并经法院审核同意。同时，二人当庭缴纳人民币 15 万元。在道歉声明中，宋祖德与刘信达称：“我们虚构事实，以假乱真，诋毁了谢晋老师与徐大雯老师的名誉，在社会上造成极大的不良影响，并使徐大雯老师的身心遭受重大打击。我们深表内疚，现真诚地向他们表示最真诚的歉意，恳请取得徐大雯老师的原谅。我们保证以后遵守法制，谨言慎行，不再做出类似的侵权行为。”

原告徐大雯对此表示满意，但这一天来之不易啊！

我们的信用、名誉是经过长期积累形成的，是用生命来经营的，必须十分珍视，不得草率地让自己的社会声誉下降，我们的各种人格利益也容不得他人玷污和毁损。

第九章

维权的多种方式

导读：

本书的前半部分以介绍与实体权利相关的法律制度为主，要想将这些权利变为现实的利益，您得选择对您最有利的途径来进行维权。任何一种途径都或多或少存在一定的程序要求，有的程序还很严格，在本章中您能对诉讼程序有更为详细地了解。

除了公共权力能帮上您的忙，有时自己的能力也不能小视——“正当防卫”或“紧急避险”，我们可以凭借自己的力量以维护合法权益不受侵害。

依照法律规定，您确实有很多权利，但如何才能将这些权利有效地变成现实，这是您得花精力去完成的一件事，否则，您的权利只是空中楼阁。在维权的过程中可能会出现重重困难，很难一帆风顺。呵呵，不经历风雨，怎么见彩虹！

降低您的风险

第一，让自己强大起来！全面且深入地了解您的实体权利，尽量避免权利受到侵害。

第二，让自己理智起来！树立“程序先于实体”的观念，一旦权利受到侵害，及时依照法律规定的程序进行有效地维权，维权的过程中也要讲求勇谋兼备，注意攻守结合。

维权专列

社会进步到今天，为人们提供了多元的化解矛盾的渠道。当您的权益受到侵害时，您先得对维权途径和方式进行策划，如果您不对此运筹帷幄，到头来可能会因此而吃亏，那时您会对雪上加霜有更深的体会，您会感叹：早知道是这样嘛——唉！

一、选择对您有利的途径解决纠纷

有时，人的一个行为可能同时触犯多个法律规定。这是因为不同的法律或者同一部法律的不同条文在调整的行为或适用对象等方面，存在一定的交叉、重合或包容关系，于是就出现了法规竞合的情况。比如，一个交通肇事行为，可能违反了《侵权责任法》，要承担民事侵权赔偿责任，同时又根据行政法规要受到行政处罚，甚至还有可能触犯《刑法》，要被处以刑罚。这就是民事责任、行政责任和刑事责任的竞合。在第二章中讲到的“维权时的选择：违约责任或侵权责任”，则属于民事责任内不同责任类型的竞合。

不少的人以为，“打了不罚，罚了不打”，肇事者承担了行政责任或刑事责任，就不再承担民事责任了，真是这样的吗？非也！一般情况下，几种责任形式是可以并行，不相冲突的。并且，因同一行为应当承担侵权责任和行政责任、刑事责任的，侵权人的财产不足以支付的，应当先承担侵权责任。

《侵权责任法》第四条　侵权人因同一行为应当承担行政责任或者刑事责任的，不影响依法承担侵权责任。

因同一行为应当承担侵权责任和行政责任、刑事责任，侵权人的财产不足以支付的，先承担侵权责任。

《侵权责任法》第四条与《民法通则》第一百一十条是一致的。在很多法律中，都对侵权行为在规定民事责任的同时，也规定了行政责任、刑事责任。而民事责任之间发生竞合时，当事人往往是可以选择对自己有利的途径进行维权的，比如侵权责任和违约责任的选择，即是一个典型。

为什么要介绍法规竞合的问题呢？这似乎是个理论问题，与维权好像没有多大的关系。其实不然！法规竞合的问题涉及受害人采用什么途径来进行维权，也就是，法规竞合是维权之前必须解决的一个方向性问题，否则将会出现南辕北辙的情况。解决了法规竞合的问题，才能理清法律关系，分析民事责任中的侵权责任构成抑或是刑事责任中的犯罪构成，然后正确地选择责任承担方式以及维权程序，这些对于有效维权都是至关重要的。

1. 可以通过多种途径解决纠纷

出了问题总得想法解决吧，找谁解决呢？您找熟人、请律师、到政府、上法院，腿都跑断了，是为什么啊？还不是为了让问题得到妥善解决啊。根据纠纷的性质不同，解决纠纷的途径是多元的，您可以选择对您有利的方式。

对一般的民事纠纷，您可以直接与对方协商和解，也可通过双方的亲戚朋友进行劝导并化解矛盾，即人们常说的“私了”，这是化解矛盾最便捷的途径。

妇联、村委会、居委会、用人单位、消费者协会等社会组织，可以帮助您进行协调，这些机构针对不同的矛盾具有调解职能，也许能够帮忙较为轻松地化解矛盾。

公安局、卫生局、工商局、质量技术监督局等可以帮忙解决，他们可以进行行政调解，比如在第一章中讲到的交警对交通事故赔偿纠纷的调解，有的也可以进行行政处罚……这在《消费者权益保护法》第三十四条和《产品质量法》第二十二条、第四十七条以及其他法律中均有规定。

这里着重讲述一下人民调解、民商事仲裁、劳动争议和人事争议仲裁、行政处罚、信访这几种解决纠纷的途径。

2. 人民调解

有时，当事人双方僵持不下，如果出现一个“和事佬”，对化解矛盾很有好处，且成本低廉，这个和事佬可以是朋友、邻居甚至是路人。

人民调解委员会里的人民调解员往往就能演好这个角色。人民调解员是公道正派、热心人民调解工作、有一定文化水平、政策水平和法律知识的普通成年人，他们具有较强的亲和力，会通过说服、疏导等方法，促使当事人在平等协商基础上自愿达成调解协议，解决民间纠纷，并且人民调解委员会和人民调解员不收取任何费用。

人民调解委员会设在哪里呢？根据《中华人民共和国人民调解法》（以下简称《人民调解法》）第八条规定，村民委员会、居民委员会设立人民调解委员会，企业事业单位根据需要设立人民调解委员会。《人民调解法》第三十四条规定，乡镇、街道以及社会团体或者其他组织根据需要可以参照本法有关规定设立人民调解委员会，调解民间纠纷。

当事人可以向人民调解委员会申请调解，也可以选择一名或者数名人民调解员进行调解；人民调解委员会也可以主动调解，当事人一方明确拒绝调解的，不得调解；如果您愿意，还可以邀请当事人的亲属、邻里、同事等参与调解，也可以邀请具有专门知识、特定经验的人员或者有关社会组织的人员参与调解；您还可以要求调解公开进行或者不公开进行，您可以自主表达意愿、自愿达成调解协议。《人民调解法》第十七条、第十九条、第二十条和第二十三条对此有明确规定，这也体现了自愿调解的原则。

因为人民调解相对比较自由，程序比较简单，经人民调解委员调解后达成调解协议的，当事人认为无需制作调解协议书的，可以采取口头协议方式，人民调解员应当记录协议内容。口头调解协议自各方当事人达成协议之日起生效。即使是口头调解协议，该协议仍然具有法律约束力，当事人应当按照其约定履行。人民调解委员会应当对调解协议的履行情况进行监督，督促当事人履行约定的义务。这在《人民调解法》第三十一条有规定。

当然，有一份调解协议书就更好了。

《人民调解法》第二十九条　调解协议书可以载明下列事项：

（一）当事人的基本情况；

（二）纠纷的主要事实、争议事项以及各方当事人的责任；

（三）当事人达成调解协议的内容，履行的方式、期限。

调解协议书自各方当事人签名、盖章或者按指印，人民调解员签名并加盖人民调解委员会印章之日起生效。调解协议书由当事人各执一份，人民调解委员会留存一份。

经人民调解委员调解后达成协议的，经司法确认后可以向人民法院申请，进入强制执行程序。

《人民调解法》第三十三条　经人民调解委员会调解达成协议后，双方当事人认为有必要的，可以自调解协议生效之日起三十日内共同向人民法院申请司法确认，人民法院应当及时对调解协议进行审查，依法确认调解协议的效力。

人民法院依法确认调解协议有效，一方当事人拒绝履行或者未全部履行的，对方当事人可以向人民法院申请强制执行。

人民法院依法确认调解协议无效的，当事人可以通过人民调解方式变更原调解协议或者达成新的调解协议，也可以向人民法院提起诉讼。

通过人民调解依法维权，省很多事，也节省时间，不失为一种较好的化解矛盾的方式。

虽然经人民调解委员会调解达成的调解协议具有法律约束力，但当事人之间就调解协议的内容或其履行发生争议的，仍然可以向人民法院提起诉讼。这是《人民调解法》第三十二条赋予您的权利。当然，如果人民调解令您不满意，您完全可以拒绝继续调解，通过其他途径维护自己的权利。人民调解员也会依据《人民调解法》第二十六条的规定，告知当事人可以依法通过仲裁、行政、司法等途径维护自己的权利。

3. 民商事仲裁

民商事仲裁是一种解决民间纠纷的准司法程序，这项古老的制度在国外很发达，但在中国特别是内地和边疆地区鲜为人知。

依据《中华人民共和国仲裁法》（以下简称《仲裁法》）的规定，平等主体的公民、法人和其他组织之间发生的合同纠纷和其他财产权益纠纷，可以仲裁。但是有些纠纷不能仲裁，比如婚姻、收养、监护、扶养、继承纠纷；再比如，依法应当由行政机关处理的行政争议也不能仲裁。

民商事仲裁有一个前提：具有有效的仲裁协议。这在《仲裁法》第四条中有明文规定。如果没有仲裁协议，一方申请仲裁的，仲裁委员会不予受理。

有效的仲裁协议则排除了法院的管辖。《仲裁法》第五条规定，当事人之间存在有效的仲裁协议，一方向人民法院起诉的，人民法院不予受理。当然，如果仲裁协议无效的，法院仍然应当依法受理。

《仲裁法》第十七条　有下列情形之一的，仲裁协议无效：

（一）约定的仲裁事项超出法律规定的仲裁范围的；

（二）无民事行为能力人或者限制民事行为能力人订立的仲裁协议；

（三）一方采取胁迫手段，迫使对方订立仲裁协议的。

《仲裁法》第十八条　仲裁协议对仲裁事项或者仲裁委员会没有约定或者约定不明确的，当事人可以补充协议；达不成补充协议的，仲裁协议无效。

仲裁依法独立进行，不受行政机关、社会团体和个人的干涉。仲裁也是根据事实、符合法律规定、公平合理地解决纠纷。并且仲裁实行一裁终局的制度。裁决作出后，当事人就同一纠纷再申请仲裁或者向人民法院起诉的，仲裁委员会或者人民法院不予受理。这也就大大地节约了维权的时间和精力。

对仲裁员的条件要求也是比较高的，比如：仲裁员必须从事仲裁工作满八年，或从事律师工作满八年，或曾任审判员满八年，或从事法律研究、教学工作并具有高级职称、或者具有法律知识、从事经济贸易等专业工作并具有高级职称或者具有同等专业水平。而且，仲裁委员会按照不同专业设仲裁员名册，这样就保证了仲裁的专业性。

仲裁有这么好？哪里有仲裁机构？仲裁委员会可以在直辖市和省、自治区人民政府所在地的市设立，也可以根据需要在其他设区的市设立，不按行政区划层层设立。因此，您所在的市可能没有仲裁委员会，如果要到外地去进行仲裁，也可能会增添一些麻烦，这就只有您自己看着办了。

具体的仲裁程序，相关的仲裁机构的工作人员会对您进行引导。而且，您还可以选择仲裁员呢，而在法院打官司，如果您想要选择一个比较帅的法官来审您的案子，那是不可能的，因为您是无权选择法官的。

中国人普遍存在“和为贵”的思想，因而，仲裁中也会顺应这种思想进行调解。

《仲裁法》第五十一条　仲裁庭在作出裁决前，可以先行调解。当事人自愿调解的，仲裁庭应当调解。调解不成的，应当及时作出裁决。

调解达成协议的，仲裁庭应当制作调解书或者根据协议的结果制作裁决书。调解书与裁决书具有同等法律效力。

仲裁结束后如果对方不履行义务，怎么办呢？这个您放心，仲裁结果只要是符合法律规定的，它与法院的裁判结果具有相同的效力，您只需要按照《仲裁法》第六十二条的指引，依照《民事诉讼法》的有关规定到法院去申请强制执行就可以了，如果对方再对抗的话，那他是在对抗法律，他一定会为此付出代价的。

4. 劳动争议和人事争议仲裁

我在前面第六章中提到过劳动争议仲裁，为了让您对劳动争议和人事争议仲裁有更深入的了解，在此再对解决劳动争议和人事争议的调解和仲裁途径进行介绍。上文中的民商事仲裁，争议双方必须有仲裁协议，但劳动仲裁不以“仲裁协议”为前提。哪些争议可以进行劳动争议仲裁呢？这在《劳动争议调解仲裁法》第二条里有规定。

《劳动争议调解仲裁法》第二条　中华人民共和国境内的用人单位与劳动者发生的下列劳动争议，适用本法：

（一）因确认劳动关系发生的争议；

（二）因订立、履行、变更、解除和终止劳动合同发生的争议；

（三）因除名、辞退和辞职、离职发生的争议；

（四）因工作时间、休息休假、社会保险、福利、培训以及劳动保护发生的争议；

（五）因劳动报酬、工伤医疗费、经济补偿或者赔偿金等发生的争议；

（六）法律、法规规定的其他劳动争议。

与劳动争议相类似，人事争议要进行诉讼，也有法定的前置程序——经人事争议仲裁委员会仲裁。这在《人事争议处理规定》第三条中有规定。哪些情况可以进行人事争议仲裁呢？《人事争议处理规定》第二条中有规定。

《人事争议处理规定》第二条　本规定适用于下列人事争议：

（一）实施公务员法的机关与聘任制公务员之间、参照《中华人民共和国公务员法》管理的机关（单位）与聘任工作人员之间因履行聘任合同发生的争议。

（二）事业单位与工作人员之间因解除人事关系、履行聘用合同发生的争议。

（三）社团组织与工作人员之间因解除人事关系、履行聘用合同发生的争议。

（四）军队聘用单位与文职人员之间因履行聘用合同发生的争议。

（五）依照法律、法规规定可以仲裁的其他人事争议。

《公务员法》的规定却有所不同，公务员对《公务员法》第九十条规定的人事处理不服的，可以申请复核，也可以不经复核而提出申诉，此外就没有别的途径了，即不可以到法院进行诉讼。

《公务员法》第九十条　公务员对涉及本人的下列人事处理不服的，可以自知道该人事处理之日起三十日内向原处理机关申请复核；对复核结果不服的，可以自接到复核决定之日起十五日内，按照规定向同级公务员主管部门或者作出该人事处理的机关的上一级机关提出申诉；也可以不经复核，自知道该人事处理之日起三十日内直接提出申诉：

（一）处分；

（二）辞退或者取消录用；

（三）降职；

（四）定期考核定为不称职；

（五）免职；

（六）申请辞职、提前退休未予批准；

（七）未按规定确定或者扣减工资、福利、保险待遇；

（八）法律、法规规定可以申诉的其他情形。

对省级以下机关作出的申诉处理决定不服的，可以向作出处理决定的上一级机关提出再申诉。

行政机关公务员对处分不服向行政监察机关申诉的，按照《中华人民共和国行政监察法》的规定办理。

但此处的公务员不包括聘任制公务员，因为聘任制公务员与单位发生争议，通过人事争议仲裁等方式解决，对仲裁裁决不服还可以诉讼。这一点在前述《人事争议处理规定》第二条中有规定。

在《劳动争议调解仲裁法》和《人事争议处理规定》中，均规定了以调解的方式解决争议，这里的调解与前面提到的调解的含义是一样的，它是一种便捷高效的解决纠纷的方式，如果达成了调解协议，自然也应当有一份调解协议书。

《劳动争议调解仲裁法》第十五条　达成调解协议后，一方当事人在协议约定期限内不履行调解协议的，另一方当事人可以依法申请仲裁。

从《劳动争议调解仲裁法》第十六条您更能体会到调解对您的好处：因支付拖欠劳动报酬、工伤医疗费、经济补偿或者赔偿金事项达成调解协议，用人单位在协议约定期限内不履行的，在这些法定的情形下，您可以拿着调解协议书到法院去申请支付令。

您到劳动人事争议仲裁委员会申请仲裁，以谁为被申请人呢？

《劳动争议调解仲裁法》第二十二条　发生劳动争议的劳动者和用人单位为劳动争议仲裁案件的双方当事人。

劳务派遣单位或者用工单位与劳动者发生劳动争议的，劳务派遣单位和用工单位为共同当事人。

《劳动争议调解仲裁法》第二十三条　与劳动争议案件的处理结果有利害关系的第三人，可以申请参加仲裁活动或者由劳动争议仲裁委员会通知其参加仲裁活动。

申请仲裁的时效期间为从当事人知道或者应当知道其权利被侵害之日起一年以内。劳动关系存续期间因拖欠劳动报酬发生争议的，劳动关系终止的，应当自劳动关系终止之日起一年内提出仲裁申请。该仲裁时效，因当事人一方向对方当事人主张权利，或者向有关部门请求权利救济，或者对方当事人同意履行义务而中断。从中断时起，仲裁时效期间重新计算。再来看看人事争议仲裁。根据《人事争议处理规定》第十六条规定，您应从知道或应当知道您的权利受到侵害之日起六十日内，以书面形式向有管辖权的人事争议仲裁委员会申请仲裁。如果超过此六十日，除非您因不可抗力或者有其他正当理由且经人事争议仲裁委员会调查确认的，否则仲裁委员会不予受理。还是那句老话："法律不保护躺在权利上睡觉的人。"

《劳动争议调解仲裁法》第二十八条　申请人申请仲裁应当提交书面仲裁申请，并按照被申请人人数提交副本。

仲裁申请书应当载明下列事项：

（一）劳动者的姓名、性别、年龄、职业、工作单位和住所，用人单位的名称、住所和法定代表人或者主要负责人的姓名、职务；

（二）仲裁请求和所根据的事实、理由；

（三）证据和证据来源、证人姓名和住所。

书写仲裁申请确有困难的，可以口头申请，由劳动争议仲裁委员会记入笔录，并告知对方当事人。

您最好将您的申请书和证据等准备充分，这样您才有胜算的把握。劳动争议仲裁委员会收到您的仲裁申请之日起五日内，认为符合受理条件的，会通知您案件已受理；认为不符合受理条件的，应当书面通知您不予受理，并说明理由。对劳动争议仲裁委员会不予受理或者逾期未作出决定的，您可以就该劳动争议事项向人民法院提起诉讼。

劳动人事争议仲裁委员会的仲裁程序是一种准司法程序，其程序也是比较严格的，您得听从仲裁员的引导和安排。您认为仲裁员有法定情形，也可以申请回避。仲裁员也会进行调解，如果您认为符合您的意愿也符合法律规定，您是可以签订调解协议的。

不论是劳动争议还是人事争议，仲裁庭都会开庭审理，当事人的举证材料应在仲裁庭上出示，并进行质证。只有经过质证认定的事实和证据，才能作为仲裁裁决的依据。您在仲裁过程中有权进行辩论。仲裁庭应当将开庭情况记入笔录。当事人和其他仲裁参与人认为对自己陈述的记录有遗漏或者差错的，有权申请补正。如果不予补正，应当记录该申请，并注明不予补正的原因。

仲裁庭裁决劳动争议案件也是有时间限制的，一般情况下，应当自劳动争议仲裁委员会受理仲裁申请之日起四十五日内结束。案情复杂需要延期的，经劳动争议仲裁委员会主任批准，可以延期并书面通知当事人，但是延长期限不得超过十五日。逾期未作出仲裁裁决的，当事人可以就该劳动争议事项向人民法院提起诉讼。

而处理人事争议的期限更长一些，《人事争议处理规定》第二十九条规定，仲裁庭处理人事争议案件，一般应当在受理案件之日起九十日内结案。需要延期的，经人事争议仲裁委员会批准，可以适当延期，但是延长的期限不得超过三十日。《人事争议处理规定》第三十二条规定，当事人对仲裁裁决不服的，可以按照《公务员法》、《中国人民解放军文职人员条例》以及最高人民法院相关司法解释的规定，自收到裁决书之日起十五日内向人民法院提起诉讼；逾期不起诉的，裁决书即发生法律效力。

《劳动争议调解仲裁法》第五十一条　当事人对发生法律效力的调解书、裁决书，应当依照规定的期限履行。一方当事人逾期不履行的，另一方当事人可以依照民事诉讼法的有关规定向人民法院申请执行。受理申请的人民法院应当依法执行。

不论是对劳动争议还是人事争议，劳动人事争议仲裁委员会生效的有执行内容的调解书、仲裁裁决书是具有执行力的法律文书，您可以到法院申请执行。

5. 行政处罚

说了民事责任，接下来我说说行政责任。行政责任比较宽泛，这里我将其缩小到与普通百姓息息相关的行政处罚的层面上来讲，比如罚款和拘留，是老百姓再熟悉不过的行政处罚措施了，这在《中华人民共和国行政处罚法》（以下简称《行政处罚法》）和《治安管理处罚法》中均有规定。

《行政处罚法》第八条　行政处罚的种类：

（一）警告；

（二）罚款；

（三）没收违法所得、没收非法财物；

（四）责令停产停业；

（五）暂扣或者吊销许可证、暂扣或者吊销执照；

（六）行政拘留；

（七）法律、行政法规规定的其他行政处罚。

《治安管理处罚法》第十条中规定了治安管理处罚的种类分为：警告、罚款、行政拘留、吊销公安机关发放的许可证。对违反治安管理的外国人，可以附加适用限期出境或者驱逐出境。

这里简单说一下与侵犯人身权相关的治安处罚措施。根据《治安管理处罚法》第二十六条的规定，有下列行为之一的可以拘留、罚款：结伙斗殴的、追逐、拦截他人的、强拿硬要或者任意损毁、占用公私财物的、其他寻衅滋事行为。而该法第四十二条规定可以拘留或罚款的还有：①写恐吓信或者以其他方法威胁他人人身安全的；②公然侮辱他人或者捏造事实诽谤他人的；③捏造事实诬告陷害他人，企图使他人受到刑事追究或者受到治安管理处罚的；④对证人及其近亲属进行威胁、侮辱、殴打或者打击报复的；⑤多次发送淫秽、侮辱、恐吓或者其他信息，干扰他人正常生活的；⑥偷窥、偷拍、窃听、散布他人隐私的。

您可以报警，一方面可以固定证据，另一方面也可以制止侵权行为的继续，并让其承担行政责任。在我们需要保护时，我们希望警察很强大，真希望警察无时不在、无处不在，就像阿拉丁神灯一样，一擦亮，巨人就会出现。这也是《中华人民共和国人民警察法》赋予人民警察的职责。有困难，找警察，这是您的权利；有危难，请救助，这是他的职责。除了公安机关具有行政处罚权以外，其他的很多单位（包括行政机关、法律法规授权的组织、行政机关委托的单位和个人等）也具有行政处罚权。

行政处罚看似与您的维权没有多大的联系，但行政机关在进行调解时，可以用行政处罚的威慑力来压制对方，迫使企图耍赖的对方拿出勇气、诚意和金钱来平复您受伤的心灵和身体，因此这也是您可以利用的一种维权方式。

6. 信访

在法制环境不太好和解决纠纷的渠道不甚畅通的情况下，信访也是您维权的一种不错的选择。

如果您采用书信、电子邮件、传真、电话、走访等形式，向各级人民政府、县级以上人民政府工作部门反映情况，提出建议、意见或者投诉请求，您就是信访人。

《信访条例》第十四条　信访人对下列组织、人员的职务行为反映情况，提出建议、意见，或者不服下列组织、人员的职务行为，可以向有关行政机关提出信访事项：

（一）行政机关及其工作人员；

（二）法律、法规授权的具有管理公共事务职能的组织及其工作人员；

（三）提供公共服务的企业、事业单位及其工作人员；

（四）社会团体或者其他企业、事业单位中由国家行政机关任命、派出的人员；

（五）村民委员会、居民委员会及其成员。

对依法应当通过诉讼、仲裁、行政复议等法定途径解决的投诉请求，信访人应当依照有关法律、行政法规规定的程序向有关机关提出。

您的信访事项到哪里去提出呢？从《信访条例》第六条的规定您可以知道，县级以上人民政府设立信访局，县级以上人民政府工作部门和乡、镇人民政府以及一些社会团体、企业事业单位设有信访接待室和相应的人员，具体负责信访工作。他们的工作方式有：受理、交办、转送信访人提出的信访事项；承办上级和本级人民政府交由处理的信访事项；协调处理重要信访事项；督促检查信访事项的处理等。从这里您可以看出，他们基本上不负责处理您具体的诉求。

如果您对信访局的人员不信任，您还有机会与当地的行政首长面谈，因为设区的市级、县级人民政府及其工作部门，乡、镇人民政府应当建立行政机关负责人信访接待日制度，您得留心公布的接待日和接待地点，如果您和您想见到的首长都准时出现在公布的接待地点的话，您就有机会向有关行政机关负责人当面反映信访事项。

《信访条例》第三十三条　信访事项应当自受理之日起60日内办结；情况复杂的，经本行政机关负责人批准，可以适当延长办理期限，但延长期限不得超过30日，并告知信访人延期理由。法律、行政法规另有规定的，从其规定。

如果您对行政机关作出的信访事项处理意见不服的，可以自收到书面答复之日起30日内请求原办理行政机关的上一级行政机关复查。对复查意见不服的，可以自收到书面答复之日起30日内向复查机关的上一级行政机关请求复核。对复核意见不服，仍然以同一事实和理由提出投诉请求的，各级人民政府信访工作机构和其他行政机关不再受理。这些在《信访条例》中均有规定。

《信访条例》第十五条　信访人对各级人民代表大会以及县级以上各级人民代表大会常务委员会、人民法院、人民检察院职权范围内的信访事项，应当分别向有关的人民代表大会及其常务委员会、人民法院、人民检察院提出，并遵守本条例第十六条、第十七条、第十八条、第十九条、第二十条的规定。

一般法院都设立了信访接待室，这里有经验丰富、业务素质高的法官专人负责处理群众投诉和信访工作，他们能做到及时接待，耐心细致，初访必接，有诉必理；认真审查信访材料，听取意见，及时记录来访信息。对能够当场解答的问题，应即问即答；不能当场解答的，他们会告知您按规定期限等待处理。

信访人的花招百出，有的焚香，有的拿着输液瓶，有的将“家”搬到政府大院……这些方式会对相关单位造成一定的压力，对解决问题似乎有一定的帮助作用，但是问题得以解决的真正原因在于您的诉求合法，无理取闹是没人会同情的；如果信访人捏造歪曲事实、诬告陷害他人，等待信访人的就是法律责任，这一点您也得明白。所以您作为信访人，还得将您的行为限定在社会和法律能够容忍的范围内，依法信访是您的权利也是您的义务。

到法院进行诉讼有风险，所耗费的时间也会更长一些，这是一条路，但不一定是捷径，您可以将其作为最后一条路。和解、调解、仲裁、信访、行政复议、诉讼、申请国家赔偿等，都是维权的途径。豆腐韭菜，各有所爱，您可以在法律规定的范围内选择对您更为有利的途径来维权。维权是需要财力、人力和时间的，您得发扬“愚公移山”的毅力和“飞毛腿”和功力，当然，您可以委托一至二名律师或其他代理人帮您维权，还可以申请法律援助。

二、多数人责任的有利选择

通过前面的介绍，您了解到承担责任的人可能不止一个，比如：数个共同侵权人、夫妻二人、数个合伙人等。咱老百姓口中经常会冒出“连带责任”这个词儿，在本书中，前面也多次提到了连带责任这个概念，那么连带责任究竟是怎么一回事呢？

1. 连带责任的基本问题

在说连带责任之前，先说说什么是债。民法中所说的“债”，与我们在生活中常说的“欠债还钱”中“债”的意思不太一致。民法中的“债”，是指通过合同、侵权行为等法律事实所产生的人与人之间的权利、义务关系，包括合同之债、侵权之债、无因管理之债和不当得利之债等。债是债权和债务的总和，享有权利的人称为债权人，承担义务的人称为债务人。“欠债还钱”中的“债”，只是合同之债中的一种借贷关系。

在多数人之债中，根据多数人之间权利义务关系的不同可以分为按份之债和连带之债。按份之债，是指多数人一方当事人各自按照确定的份额享有权利或承担义务的债。在按份之债中，债权人只能就按份责任人应负的责任份额请求执行；某一按份债务人的履行只引起其自身份额内的责任的消灭，不影响其他债务人的责任。而连带之债是指债的多数人一方当事人之间有连带关系的债。若债权人一方为多数且有连带关系，则为连带债权；若债务人一方为多数且有连带关系，则为连带债务。享有连带债权的每个债权人都有权要求债务人履行义务，负有连带义务的每个债务人都负有清偿全部债务的义务；履行了债务的连带债务人，有权要求其他连带债务人偿付其应当承担的份额。虽然负有连带义务的债务人内部是有份额区别的，但对您（债权人）来说是没有先后之分的，您可以主张任何一个或几个债务人清偿部分或全部债务。

《民法通则》第八十七条　债权人或者债务人一方人数为二人以上的，依照法律的规定或者当事人的约定，享有连带权利的每个债权人，都有权要求债务人履行义务；负有连带义务的每个债务人，都负有清偿全部债务的义务，履行了义务的人，有权要求其他负有连带义务的人偿付他应当承担的份额。

连带责任，是指依照法律规定或者当事人的约定，两个或者两个以上当事人对其共同债务全部承担或部分承担，并能因此引起其内部债务关系的一种民事责任。当事人共同违反合同规定而产生的连带责任属违约连带责任，当事人共同侵权行为造成损害发生而产生的连带责任叫侵权连带责任。

连带责任确定后，依债务人承担责任的先后顺序不同，可将连带责任划分为一般连带责任与补充连带责任。一般连带责任的各债务人之间不分主次，对整个债务无条件地承担连带责任，债权人可以不分顺序地要求任何一个债务人清偿全部债务。合伙、代理等关系中的连带责任就属于这种情况。例如，我与圣诞老人合伙购买一辆麋鹿客车，从事瑞典到中国的旅客运输。白雪公主率领七个小矮人在行李中夹带了一个汽油瓶，途中烧坏了麋鹿客车里的灭火器和车载空调机。因为我与圣诞老人对该车（含灭火器和车载空调）具有共有关系，所以，我与圣诞老人之间存在连带债权。我可以向白雪公主等八人主张全部或部分赔偿责任，并且只要我主张了权利，相应的部分或全部债权对于圣诞老人来说也消灭了，即圣诞老人不能再次主张相应的权利。同样的道理，也可以由圣诞老人，或者我和圣诞老人一起来向其索赔。白雪公主等八人由于是共同侵权人，他们之间存在连带债务关系，应当承担连带赔偿责任。他们中的一人或者几人，向我方承担全部赔偿责任后，我方的债权就归于消灭。他们八人内部存在分担责任的问题，已经承担部分或全部责任的人，就超出其应当承担的份额的部分，可以向其他连带责任人进行追偿。

补充连带责任须以连带责任中的主债务人不履行或不能完全履行为前提，从债务人只在第二顺序上或者与责任总额不一定相等的情况下承担连带责任。比如，保证人在被保证人不能偿还债务时，才承担连带责任。倘若被保证人能承担80%的债务，那么保证人只能承担被保证人未能承担的20%责任。

2. 法定连带责任的几种情况

侵权中的连带责任，在很多的法律中有规定。常见的有以下几种情形：

（1）共同加害和共同危险致人损害

《侵权责任法》第八条　二人以上共同实施侵权行为，造成他人损害的，应当承担连带责任。

共同实施，肯定不止一人，至少是二人及以上，在实施加害行为时，此二人的行为具有协作性，思想上是统一的，此共同行为人均对损害后果有认识并且双方进行了共谋；如果没有共谋，行为人对损害发生的可能性有共同的认识，但均自信能够避开损害后果，也就是存在共同过失。

教唆、帮助他人实施侵权行为的也属于共同侵权，在确认教唆、帮助他人的连带责任时要注意，实施教唆、帮助行为的人和被教唆、帮助的人，均应当为完全民事行为能力人。比如，八戒帮助悟空收服沙僧的过程中将沙僧打伤，这时，应当由八戒与悟空承担连带责任。

《侵权责任法》第九条　教唆、帮助他人实施侵权行为的，应当与行为人承担连带责任。

教唆、帮助无民事行为能力人、限制民事行为能力人实施侵权行为的，应当承担侵权责任；该无民事行为能力人、限制民事行为能力人的监护人未尽到监护责任的，应当承担相应的责任。

如果被教唆或提供帮助的人不是完全民事行为能力人，则此责任应当由实施教唆或接受帮助的完全民事行为能力人承担，不存在连带责任的问题。比如：济公和尚是个疯子，如果您叫他（或者他帮助您）打伤龙王三太子，责任由谁承担呢？您作为完全民事行为能力人，应当对此负责，此其一；其二，疯子济公不是完全民事行为能力人，受了您的教唆或为您提供了帮助，如果其监护人因未尽到监护责任而承担相应的责任，这中间没有连带责任的问题。

如果实施教唆、帮助的人与被教唆、提供帮助的人均不是完全民事行为能力人，则按普通共同侵权的方式处理，由双方承担连带责任。比如：小学生11周岁的曹植帮助9岁的司马光，在到校外把神童蜘蛛侠打伤，这种情况因为侵权行为人均为未成年人，应按共同侵权处理，由二人承担连带责任。但因为帮助者曹植已经11周岁，是限制民事行为能力人，而被帮助者司马光只有9岁，是无民事行为能力人，在连带责任内部份额承担的问题上，可以考虑限制民事行为能力人的责任稍大于无民事行为能力人。

如果教唆人不是完全民事行为能力人，而被教唆者是完全行为能力人，这在日常生活中会存在，责任应当由被教唆者，即完全行为能力人承担。比如，8周岁的道姑灭绝师太与18周岁的和尚达摩祖师是好朋友，灭绝师太娇滴滴地对达摩祖师说："就是这个狐狸精……"达摩二话不说一阵拳打脚踢后，美女伊丽莎白就变得鼻青脸肿了。18周岁的和尚达摩祖师应当对自己的行为负责，而"教唆者"道姑灭绝师太因为只有8周岁，属于无民事行为能力人。

《侵权责任法》第十条　二人以上实施危及他人人身、财产安全的行为，其中一人或者数人的行为造成他人损害，能够确定具体侵权人的，由侵权人承担责任；不能确定具体侵权人的，行为人承担连带责任。

这是共同危险的连带责任，实施行为的人没有意思联络，造成了损害结果，但是，无法确定究竟是哪个行为人实施的加害行为，这时应当由共同危险行为人承担连带责任。比如，乡长、县长、市长三兄弟周末在澜沧江边休闲，均用石块打水漂，其中一石块击中江中游泳的开宏，但不知道究竟是谁打伤的，就得由乡长、县长、市长三兄弟承担连带责任。

《侵权责任法》第十一条　二人以上分别实施侵权行为造成同一损害，每个人的侵权行为都足以造成全部损害的，行为人承担连带责任。

这是叠加的共同侵权行为承担的连带责任，这种情况在生活中也有发生的可能。比如，潘金莲在武大郎的饭中下了足以致命的剧毒药物后便离家出走，一分钟后，西门大官人潜入正打算午休的武大郎家中将其暴打得七窍流血脉搏微弱，十分钟后武大郎升天。潘金莲和西门大官人的侵权行为都足以造成武大郎死亡，潘金莲和西门大官人对此应当承担连带责任。

（2）网络用户与网络服务提供者

《侵权责任法》第三十六条　网络用户、网络服务提供者利用网络侵害他人民事权益的，应当承担侵权责任。

网络用户利用网络服务实施侵权行为的，被侵权人有权通知网络服务提供者采取删除、屏蔽、断开链接等必要措施。网络服务提供者接到通知后未及时采取必要措施的，对损害的扩大部分与该网络用户承担连带责任。

网络服务提供者知道网络用户利用其网络服务侵害他人民事权益，未采取必要措施的，与该网络用户承担连带责任。

（3）机动车非法买卖者

关于拼装或者已达到报废标准的机动车的非法买卖者的连带责任问题，在第一章中曾经提到过《侵权责任法》第五十一条的相关规定。我国对汽车、摩托车和农用车都有强制报废的标准，如果对这些车辆随意拆卸部分零件进行拼装，也是法律不允许的。如果发生交通事故造成损害，不光是购买车辆的人应当承担责任，出卖方也应当承担赔偿责任，并且买卖双方承担连带责任。

（4）遗失、抛弃、非法占有高度危险物的所有人与管理人

《侵权责任法》第七十四条　遗失、抛弃高度危险物造成他人损害的，由所有人承担侵权责任。所有人将高度危险物交由他人管理的，由管理人承担侵权责任；所有人有过错的，与管理人承担连带责任。

《侵权责任法》第七十五条　非法占有高度危险物造成他人损害的，由非法占有人承担侵权责任。所有人、管理人不能证明对防止他

人非法占有尽到高度注意义务的，与非法占有人承担连带责任。

高度注意义务指的是什么？我在第一章中讲述“过错”时提到了“谨慎的注意义务”。我认为此处的“高度”应当比“谨慎”更严格。所有人和管理人应当采取措施，防止“高度危险物”被别人非法占有以及防止损害事故的发生，如不被盗窃等。他人非法占有高度危险物的，所有人、管理人承担过错推定责任，由其举证证明其已经“对防止他人非法占有尽到高度注意义务”，否则要与非法占有人承担连带责任。比如，哪吒的风火轮是易燃物，具有高度危险，哪吒须妥善保管。若红孩儿非法占有该风火轮，灼伤正在称大象的曹冲，哪吒与红孩儿要承担连带责任。如果哪吒证明其已经将风火轮锁在“雷峰塔”下并派了黑猫警长守卫，还安装了摄像监控设备——电子眼，已经尽到了高度注意义务，是红孩儿从五公里以外挖地道偷走了风火轮，哪吒可以免责。

(5) 食品推荐者与食品经营者

生活中层出不穷的虚假广告令人眼花缭乱，虚假广告中的食品推荐者（形象代言人）与食品经营者承担连带责任。但您得独具慧眼，不要让广告牵着您的鼻子走。

《食品安全法》第五十五条　社会团体或者其他组织、个人在虚假广告中向消费者推荐食品，使消费者的合法权益受到损害的，与食品生产经营者承担连带责任。

(6) 无偿提供劳务的帮工人和被帮工人

生活中有这样一种热心肠，帮忙却帮了别人的倒忙。即使您是提供无偿帮助，如果因故意或重大过失致人损害了，也要承担连带责任。

《人身损害赔偿解释》第十三条　为他人无偿提供劳务的帮工人，在从事帮工活动中致人损害的，被帮工人应当承担赔偿责任。被帮工人明确拒绝帮工的，不承担赔偿责任。帮工人存在故意或者重大过失，赔偿权利人请求帮工人和被帮工人承担连带责任的，人民法院应予支持。

(7) 签约旅行社与实际提供服务的旅游经营者

经济发达了，人民富裕了，我们可以经常到风景名胜区去度假。要想始终保持愉快的心情，满怀希望出门，满载欢乐而归，我们得有备才能无患。每年到西双版纳来旅游的人数都有数百万，游客的权益如何维护？您“被批发”后遭受损害，与您签约的旅行社同实际提供旅游服务的旅游经营者承担连带责任，这一点您应当理直气壮地根据《旅游纠纷规定》第十条向对方提出，法院会支持您的。挂靠这一现象，在社会生活中很常见，也会有人挂靠在旅游经营者的名下从事旅游业务，如果造成旅游者人身损害、财产损失，您可以毫不含糊地依据《旅游纠纷规定》第十六条规定，向旅游经营者与挂靠人主张其承担连带责任的。

（8）夫妻

夫妻的这一特定身份关系带来的不光是幸福和利益，也有责任，对外还是连带责任。即便是离婚后，对婚姻关系存续期间的共同债务也要承担连带责任。此外，夫或妻一方死亡的，在世的一方对婚姻关系期间的共同债务也要承担连带清偿责任。

（9）合伙人

合伙是一种古老的经济形式，包括合伙企业和个人合伙，在现在的日常生活中也得到广泛运用，这也是纠纷倍出的经济形式。在此我只提一下合伙人对合伙债务的连带责任，目的之一也是让您在与人合伙时尽量能避开风险。您注意查看一下《民法通则》第三十五条、《合伙企业法》第二条、第三十九条等的相关规定。

建设单位与施工单位的连带责任在本书第五章的“建筑物、构筑物等致人损害的责任”专题中说过了，请注意参看。在《产品质量法》第五十七条和第五十八条分别规定了产品质量认证机构与产品的生产者、销售者的连带责任，社会团体、社会中介机构与产品的生产者、销售者的连带责任。而集中交易市场的开办者、柜台出租者和展销会举办者与食品经营者的连带责任，规定在《食品安全法》第五十二条第二款中。

为什么要说这些？因为您在维权时，可以选择对您有利的对方进行维权，如果进行诉讼，您应当将这些人作为共同被告，从而加大对您权益的保障力度。另外，在《合同法》、《担保法》、《公司法》、《证券投资基金法》等法律中，还规定了其他领域的连带责任，有空的话您可以留意一下。

3. 共同诉讼人

本专题讲的共同诉讼人，包括共同原告和共同被告两种情形。承担连带责任的人，往往在诉讼中要作为共同诉讼人，比如承担连带责任的债务人、承担连带责任的代理人和被代理人、保证合同中的保证人和被保证人，以及财产共有人等。共同诉讼人的制度设计有利于原告方保护其实体利益和诉讼权利，既方便当事人进行诉讼，也方便人民法院审理。

必须共同进行诉讼的当事人没有参加诉讼的，怎么办？《适用民事诉讼法的意见》第 57 条说了两种途径：一种是人民法院应当依法通知其参加；另一种途径是当事人向人民法院申请追加。如果是应当追加的原告，已明确表示放弃实体权利的，可不予追加；既不愿意参加诉讼，又不放弃实体权利的，仍追加为共同原告，其不参加诉讼，不影响人民法院对案件的审理和依法作出判决。

如此看来，根据《民事诉讼法》及有关司法解释的规定，承担连带责任的人必须作为共同被告，别无选择。但依照《侵权责任法》第十三条的规定，“法律规定承担连带责任的，被侵权人有权请求部分或者全部连带责任人承担责任。”被侵权人应该有权利选择责任人。实体法与程序法不一致了！这是怎么回事呢？我认为可以这样理解：解决民事纠纷的途径除了诉讼还有很多，在通过诉讼以外的其他途径如和解、调解、仲裁等解决纠纷时，完全可以也必须依实体法的规定进行，即债权人仍然可选择向部分或全部连带债务人请求承担部分或全部责任。

比如，段开宏被范蠡与西施共同伤害至死，范蠡与西施应当承担连带责任。您选择找到为富且仁的范蠡，他见面的第一句话就是向您道歉，然后表示所有的赔偿照单支付。具有法律依据的赔偿项目均得到赔偿了，您还有必要去找西施索赔吗？如果再去找西施索赔，就叫多事，可能涉及不当得利。这叫和解，这种情况您就不必到法院去打官司了，也就不存在共同被告的问题。

再比如，勾践、夫差与日本的东条机英共同置段开宏于死地，勾践、夫差与日本的东条机英应承担连带责任，您找到居民委员会的人民调解员李世民进行调解。当您表达出您的意愿后，李世民对勾践与夫差说："二位老祖先，东条机英远在日本，现在路途上又是冰雪灾害，又是旱灾，又发洪水……勾践因为今年的猪苦胆、牛苦胆的股市遭遇熊市，就赔30%，夫差这边风景独好，电脑软件业收入也高，就承担70%。"勾践、夫差没有异议。这叫调解，也不存在共同被告的问题。

至于连带责任人对被侵权人承担了整体责任后，其内部的份额和追偿问题，得依《侵权责任法》第十四条来处理。

《侵权责任法》第十四条　连带责任人根据各自责任大小确定相应的赔偿数额；难以确定责任大小的，平均承担赔偿责任。

支付超出自己赔偿数额的连带责任人，有权向其他连带责任人追偿。

您作为侵权纠纷中的原告，只需要关注您应得的钱是否能够保证，被告连带责任人之间的内部份额与追偿问题与您无关，您可以不操心。

再啰嗦一下，诉讼只是解决纠纷的一种方式，但未必是最好的方式。在通过非诉讼的方式解决纠纷时，对承担连带责任的债务人完全可以作出有利于债权人的选择。

4. 补充责任

《侵权责任法》中先后三次提到了"补充责任"一词。补充责任是指因同一债务，在自己责任人财产不足给付时，由补充责任人基于与自己责任人的某种特定法律关系或因为存在某种与债务相关的过错而承担补充清偿的民事责任。补充责任人与自己责任人之间不存在内部责任份额的划分，他承担的是一种补充性清偿责任，是处于第二位的。即首先应当向自己责任人请求赔偿，自己责任人应当承担侵权责任，如果自己责任人承担了全部赔偿责任，补充责任人的责任消灭；如果自己责任人下落不明、不能赔偿或赔偿不足，才可以向补充责任人请求赔偿。

《侵权责任法》第三十七条　宾馆、商场、银行、车站、娱乐场所等公共场所的管理人或者群众性活动的组织者，未尽到安全保障义务，造成他人损害的，应当承担侵权责任。

因第三人的行为造成他人损害的，由第三人承担侵权责任；管理人或者组织者未尽到安全保障义务的，承担相应的补充责任。

比如，我在“天上人间”歌厅里唱歌，与醉酒的张无忌发生口角，我被武功高强的张大侠殴伤，但在歌厅里闲聊的保安人员却熟视无睹，压根儿就没有来阻止张无忌的侵权行为。这时，歌厅的补充责任就来了：如果张无忌家财万贯，我的赔偿就有足够的保障；如果他是个破落户，只赔了几文银两，那歌厅的责任就重了；如果他是个轻功极好的游侠，现已从人间蒸发，我只有找“天上人间”歌厅索赔。

《侵权责任法》第四十条　无民事行为能力人或者限制民事行为能力人在幼儿园、学校或者其他教育机构学习、生活期间，受到幼儿园、学校或者其他教育机构以外的人员人身损害的，由侵权人承担侵权责任；幼儿园、学校或者其他教育机构未尽到管理职责的，承担相应的补充责任。

《侵权责任法》第三十四条还规定了劳务派遣中的补充责任：劳务派遣单位有过错的，承担相应的补充责任。

请注意这些规定中所写的都是承担“相应的补充责任”，“相应”是指与其承担的义务范围相当的责任，并非全部责任，也并非直接责任人不能赔偿的部分，也即，超出相应部分的补充责任人是不赔偿的。

补充责任与连带责任都是多数人之债，但二者也是有区别的。连带责任中的各责任人承担责任并无顺序，而补充责任中自己责任人与补充责任人承担责任是有先后顺序的，应先由自己责任人承担责任，其不能清偿或不能完全清偿时，才由补充责任人承担补充责任。此外，补充责任是依附于自己责任才成立的，并非一个完全独立的责任，也不存在内部责任份额的划分。从节约维权成本的角度来说，诉讼时将自己责任人与补充责任人作为共同被告会更有利。

三、到法院打官司（一）：有效地启动民事诉讼程序

到此时，您得到应有的赔偿了吗？如果还没有，那您要走的维权之路还长着呢。在法律帝国里，法院是帝国的首都，而法官则是帝国的王侯。法院和法官对于法治的实现至关重要，他们是正义的守护者。这是美国的德沃金在其著作《法律帝国》中的名言。好，去法院。

到法院干什么？是来吵架的吗？如果吵架能够解决问题，就不用到法院来了。法院是讲理的地方，您不能把法院当作撒气的地方，更不能把法官作为出气筒，人心都是肉长的，不要将法官的心态搞糟了，如果是这样，只可能对您不利。有理讲在法庭，证据决定输赢。到法院来打官司，怎样才能够把道理讲清楚呢？打官司还有不少的讲究呢！接下来，我就专门介绍有关诉讼的问题。

1. 到哪个法院去打官司呢

中国有 1 000 多个法院，近万个派出法庭，您到哪儿去呢？

我国内地的法院分为四级：一是最高人民法院，全国只有一个，在我们的首都北京；二是各省、自治区、直辖市的高级人民法院，从全国范围来看，也不多；三是各地级市的中级人民法院，这就比较多了；四是各县都有一个基层法院，基层法院可能有多个派出法庭，这些就数量庞大了；此外还有一些专门法院。

各级法院都会审理第一审民事案件，但各级法院之间又有分工，一般的民事案件，都由基层法院进行审理，即县级法院及其派出法庭审理第一审民事案件。顺便延伸一下，法院并非对所有的争议都具有管辖权，比如，在前面的“民商事仲裁”中我就说到，有效的仲裁协议可以排除法院对民商事纠纷的管辖。

在哪里的县级法院去告呢？一般是“原告就被告”，即向被告住所地或经常居住地的县级法院起诉。一个案件中可能同时存在几个被告，您可以选择其中一个被告所在地的法院进行诉讼。

《民事诉讼法》第二十二条　对公民提起的民事诉讼，由被告

住所地人民法院管辖；被告住所地与经常居住地不一致的，由经常居住地人民法院管辖。

对法人或者其他组织提起的民事诉讼，由被告住所地人民法院管辖。

同一诉讼的几个被告住所地、经常居住地在两个以上人民法院辖区的，各该人民法院都有管辖权。

什么叫“住所地”？公民的住所地是指公民的户籍所在地，法人的住所地是指法人的主要营业地或者主要办事机构所在地。什么是“经常居住地”？公民的经常居住地是指公民离开住所地至起诉时已连续居住一年以上的地方。但公民住院就医的地方除外。这在《适用民事诉讼法的意见》中有规定。

根据《民事诉讼法》第二十九条的规定，侵权行为地的人民法院对侵权案件具有管辖权。这里的侵权行为地，包括侵权行为实施地、侵权结果发生地。

有时，可能几个不同的法院对同一个案件都具有管辖权，您可以选择对您维权更有利的法院来进行诉讼，比如考虑路途更近、赔偿标准更高或法官水平更高等因素。

2. 民事起诉状

您的事情您做主，但到了法院，您也得按照法院的要求来做。先看一下起诉的条件。

《民事诉讼法》第一百零八条　起诉必须符合下列条件：

（一）原告是与本案有直接利害关系的公民、法人和其他组织；

（二）有明确的被告；

（三）有具体的诉讼请求和事实、理由；

（四）属于人民法院受理民事诉讼的范围和受诉人民法院管辖。

这里的“原告”、“被告”、“与本案有直接利害关系”、“法院管辖”都已经讲过了，现在您得将“有具体的诉讼请求和事实、理由”向法院说清楚。怎么说呢？现在的法院都要求提交起诉状，虽然法律规定可以口头起诉，但口头起诉已经渐渐淡出历史舞台了。起诉状怎么写呢？

《民事诉讼法》第一百一十条　起诉状应当记明下列事项：

（一）当事人的姓名、性别、年龄、民族、职业、工作单位和住所，法人或者其他组织的名称、住所和法定代表人或者主要负责人的姓名、职务；

（二）诉讼请求和所根据的事实与理由；

（三）证据和证据来源，证人姓名和住所。

注意，您写起诉状是在与法官沟通，沟通是要讲技巧的。不论是书面交流还是口头沟通，您要注意沟通的态度、方式和语气。起诉状是您进行诉讼时发的第一招，这也是您与法官的第一次沟通，要想让这次沟通很有效，您得花一定工夫来制作民事起诉状。当然，除了法官以外，起诉状还有一方面的读者是被告，您的目的是要让对方承担责任，这就要通过您的沟通使其心悦诚服。一般情况下，他会使出浑身解数来反驳您的。

制作民事起诉状实在是很重要的一招，拿起您的笔，开始写起诉状吧。还是不知道如何下笔？好的，打个比方吧，起诉状与请帖的功能类似。请帖上您得写清要请的是谁，在起诉状里就是被告，只不过把要“请”的人全部写在同一份起诉状中来。请帖上您得写清楚打算办什么事，是结婚还是过生日；在起诉状里就是诉讼请求，不过您不是请他来吃饭，而是来承担责任。哈哈，打个比方而已。起诉状肯定不能写成请帖的样子，它有自身的一些要求，您得按要求来写。您可以去翻阅诉讼文书类的书籍，书里面有介绍。

起诉状中当事人的基本情况（姓名、性别、年龄、民族、职业、工作单位和住所、身份证号码、联系电话等）越清楚、越准确越好。这些内容在《民事诉讼法》第一百一十条有规定。您不要嫌收集这些信息很繁琐，其实每一项都是有实际意义的。

“姓名”是人与人相区别的显著符号，但现实生活中容易出现重名，因而“公民身份号码”的唯一性就使之成了彼此区别的最好途径。前面已讲过姓名及签名的重要性了，比如在道路交通事故中，交通事故责任认定书上有受害人的姓名，车辆投保交强险的保险单上有投保人的签名，有承保的保险公司名称，这些都是您在写起诉状时获取信息的渠道。“年龄”涉及当事人的民事行为能力和诉讼能力，是否需要法定代理人，是否存在监护人的责任等问题。“住所”涉及法院的管辖、法院进行送达甚至赔偿标准的确定等问题。“民族”涉及诉讼中使用本民族语言进行诉讼的权利及其他相关的问题。在诉讼活动中，单位的营业执照、组织机构代码证、法定代表人身份证明等的作用与自然人的身份证类似。

起诉状中当事人（包括原告、被告和第三人）及其法定代理人的基本情况越清楚，越方便法院审查，还涉及后续的法院送达问题，法院还会要求您提供对方的联系电话，因为现在已经是信息时代了，这对法院和当事人都方便，这也是“两便原则”的体现。

起诉状中的重中之重是诉讼请求。这是您通过诉讼要达到的目的，也是法官重点审理的内容，您一定要深思熟虑。您可以结合“民事责任的承担方式”以及相关的赔偿项目和标准，来确定您的诉讼请求。诉讼请求一定要明确，不能含混不清，您可以再看看我在第一章和第八章中的相关讲述。

当事人给法官事实，法官给当事人法律。至于起诉状中的“事实与理由”部分，就重在摆事实、讲道理了。“摆事实”以全面、简洁、清楚为上；“讲道理”以择要、合法、中肯为上，切忌以给法官上法律课的口吻来表达，一般的法官都不喜欢这样，哪怕法官真的不懂，也最好不这样做。证据问题，前面已经讲过了。

千万不要小看上面说的这几点，它们将决定着您后面的很多维权行为的实际效果。我杜撰了一份《民事起诉状》，您可以参看一下，也好有一个初步的感性认识。

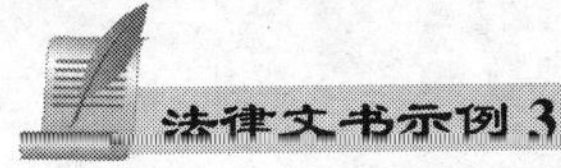

民事起诉状

原告白娘子，女，1977年7月7日出生，汉族，云南省景洪市人，现住景洪市国营景洪农场×分场×队×号，公民身份号码53280119770707××××。系死者段开宏的妻子。联系电话：133

××××1111，电子邮箱：kaihong909@163.com。

原告龙太子，男，2000年8月8日出生，汉族，云南省景洪市人，现住景洪市国营景洪农场×分场×队×号，公民身份号码53280120000808××××。系死者段开宏的长子。

法定代理人白娘子（系龙太子的母亲），女，1977年7月7日出生，汉族，云南省景洪市人，现住景洪市国营景洪农场×分场×队×号，公民身份号码53280119770707××××。

委托代理人林肯，云南省彩云之南律师事务所律师，律师执业证书编号：×××01。联系电话：139××××9999。

被告张果老，男，1977年7月7日出生，傣族，云南省景洪市人，系景洪市勐养镇×××村民委员会××村民小组村民，现住该村小组004号，公民身份号码53280119770707××××。联系电话：136××××6666。

被告中国仙人洞保险股份有限责任公司西双版纳中心支公司。地址：西双版纳州景洪市宣慰大道3×3号附3号。

代表人：太上老君，职务：经理。联系电话：5555555×，138××××8888。

诉 讼 请 求

1. 判令被告中国仙人洞保险股份有限责任公司西双版纳中心支公司在机动车交通事故责任强制保险赔偿限额内赔偿二原告各项损失122000元。

2. 判令被告张果老赔偿二原告各项损失×××××××元。

3. 由二被告承担本案全部诉讼费。

事 实 及 理 由

2010年10月10日10时10分，段开宏驾驶未登记的神舟号WH100型普通二轮摩托车，搭乘乘车人小龙女，从景洪市×××岔路口驶进景大公路时，与由北向南行驶的被告张果老驾驶的云K666×6号毛驴牌中型自卸货车，在景大公路K33+999M交叉路口处发生侧面相撞，造成段开宏与小龙女两人受伤后经医院抢救无效死亡的道路交通事故。2010 年 11 月 11 日景洪市公安局交警×大队作出景公交×认字［2010］第×111 号道路交通事故认定书，经西双版纳傣族自治州公安局复核后决定维持原认定书，即：段开宏、张果老负此事故的同等责任，小龙女无责任。

被告张果老驾驶的云 K666×6 号毛驴牌中型自卸货车的所有人为张果老，发生事故时其正为自己拉货。

被告张果老造成二原告的损失如下：1. 死者段开宏的医疗费×××××元；2. 误工费×××元；3. 护理费×××元；4. 住院伙食补助费×××元；5. 交通费×××元；6. 住宿费×××元；7. 死亡赔偿金×××××元＝××××元×20 年；8. 丧葬费×××××元；9. 被扶养人龙太子的生活费×××××元＝××××元×（18－10）年÷2 人；10. 精神抚慰金×××××元；11. 摩托车损失费××××元；12. 鉴定费××××元，以上共计××××××元。以上损失有医疗费票据等予以证明（具体情况详见证据目录）。被告张果老在事故发生后已经向原告支付现金10 000元人民币。

由于被告张果老所驾驶的车辆在被告中国仙人洞保险股份有限责任公司西双版纳中心支公司（以下简称仙人洞版纳公司）。投保了机动车交通事故责任强制保险，本次事故发生在保险期间内，为此被告仙人洞版纳公司应当在机动车交通事故责任强制保险责任限额内赔偿二原告的损失。

二原告因与被告无法达成赔偿协议，为维护原告的合法权益，现依照《中华人民共和国侵权责任法》、《中华人民共和国道路交通安全法》和《中华人民共和国民事诉讼法》等法律的相关规定，特向贵院起诉，请求判决二被告依法承担赔偿责任。

此 致

××××人民法院

具状人（签名捺印）：

××××年×月×日

附件：

1. 起诉状副本5份；

2. 授权委托书1份；

3. 证据目录及证据复印件×套。

爱心提醒：

1. 当事人的基本情况尽量准确清楚。

2. 起诉状中提出的诉讼请求一定要准确清楚地表达，不能含混不清，更不能自相矛盾；诉讼请求不一定完全符合法律规定，最终究竟能多大程度获得支持由法院说了算。

3. 其中的“被告张果老造成二原告的损失如下……”一段，也可以不作为起诉状的正文内容，而单独占一页作为“二原告的赔偿请求清单”，附在起诉状后面。

4. 开宏一家之言，模仿时请谨慎。

3. 便民窗口：立案庭

您几经辗转，终于来到人民法院。首先映入您眼帘的是迎风飘扬的五星红旗和闪烁着耀眼光芒的法徽，法徽上华表的两端均衡地挂着秤盘，象征着公平正义，金色的麦穗和齿轮围绕在天平的周围，体现出审判权力来自人民——您的心里会更加踏实。面对法院高大的办公楼，您该到哪里去办事呢？一般的法院有这样几个常设的办事机构：首先与您打交道的是立案庭，这是法院的窗口单位；根据三大诉讼法的规定，法院会设立民事审判庭、刑事审判庭和行政审判庭专门从事不同类型案件的审理工作；案件审理结束后有一部分会进入执行程序，于是，法院会设执行局。

今天您是来立案的，在此就单说便民窗口：立案庭。现在到法院打官司的人还真不少，从停车位的紧张状态就可见一斑，部分法院甚至已经用上在银行经常见到的排队机。别光顾着欣赏法院的办公环境，您还有正事要办，您要立案，这对您来说是第一次，但对于在这里工作的法官来说已经是习以为常了。根据《最高人民法院关于进一步加强人民法院“立案信访窗口”建设的若干意见》，立案庭里的法官会向您告知诉讼的风险，并从程序上引导您如何打官司。

立案庭设有调解室，有经验丰富、业务素质高的法官等进行诉前调解或立案调解，他们也会尽力地为您与对方进行疏导。您可能注意到了，前述解决纠纷的方式中很多涉及“调解”。在村民委员会、居民委员会进行的调解叫“人民调解”，由行政机关组织的调解叫“行政调解”。法院的工作原则和方式也发生了转变，现在的工作理念是“调解优先、调判结合”，这是最高人民法院2008年确立的一项司法工作原则。民事纠纷到了法院，立案前进行的调解叫“诉前调解”，此外，案件到了审判庭，法官在开庭前、庭审中和开庭后都可以进行调解，到执行阶段还可以执行和解。通过调解的方式解决纠纷，更能够体现“和为贵”的精神。如果调解方案合法、合理、公正，更能够体现当事人自己的意愿，化解矛盾也更彻底、更全面，更节约时间、精力和社会财富。依法调解，这是一种不错的选择。再次提醒：尊重法官，服从法官的指挥，不清楚的地方可以大胆地向法官询问，这个可以有，但要注意沟通的方式。

当您递上您的立案材料时，法官会熟练地进行立案审查。审查的标准您早就知道了，也就是《民事诉讼法》第一百零八条规定的内容，立案庭的法官会依照法律规定，审查您的身份证、在起诉状上的签名，如果是由经您授权的代理人进行诉讼代理，法官会审查授权委托书及其代理权限；还会看起诉状上罗列的被告是否在该法院的管辖范围内，被告的基本信息是否清楚，是否能够准确送达；您是否有起码的证据材料；他们还会简单地审查您的诉讼请求是否合法、是否明确……

如果您的材料符合立案条件了，法官就会及时办理立案手续，核算、收取诉讼费用。他们对经济困难的当事人，特别是老弱病残、下岗职工等，提供必要的司法救助，决定诉讼费的减交、缓交或免交，但这也得由您出具相关的证据材料，办理相应的手续。关于诉讼费的问题，下面还要专门讲到。

法院立案也是有审理期限规定的，符合受理条件的民事案件，一般是在收到起诉书（状）或者执行申请书后七日内立案。这在《最高人民法院关于严格执行案件审理期限制度的若干规定》（以下简称《最高院审限规定》）中说得很清楚。

《最高院审期规定》第六条　第一审人民法院收到起诉书（状）或者执行申请书后，经审查认为符合受理条件的应当在七日内立案；收到自诉人自诉状或者口头告诉的，经审查认为符合自诉案件受理条件的应当在十五日内立案。

改变管辖的刑事、民事、行政案件，应当在收到案卷材料后的三日内立案。

第二审人民法院应当在收到第一审人民法院移送的上（抗）诉材料及案卷材料后的五日内立案。

发回重审或指令再审的案件，应当在收到发回重审或指令再审裁定及案卷材料后的次日内立案。

按照审判监督程序重新审判的案件，应当在作出提审、再审裁定（决定）的次日立案。

立案庭在决定立案后，一般会在三日内将案卷材料移送审判庭。

您的起诉，法院并非一定会立案。如果您的材料不符合立案要求，您得听从法官的指引，完善相关的内容，以达到立案要求，方能及时立案。如果法院不立案，一定会按照《民事诉讼法》第一百一十二条的规定，口头或书面给您答复的。如果您对不立案的裁定不服，可以在收到民事裁定书后十日内提起上诉。

4. 交纳诉讼费

符合立案条件的诉讼材料递交到法院后，交纳诉讼费是诉讼中的一个必经程序，这在《诉讼费交纳办法》中有具体规定。您应当交纳的诉讼费用包括哪些呢？主要是受理费，第一审案件、第二审案件和再审案件均需要交纳案件受理费。

《诉讼费交纳办法》第六条　当事人应当向人民法院交纳的诉讼费用包括：

（一）案件受理费；

（二）申请费；

（三）证人、鉴定人、翻译人员、理算人员在人民法院指定日期出庭发生的交通费、住宿费、生活费和误工补贴。

现在的诉讼费是比较低的。但您对此可能会有好奇心，我就将这一法条全文引用。

《诉讼费交纳办法》第十三条　案件受理费分别按照下列标准交纳：

（一）财产案件根据诉讼请求的金额或者价额，按照下列比例分段累计交纳：

1. 不超过1万元的，每件交纳50元；

2. 超过1万元至10万元的部分，按照2.5%交纳；

3. 超过10万元至20万元的部分，按照2%交纳；

4. 超过20万元至50万元的部分，按照1.5%交纳；

5. 超过50万元至100万元的部分，按照1%交纳；

6. 超过100万元至200万元的部分，按照0.9%交纳；

7. 超过200万元至500万元的部分，按照0.8%交纳；

8. 超过500万元至1 000万元的部分，按照0.7%交纳；

9. 超过1 000万元至2 000万元的部分，按照0.6%交纳；

10. 超过2 000万元的部分，按照0.5%交纳。

（二）非财产案件按照下列标准交纳：

1. 离婚案件每件交纳50元至300元。涉及财产分割，财产总额不超过20万元的，不另行交纳；超过20万元的部分，按照0.5%交纳。

2. 侵害姓名权、名称权、肖像权、名誉权、荣誉权以及其他人格权的案件，每件交纳100元至500元。涉及损害赔偿，赔偿金额不超过5万元的，不另行交纳；超过5万元至10万元的部分，按照1%交纳；超过10万元的部分，按照0.5%交纳。

3. 其他非财产案件每件交纳50元至100元。

（三）知识产权民事案件，没有争议金额或者价额的，每件交纳500元至1 000元；有争议金额或者价额的，按照财产案件的标准交纳。

（四）劳动争议案件每件交纳10元。

（五）行政案件按照下列标准交纳：

1. 商标、专利、海事行政案件每件交纳100元；

2. 其他行政案件每件交纳50元。

（六）当事人提出案件管辖权异议，异议不成立的，每件交纳50元至100元。

省、自治区、直辖市人民政府可以结合本地实际情况在本条第（二）项、第（三）项、第（六）项规定的幅度内制定具体交纳标准。

上面这一法条看起来令人眼花缭乱。有关财产的案件就不再说了，自己根据诉讼请求的数额按照上述标准去算。单独说说有关人身损害赔偿的案件受理费，法官应当按照非财产案件中的第2项的标准计算，而不能按照财产案件来计算，即：每件交纳100～500元。涉及损害赔偿，赔偿金额不超过5万元的，不另行交纳；超过5万元至10万元的部分，按照1%交纳；超过10万元的部分，按照0.5%交纳。

法院的工作人员会给您开具《交纳诉讼费用通知》，您应当在7天内到指定的银行去交纳。

《诉讼费交纳办法》第二十二条　原告自接到人民法院交纳诉讼费用通知次日起7日内交纳案件受理费；反诉案件由提起反诉的当事人自提起反诉次日起7日内交纳案件受理费。

上诉案件的案件受理费由上诉人向人民法院提交上诉状时预交。双方当事人都提起上诉的，分别预交。上诉人在上诉期内未预交诉讼费用的，人民法院应当通知其在7日内预交。

申请费由申请人在提出申请时或者在人民法院指定的期限内预交。

当事人逾期不交纳诉讼费用又未提出司法救助申请，或者申请司法救助未获批准，在人民法院指定期限内仍未交纳诉讼费用的，由人民法院依照有关规定处理。

如果当事人逾期不交纳诉讼费用又未提出司法救助申请等，法院会裁定按自动撤诉处理。这在《适用民事诉讼法的意见》第143条中明确规定。

预交受理费的收据您要妥善保管，它将在诉讼结束后清退诉讼费时发挥重要作用。因为，一方面，在立案阶段是预收诉讼费，当案件了结以后，如果由被告承担部分或者全部诉讼费，则应当将您预交的费用退还给您；另一方面，如果是采用简易程序审理、调解结案或者准许原告撤诉的案件，则减半收取受理费，另一半要退还给您。到那时，法院可能会要求您出示预交受理费的发票，以办理相应的清退手续。

不预收受理费的情形是少数，这在《诉讼费交纳办法》第八条有规定。如果您确实经济困难，可以申请缓交、减交或免交诉讼费，但这要按照《诉讼费交纳办法》第四十四条、第四十五条、第四十六条、第四十七条、第四十八条的规定出具相应的手续，并经法院的领导批准。在《最高人民法院关于对经济确有困难的当事人提供司法救助的规定》的第三条中，列举了可以向人民法院申请司法救助的十多种情况：①追索赡养费、扶养费、抚育费、抚恤金的；②孤寡老人、孤儿和农村“五保户”；③没有固定生活来源的残疾人、患有严重疾病的人；④国家规定的优抚、安置对象；⑤追索社会保险金、劳动报酬和经济补偿金的；⑥交通事故、医疗事故、工伤事故、产品质量事故或者其他人身伤害事故的受害人，请求赔偿的；⑦因见义勇为或为保护社会公共利益致使自己合法权益受到损害，本人或者近亲属请求赔偿或经济补偿的；⑧进城务工人员追索劳动报酬或其他合法权益受到侵害而请求赔偿的；⑨正在享受城市居民最低生活保障、农村特困户救济或者领取失业保险金，无其他收入的；⑩因自然灾害等不可抗力造成生活困难，正在接受社会救济，或者家庭生产经营难以为继的；⑪起诉行政机关违法要求农民履行义务的；⑫正在接受有关部门法律援助的；⑬当事人为社会福利机构、敬老院、优抚医院、精神病院、SOS 儿童村、社会救助站、特殊教育机构等社会公共福利单位的；⑭其他情形确实需要司法救助的。如果您的情况符合前述条件之一，可以申请缓交、减交或免交诉讼费用。

5. 诉讼代理和法律援助

在讲述诉讼代理之前，我先接着第一章的话题，简单讲讲代理制度。

生活中很多事情您不必亲自处理，可以由您的代理人来帮您办理——代理制度无处不在。代理制度中存在三种情况，一种是法定代理，比如父母对未成年子女的代理。第二种是指定代理，这在生活中不多见，在诉讼中偶尔会出现，主要适用于无诉讼行为能力人的法定代理人之间互相推诿的情形，此时应由人民法院指定其中一人代为诉讼。在这里，我重点说说第三种，委托代理。

用人所长必容人所短：用人所长，天下无不用之人；用人所短，天下无可用之人；因而，给猴一棵树，给虎一座山。“用人不疑，疑人不用”，既然您选择了代理人，就要相信他，包括他的人品和能力——没有信任就没有代理。

委托与受托是一个合同行为——委托合同，这是一个双方行为，生活中的小事比如代买小菜等是可以口头委托的，但涉及重要利益时书面的委托合同更可靠。委托合同可以是有偿的，也可以是无偿的，精力旺盛、职业道德高尚、法律素养深厚、生活阅历和办案经验丰富的律师是很好的人选，他们是有偿服务，但报酬可以平等友好协商，这些内容在《合同法》第三百九十六条等法条中有规定。通常情况下，代理人是以您的名义进行民事活动，他代理的结果须由您承担——您想想，如果您不承担责任，还有谁敢担当您的代理人！但社会生活是很复杂的，根据《民法通则》第六十六条的规定，没有代理权、超越代理权或者代理权终止后的行为，只有经过被代理人的追认，被代理人才承担民事责任。未经追认的行为，由行为人承担民事责任。本人知道他人以本人名义实施民事行为而不作否认表示的，视为同意。代理人不履行职责而给被代理人造成损害的，应当承担民事责任。代理人和第三人串通，损害被代理人的利益的，由代理人和第三人负连带责任。第三人知道行为人没有代理权、超越代理权或者代理权已终止还与行为人实施民事行为给他人造成损害的，由第三人和行为人负连带责任。

诉讼活动是一个专业性较强的事情，作为一个普通百姓，可能对这些法律事务非常生疏，也可能没有足够的时间或精力来处理这一系列复杂的事宜。在这种情况下，您可以请一个代理人帮您处理，您只需给他签署一份授权委托书，即使您自己不亲自出庭，法律效果也是一样的。

《民事诉讼法》第五十八条　当事人、法定代理人可以委托一至二人作为诉讼代理人。

律师、当事人的近亲属、有关的社会团体或者所在单位推荐的人、经人民法院许可的其他公民，都可以被委托为诉讼代理人。

代理人的权利来自于您的授权，因此，书面凭证就很重要了。到法院进行诉讼必须得进行书面委托，并且授权委托书还必须明确代理人的权限。因为您给诉讼代理人的授权委托书，是要出示给法官和对方当事人及其代理人看的，特别是当您的代理人在签字同意调解协议以及代收案款的时候，是否有相应的授权内容就显得更为重要了。因此，您在制作授权委托书时，一定要注意将代理权限明确无误地写出来。

《民事诉讼法》第五十九条　委托他人代为诉讼，必须向人民法院提交由委托人签名或者盖章的授权委托书。

授权委托书必须记明委托事项和权限。诉讼代理人代为承认、放弃、变更诉讼请求，进行和解，提起反诉或者上诉，必须有委托人的特别授权。

根据《适用民事诉讼法的意见》第 69 条的规定，授权委托书写“全权代理”而无具体授权的，诉讼代理人无权代为承认、放弃、变更诉讼请求，进行和解，提起反诉或者上诉。还得啰嗦一句，即使您对您的代理人进行了授权，但您的表态也仍然具有效力，并且您与代理人表态不一致时，以您的意思表示为准，并不是说您授权给他以后您自己就没有权利了。因此，即便请了代理人，您也应当自始至终保持独立思考的能力，可以信赖但不要有依赖思想，包括不依赖您的律师和法官。

诉讼代理人的代理权限并非一成不变的，您可以变更或者解除其代理权，如果您的诉讼代理人的权限发生了变动，您应当按照《民事诉讼法》第六十条的规定书面告知人民法院以及其他相关的人员或机关。

在刑事附带民事诉讼中，对委托诉讼代理人有一定的限制，主要表现在委托的时间问题上。《中华人民共和国刑事诉讼法》（以下简称《刑事诉讼法》）第四十条规定，公诉案件的被害人及其法定代理人或者近亲属，附带民事诉讼的当事人及其法定代理人，自案件移送审查起诉之日起，有权委托诉讼代理人。自诉案件的自诉人及其法定代理人，附带民事诉讼的当事人及其法定代理人，有权随时委托诉讼代理人。

我为您准备了一份授权委托书的样本，您可以参考。

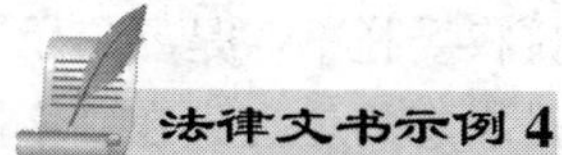

授权委托书

委托人：白娘子，女，1977年7月7日出生，汉族，云南省景洪市人，现住景洪市国营景洪农场×分场×队×号，公民身份号码53280119770707××××。系死者段开宏的妻子。联系电话：133××××1111，电子邮箱：kaihong909@163.com。

受托人：兰采和（系白娘子的弟弟），男，1977年7月7日出生，哈尼族，云南省景洪市人，现住景洪市勐龙镇××村委会××村民小组××号，公民身份号码53280119770707××××。联系电话：133××××3333。

受托人：林肯，云南省彩云之南律师事务所律师，律师执业证书编号：×××01。联系电话：139××××9999。

委托人白娘子现委托兰采和与林肯作为我的代理人，参加处理与张果老、中国仙人洞保险股份有限责任公司西双版纳中心支公司机动车交通事故责任纠纷的相关事宜。

受托人兰采和的代理权限如下：1. 进行和解；2. 参加调解并签署相应法律文件；3. 申请财产保全；4. 提起诉讼；5. 收集、提交证据，申请证据保全；6. 提出回避申请；7. 增加、变更、放弃诉讼请求；8. 参加开庭审理、进行辩论；9. 提起上诉；10. 签收法律文书；11. 接收赔偿款项；12. 申请强制执行等。即：其代理权限为特别授权代理。

给兰采和的授权期限：自签署本委托书之日起至执行程序终结止。

受托人林肯律师的代理权限如下：1. 收集、提交证据，申请证据保全；2. 申请财产保全；3. 提出回避申请；4. 签收法律文书；5. 参加调解；6. 出庭参加诉讼、进行辩论等。即：其代理权限为一般诉讼代理。

给林肯的授权期限：自签署本委托书之日起至一审终结止。

本委托书一式七份，一份提交××县公安局交通警察大队，一份提交××县人民法院，委托人留底一份，两名受托人各持有二份。

如果委托人对受托人的授权限进行变更或者解除授权，委托人将书面告知所有受托人、××县公安局交通警察大队和××人民法院。

委托人签名：

年　月　日

委托人签名：

年　月　日

委托人签名：

年　月　日

爱心提醒：

1. 授权范围和授权期限是授权委托书的核心内容，应当书写清楚；委托人的授权一定要明确，否则造成损失的可能因授权不明而承担相应的责任。

2. 授权委托书可以不是您亲笔书写的，但一定要是您的真实意思表示，签名和捺印须由您亲自进行。

3. 我杜撰的这份授权委托书可能比一般的授权委托书显得更啰嗦，但我还是坚持这样写，因为我认为这样写更清楚明白，可以减少以后的争议。

4. 开宏一家之言，模仿时请谨慎。

事实上，维权不仅需要时间、精力，而且还需要经济成本——并不是人人都有维权的能力。经济困难的公民如果需要必要的法律服务，可以依照《法律援助条例》的规定，申请法律咨询、代理、刑事辩护等无偿法律援服务。

可以获得法律援助的情形有多种，在法律援助条例第十条、第十一条和第十二条均有规定。

《法律援助条例》第十条　公民对下列需要代理的事项，因经济困难没有委托代理人的，可以向法律援助机构申请法律援助：

（一）依法请求国家赔偿的；

（二）请求给予社会保险待遇或者最低生活保障待遇的；

（三）请求发给抚恤金、救济金的；

（四）请求给付赡养费、抚养费、扶养费的；

（五）请求支付劳动报酬的；

（六）主张因见义勇为行为产生的民事权益的。

从《法律援助条例》第十条中可以看出，并非只有诉讼中才会涉及法律援助问题。只要您的情况符合以上情况就可以申请法律援助。

法律援助一般是不会主动上门的，您必须到当地的法律援助中心（一般设在县司法局）去提出申请。《法律援助条例》第十七条规定了申请法律援助应当提交下列证件、证明材料：①身份证或者其他有效的身份证明，代理申请人还应当提交有代理权的证明；②经济困难的证明；③与所申请法律援助事项有关的案件材料。

如果家庭经济确实困难，可以凭相应的证明进行申请，如经济困难证明；如果有残疾证、下岗失业证、低保证等，这对您也是有帮助的。这些证据在申请缓交、减交或免交诉讼费时也能够发挥重要作用。

这里重点讲述了诉讼代理与法律援助制度，目的在于提醒您——有困难，找个代理人来帮助您。

四、到法院打官司（二）：民事诉讼中的财产保全、开庭和执行

有个问题不得不提醒一下：诉讼所需要的时间很长，如果对方在此期间隐匿、转移财产导致您胜诉后无法执行，您手上的裁判文书将成为一纸空文，您不担心吗？到那时法院也没有太多的办法，您将哭天无路，怎么办？

1. 财产保全和先予执行

为保障将来的生效判决能够得到执行或者避免财产遭受损失，您可以申请财产保全，针对对方当事人的财产或者争议的标的物，让法院采取限制其转移和处分该财产的强制措施，但您要提交书面申请和该财产的相关信息。

财产保全可分为诉前财产保全和诉讼财产保全，先说诉讼财产保全。

《民事诉讼法》第九十二条　人民法院对于可能因当事人一方的行为或者其他原因，使判决不能执行或者难以执行的案件，可以根据对方当事人的申请，作出财产保全的裁定；当事人没有提出申请的，人民法院在必要时也可以裁定采取财产保全措施。

人民法院采取财产保全措施，可以责令申请人提供担保；申请

人不提供担保的，驳回申请。

人民法院接受申请后，对情况紧急的，必须在四十八小时内作出裁定；裁定采取财产保全措施的，应当立即开始执行。

在诉讼中，法院一般都依当事人申请才会作出财产保全的裁定，一般也会要求申请人提供相应的担保，所以您事先就得有心理和物质上的准备。财产保全限于请求的范围，或者与本案有关的财物。

再说诉前财产保全。这在《民事诉讼法》第九十三条中有规定。申请诉前财产保全的，申请人必须提供相应的财产担保，且在采取保全措施后十五日内起诉，否则法院必然解除财产保全。

《民事诉讼法》第九十三条　利害关系人因情况紧急，不立即申请财产保全将会使其合法权益受到难以弥补的损害的，可以在起诉前向人民法院申请采取财产保全措施。申请人应当提供担保，不提供担保的，驳回申请。

人民法院接受申请后，必须在四十八小时内作出裁定；裁定采取财产保全措施的，应当立即开始执行。

申请人在人民法院采取保全措施后十五日内不起诉的，人民法院应当解除财产保全。

法院要求您提供担保的意图在于，如果申请有错误，给被申请人造成的损失是要用申请人的财产来赔偿的，这也是《民事诉讼法》第九十六条明确规定的。

如果发生争议但尚未起诉，向哪个法院申请保全呢？这个问题问得好，这涉及诉前财产保全的法院管辖。

《适用民事诉讼法的意见》第31条　诉前财产保全，由当事人向财产所在地的人民法院申请。

在人民法院采取诉前财产保全后，申请人起诉的，可以向采取诉前财产保全的人民法院或者其他有管辖权的人民法院提起。

从《适用民事诉讼法的意见》第31条的规定来看，起诉之前，申请财产保全须向财产所在地的人民法院申请。采取保全措施后，您得尽快起诉。起诉又向哪个法院提起呢？这一点请参看前面的“到哪个法院去打官司呢”中的讲述。

采取财产保全措施的法院和受理您的案件的法院可能不是同一个法院，您不必担心法官会责怪您。您也不必担心法官会轻易解除保全措施，因为《适用民事诉讼法的意见》第 109 条规定，诉讼中的财产保全裁定的效力一般应维持到生效的法律文书执行时止。在诉讼中要解除财产保全只有一种情况，即被申请人提供担保而解除财产保全，否则法院是不应当解除保全的，这在《民事诉讼法》第九十五条和《适用民事诉讼法的意见》第 108 条中有规定。

劳动争议中劳动者也可以申请财产保全，如果符合条件，还可以不提供担保。依《劳动争议解释（二）》第十四条规定，人民法院经审查认为申请人经济确有困难，或有证据证明用人单位存在欠薪逃匿可能的，应当减轻或者免除劳动者提供担保的义务，及时采取保全措施。

再说说先予执行。先予执行，是指人民法院在终局判决之前，为解决权利人生活或生产经营的急需，依法裁定义务人预先履行一定数额的金钱或者财物等措施的制度。同财产保全一样，您得提出先予执行的书面申请，并且需要提供担保。

《民事诉讼法》第九十七条　人民法院对下列案件，根据当事人的申请，可以裁定先予执行：

（一）追索赡养费、扶养费、抚育费、抚恤金、医疗费用的；

（二）追索劳动报酬的；

（三）因情况紧急需要先予执行的。

从《民事诉讼法》第九十七条所列举的几种案件来看，这些都是些弱势群体的或急需的费用，一般的买卖合同等纠纷是不会先予执行的。先予执行除了范围有限外，还得符合一定的法定条件。在《民事诉讼法》第九十八条规定了两个条件：①当事人之间权利义务关系明确，不先予执行将严重影响申请人的生活或者生产经营的；②被申请人有履行能力。

与先予执行相类似，《贯彻民法通则意见》第 162 条中还规定了先行裁定。先行裁定是针对需要停止侵害、排除妨碍、消除危险的情况。在知识产权领域，还有一项制度叫诉前禁令，即“诉前停止侵权行为”，也是与之相类似的制度。

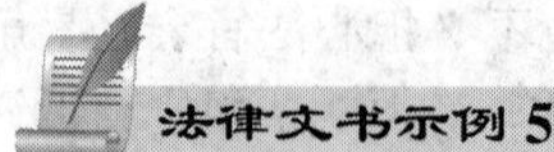

法律文书示例5

财产保全申请书

申请白娘子，女，1977年7月7日出生，汉族，云南省景洪市人，现住景洪市国营景洪农场×分场×队×号，公民身份号码53280119770707××××。系死者段开宏的妻子。联系电话：133××××1111，电子邮箱：kaihong909@163.com。

申请人龙太子，男，2000年8月8日出生，汉族，云南省景洪市人，现住景洪市国营景洪农场×分场×队×号，公民身份号码53280120000808××××。系死者段开宏的长子。

法定代理人白娘子（系龙太子的母亲），女，1977年7月7日出生，汉族，云南省景洪市人，现住景洪市国营景洪农场×分场×队×号，公民身份号码53280119770707××××。

委托代理人林肯，云南省彩云之南律师事务所律师，律师执业证书编号：×××01。联系电话：139××××9999。

被申请人张果老，男，1977年7月7日出生，傣族，云南省景洪市人，系景洪市勐养镇×××村民委员会××村民小组村民，现住该村小组004号，公民身份号码53280119770707××××。联系电话：136××××6666。

请求事项

1. 扣押被申请人张果老云K666×6号毛驴牌中型自卸货车一辆。

2. 查询并冻结被申请人张果老在中国银行西双版纳分行、中国农业银行景洪市支行的存款人民币100 000元。

事实及理由

申请人诉被申请人张果老与仙人洞保险公司机动车交通事故责

任纠纷一案，已由贵院依法受理，案号为（2011）×民一初字第××××号。

为防止被申请人转移或隐匿财产，便于裁判文书的执行，现二原告向贵院申请财产保全：1. 请求依法扣押被申请人所有的云K666×6号毛驴牌中型自卸货车；2. 查询并冻结被申请人张果老在中国银行西双版纳分行、中国农业银行景洪市支行的存款100 000元人民币。被申请人张果老的公民身份号码为：53280119770707××××。

此致

×××人民法院

申请人（签名捺印）：

年　月　日

附：授权委托书1份。

爱心提醒：

1. 如果在起诉之前提交诉前财产保全申请，申请人在人民法院采取保全措施后15日内不起诉的，人民法院就会解除财产保全。

2. 法院如果让您提供相应的财产（即与申请保全的财产价值相当的财产如汽车、房产、存款等）担保，您应当听从法院的安排。

3. 被申请人的存款、股票、基金等，一般人是不知道其账号的，但可以提供一些线索（比如：确定的开设账号的机构、姓名或名称，公民身份号码等）进行司法查询，为了保证相应的财产不被转移，可以在申请查询的同时申请冻结。

4. 如果是在诉讼中的财产保全，递交起诉书的同时就可以递交财产保全申请书。

5. 开宏一家之言，模仿时请谨慎。

2. 开庭审理

当您向法院递交起诉状后，就可以等待开庭了。但您不能闲下来，应当为开庭作充分的准备，包括心理、证据、法律知识、物品等各方面的准备。因为一审法院办理案件是必须公开开庭审理的。一般来说，审理一个民事案件只开一次庭，特殊情况才可能再次开庭，因而您要把握好时机。

开庭审理您一定要参加，这很重要。如果您有事去不了（比如生病），可以与法官商量另定开庭的时间，但一定要听从法官的指挥；如果有急事，您得向法官请求改期开庭，您不要个人主义膨胀而误了事。延期审理，这是您可以利用的一种诉讼权利。

《民事诉讼法》第一百三十二条　有下列情形之一的，可以延期开庭审理：

（一）必须到庭的当事人和其他诉讼参与人有正当理由没有到庭的；

（二）当事人临时提出回避申请的；

（三）需要通知新的证人到庭，调取新的证据，重新鉴定、勘验，或者需要补充调查的；

（四）其他应当延期的情形。

在整个诉讼过程中，您会碰到很多法定期间和人民法院指定的期间。您若因不可抗拒的事由或者其他正当理由耽误期限的，在障碍消除后的十日内，可以申请顺延期限，至于是否准许，由人民法院决定，这在《民事诉讼法》第七十六条中有规定。如果您无正当理由不参加诉讼，从程序上讲，将会按撤诉处理或者缺席判决，这一点在《民事诉讼法》第一百二十九条和《适用民事诉讼法的意见》第158条中有规定，我在下一个专题中还会讲到。

开庭审理的程序中最重要的是法庭调查和法庭辩论两个阶段。法庭调查阶段是“摆事实”的阶段，主要解决法律事实方面的问题，这个阶段，您应当将您主张的事实和理由陈述清楚，将相应的对您有利的证据毫无保留地展示出来。

在法庭调查阶段，您有权向证人、鉴定人以及对方当事人发问，要求其对相关情况加以说明，当然，对方当事人或法官会在适当的时候向您提问，您得谨慎回答。比如，法官问您是哪几个人给交通事故受害者段开宏办理的丧事？一共用了多少时间？其实他心中可能在考虑当事人的亲友参加处理事故所需交通费、误工费、住宿费、伙食补助费的问题。如果您自豪地说道："这事简单，就我一个人，半天就搞定了。"法官在心中会替您着急，因为按相关规定可以支持三个人的相关费用。如果您信口开河："在上级领导的关心下，在全体同志的帮助下，我们为不幸亡故的段开宏，用77天时间举行了隆重的葬礼，一共有888人参加……"您认为法官会按照您说的让对方给您钱吗？大家只会微笑着送您一句话："不靠谱!"说得更明白一点，您的当庭陈述是一种证据，经过法定程序后，可以作为定案的依据。

如果在开庭前没有进行证据交换，当庭举证就显得尤为重要了。并且，您的证据必须经过对方当事人质证才能作为法院定案的依据。

《民事诉讼法》第六十六条　证据应当在法庭上出示，并由当事人互相质证。对涉及国家秘密、商业秘密和个人隐私的证据应当保密，需要在法庭出示的，不得在公开开庭时出示。

《民事诉讼证据规定》第四十七条第一款　证据应当在法庭上出示，由当事人质证。未经质证的证据，不能作为认定案件事实的依据。

这里提到"质证"。什么叫质证？它是指当事人（诉讼代理人）在法庭的主持下，对当事人及第三人提出的证据就其真实性、合法性、关联性以及证明力的有无及证明力大小，进行质疑、说明与辩驳的活动或过程。质证主要通过观察、聆听、辨认等，对证据（前面说过的视听资料、证人证言、书证、物证等）进行说明、评价、质疑、辩驳、对质、辩论以及用其地方法表明证据效力。

在质证过程中，法官一般会让原告先举证，在有多个诉讼参加人的时候，也可能会让原告先对被告的证据进行质证并发表质证意见。在《民事诉讼证据规定》第五十一条中是这样规定的："质证按下列顺序进行：（一）原告出示证据，被告、第三人与原告进行质证；（二）被告出示证据，原告、第三人与被告进行质证；（三）

第三人出示证据，原告、被告与第三人进行质证。人民法院依照当事人申请调查收集的证据，作为提出申请的一方当事人提供的证据。”您得将您的质证意见说明白，让对方及法官听得明白，让书记员记得清楚，因为您的质证意见将对案件处理起到很大的作用。

提醒一下，陈述和举证要紧紧围绕第一章中讲过的侵权责任构成要件来进行。法官在庭审中会适时归纳争议焦点，您的举证和辩论都得围绕法官归纳的争议焦点来进行，不要离题。您举证的目的是让法官相信：真理在您这边。

法庭辩论阶段是“讲道理”的阶段，您可以发表您的辩论词，但是请注意，仍然要紧紧围绕侵权责任构成要件以及您的每一项诉讼请求来进行，您最终的目的是打动法官，让他支持您的诉讼请求。当然，对方有与您均等的说话的机会。对方发言自然是拣有利于他的话来说，您要做到的是冷静和倾听，一定不要激动，更不要被对方的不当言辞所激怒，甚至做出不恰当的言行。还有，您得注意您说话的速度、音量、语调等，即关注听者，因为对方当事人及其代理人、法官、书记员都在认真地听，并且，书记员在制作庭审笔录。

庭审结束后，您得校阅庭审笔录，这是一份十分重要的法律文书，是法官判案的重要依据，因而您要重视，如果记录的内容与您表达的不一致，您可以请书记员按照庭审中您表达的意见进行修改，校阅完毕后，您得签名。还得啰嗦一句，虽然是公开审判，但您要遵守法庭纪律，比如未经允许不得录音、录像等，如果您不听劝告，法官则会依法指挥法警对您采取一些措施。法庭有些哪些纪律呢？这在法院显眼的位置张贴着，也可能在向您送达的材料中已经告知，您稍加留心即可。

在道路交通事故和医疗事故等侵权案件中，还可能存在民事责任和刑事责任交叉的情况。比如，根据《刑法》第一百三十三条的规定，假如造成他人死亡，肇事司机就有可能涉嫌交通肇事罪而承担刑事责任。这时问题就来了：是刑事诉讼与民事诉讼分别进行呢，还是可以优先处理民事赔偿案件，还是必须提起刑事附带民事诉讼？从道理上来说，可以先就民事部分起诉；但在具体操作中，法院要考虑不同的审判组织对法律事实的认定可能发生冲突的问题，如果先进行的民事诉讼认定的事实与此后的刑事诉讼认定的法律事实不一致就麻烦了，因而，法院即使先行受理了道路交通事故人身损害赔偿纠纷，也很可能会中止审理。

不耐烦了吧！您必须得有耐心。程序决定了法治与人治之间的基本区别。没有规矩不成方圆，依法办事，才能更好地保证您的权利。程序法也是法律，如果承办人员不依法定程序而胡乱办理，您的风险就更大了。没有程序的正义就没有实体的正义，公正的程序是实现权利的必经途径，是实体公正的保障。一句话：程序优先于实体。

在宣告判决之前，您还可以多次当面、电话或书面与法官沟通，但要注意您的言行要适度，别让法官觉得您是一个胡搅蛮缠的人。当然，最有效的沟通是开庭审理的时候，此时法官精力最集中，还有书记员也会将您的意见记录下来。

案件审结了，如果您的主张得到法院的部分支持，或者没有得到支持，您可以在判决书生效前上诉。

3. 按撤诉处理与缺席判决

有理讲在法庭，开庭是让双方到法庭来讲理讲法的，这是法律赋予双方当事人的诉讼权利。

案件到了法院后，法院会在进行一些准备工作后以传票传唤的方式通知原告和被告参加开庭审理，但总有人无正当理由不到庭参加诉讼，又以被告不到庭的居多。如果您以为不到庭参加诉讼法院就无法审理案件了，那您就错了。请注意，法院是国家的审判机关，法律赋予了其依法可以采取强制措施的权力，也可以依法按撤诉处理或缺席判决。

《民事诉讼法》第一百条　人民法院对必须到庭的被告，经两次传票传唤，无正当理由拒不到庭的，可以拘传。

《民事诉讼法》第一百二十九条　原告经传票传唤，无正当理由拒不到庭的，或者未经法庭许可中途退庭的，可以按撤诉处理；被告反诉的，可以缺席判决。

《民事诉讼法》第一百三十条　被告经传票传唤，无正当理由拒不到庭的，或者未经法庭许可中途退庭的，可以缺席判决。

看明白了吗？

先说按撤诉处理。按撤诉处理是人民法院根据当事人所实施的行为作出的法律上的推断。由于按撤诉处理会产生与当事人申请撤诉完全相同的法律后果，因此，只有出现下列法定情形时，人民法院才可以裁定按撤诉处理：①根据《适用民事诉讼法的意见》143条规定，原告或者上诉人接到人民法院预交案件受理费的通知后，既不预交费用，也不申请缓交、减交或者免交诉讼费用，或者申请缓交、减交或者免交未获准许后仍不交费的，裁定按自动撤诉处理。②根据《民事诉讼法》第一百二十九条规定，原告经传票传唤，无正当理由拒不到庭的，或者未经法庭许可中途退庭的，可以按撤诉处理。③根据《适用民事诉讼法的意见》158规定，作为原告方无民事行为能力的当事人的法定代理人，经传票传唤无正当理由拒不到庭的，可以按撤诉处理，此为第三种情况。④根据《适用民事诉讼法的意见》第159条的规定，有独立请求权的第三人经人民法院传票传唤，无正当理由拒不到庭的，或者未经法庭许可中途退庭的，按撤诉处理。这种情形是因为有独立请求权的第三人的地位相当于原告，其无故不到庭的，按撤诉处理。

如果您身患重病、临时出差或遭遇山洪等，在开庭当天确实无法到庭，您得事先向法官请假，请其另行安排开庭时间。如果因遭遇突发事件，事前来不及向法官通报，事后（法院作出按撤诉处理的裁定前）您得及时地持相关的证据向法官说明情况，获得法官和对方当事人的谅解，以便另行确定开庭时间。

再说缺席判决。缺席判决是相对于对席判决而言的，是指开庭审理案件时，只有一方当事人到庭，人民法院依法对案件进行审理之后所作出的判决。此处的一方也可能是原告一方，也可能是只有被告一方。如果是多个原告或多个被告的共同诉讼，也可能是其中的某一个原告或某一个被告未到庭，也可能是几个原告或被告都未到庭。缺席判决适用于下列情况：①《民事诉讼法》第一百二十九条规定的原告不出庭或中途退庭按撤诉处理，被告提出反诉的，针对被告的反诉，本诉原告作为反诉的被告未到庭的，缺席判决；②《民事诉讼法》第一百二十九条规定的被告经传票传唤，无正当理由拒不到庭的，或未经法庭许可中途退庭的，针对被告，缺席判决；③《民事诉讼法》第一百三十一条第二款规定的人民法院裁定不准许撤诉的，原告经传票传唤，无正当理由拒不到庭的，针对未到庭的原告可以缺席判决；④《适用民事诉讼法的意见》158 规定的无民事行为能力的被告人的法定代理人，经传票传唤无正当理由拒不到庭的，缺席判决；⑤借贷案件中，经法定程序后，对债务人可以缺席判决。

最高人民法院《关于人民法院审理借贷案件的若干意见》第 5 条 债权人起诉时，债务人下落不明的，由债务人原住所地或其财产所在地法院管辖。法院应要求债权人提供证明借贷关系存在的证据，受理后公告传唤债务人应诉。公告期限届满，债务人仍不应诉，借贷关系明确的，经审理后可缺席判决；借贷关系无法查明的，裁定中止诉讼。

在审理中债务人出走，下落不明，借贷关系明确的，可以缺席判决；事实难以查清的，裁定中止诉讼。

缺席判决与对席判决具有同等法律效力。对于缺席判决，人民法院同样应当依照法定的方式和程序，向缺席的一方当事人宣告判决及送达判决书，并保障当事人的上诉权利的充分行使。判决书生效后，有执行事项的，对方同样可以申请强制执行。

话又说回来，您不到庭，就没有说话的机会，就没有对对方提交的证据进行质证的可能，即使您事后说出您的意见，法官也是无法采信的。这也是我一再说要听从法官指挥的原因之一。虽然，您可以在判决未生效的时候进行上诉或在判决生效后进行申诉，但您这不是自寻烦恼吗？

4. 回避制度和民事案件的审理期限

最初，我是从电影中知道回避制度的。前面曾说过交警、仲裁员、鉴定人等的回避问题，同样，三大诉讼法中均规定了审判人员的回避制度。但回避是可以随便申请的吗？非也。

《民事诉讼法》第四十五条　审判人员有下列情形之一的，必须回避，当事人有权用口头或者书面方式申请他们回避：

（一）是本案当事人或者当事人、诉讼代理人的近亲属；

（二）与本案有利害关系；

（三）与本案当事人有其他关系，可能影响对案件公正审理的。

前款规定，适用于书记员、翻译人员、鉴定人、勘验人。

您有权用口头或者书面方式申请他们回避。注意提出的时间：根据《民事诉讼法》第四十六条的规定，回避申请须在案件开始审理时提出；回避事由在案件开始审理后知道的，也可以在法庭辩论终结前提出。您得说明提出回避的合法理由，这个比较难，除非凑巧您碰到了、知道了法官及相关人员应当回避的法定情形，提出充足的理由且要有相应的证据支持您的观点。

民事案件的审理期限问题，在《民事诉讼法》等很多法律文件中均有规定，但在《最高院审限规定》中最详尽。当您来到法院时，首先接待您的是立案庭的法官。您明确地向法官表达出要进行诉讼的意愿时，相应的审限制度就开始约束法院了。这一制度一直贯穿审判活动的始终。

根据《民事诉讼法》第一百四十六条和第一百三十五条的规定，第一审程序中，适用简易程序的应在三个月内审结，适用普通程序的应在六个月内审结。但这个期限也是可变的，比如适用简易程序审理的可以转为普通程序，普通程序六个月到期还可以申请延长。如果在这期间您与对方尽快达成协议，可以大大缩短您维权所耗的时间。

第二审程序中，对判决的第二审应在立案之日起三个月内审结，对裁定的第二审应在立案之日起三十日内作出终审裁定，这在《民事诉讼法》第一百五十九条有明确规定。

有些案件明明已经超过了前述规定的时间，但为什么法官却说案件未超过审理期限呢？因为有些时间是不计入审理期限的。所以在当今诉讼爆炸的时代，您不能太心急火燎，也不能对法官求全责备。

《最高院审限规定》第九条　下列期间不计入审理、执行期限：

（一）刑事案件对被告人作精神病鉴定的期间；

（二）刑事案件因另行委托、指定辩护人，法院决定延期审理的，自案件宣布延期审理之日起至第十日止准备辩护的时间；

（三）公诉人发现案件需要补充侦查，提出延期审理建议后，合议庭同意延期审理的期间；

（四）刑事案件二审期间，检察院查阅案卷超过七日后的时间；

（五）因当事人、诉讼代理人、辩护人申请通知新的证人到庭、调取新的证据、申请重新鉴定或者勘验，法院决定延期审理一个月之内的期间；

（六）民事、行政案件公告、鉴定的期间；

（七）审理当事人提出的管辖权异议和处理法院之间的管辖争议的期间；

（八）民事、行政、执行案件由有关专业机构进行审计、评估、资产清理的期间；

（九）中止诉讼（审理）或执行至恢复诉讼（审理）或执行的期间；

（十）当事人达成执行和解或者提供执行担保后，执行法院决定暂缓执行的期间；

（十一）上级人民法院通知暂缓执行的期间；

（十二）执行中拍卖、变卖被查封、扣押财产的期间。

正义只会迟到，不会缺席。如果存在以上情况，还不算迟到的正义。到法院打官司，您得有耐心，虽然法院审理案件是有时间限制的，但与您急切的维权心情相比，它就显得慢了。

5. 不服，上诉

上诉只有一个条件：不服一审判决。但是您一定得在《民事诉讼法》第一百四十七条规定的期限内提起。

《民事诉讼法》第一百四十七条　当事人不服地方人民法院第一审判决的，有权在判决书送达之日起十五日内向上一级人民法院提起上诉。

当事人不服地方人民法院第一审裁定的，有权在裁定书送达之日起十日内向上一级人民法院提起上诉。

上诉应当递交上诉状，这在《民事诉讼法》第一百四十八条和第一百四十九条中说得很清楚。上诉时，您还得在规定的期间内与法官进行联系，并按法院的要求完成规定的动作，比如准备相应份数的上诉状、交上诉费等。

上诉的直接效果是：一审法院的裁判不生效。您可以到二审法官那里去摆事实、举证据、讲道理，但不要光顾着拉家常、说故事、泄怨气。

6. 不付钱，申请执行

法律文书生效后，如果您还没有拿到相应的赔偿，即对方没有自动履行生效文书确定的义务，您可以拿着您的法律文书申请强制执行。您要注意申请的时间限制，不要拖得太久。一般的案件，申请执行的期间为二年。注意该二年的起算时间点：从法律文书规定履行期间的最后一日起计算。

《民事诉讼法》第二百一十五条　申请执行的期间为二年。申请执行时效的中止、中断，适用法律有关诉讼时效中止、中断的规定。

前款规定的期间，从法律文书规定履行期间的最后一日起计算；法律文书规定分期履行的，从规定的每次履行期间的最后一日起计算；法律文书未规定履行期间的，从法律文书生效之日起计算。

劳动争议案件中法院作出财产保全裁定的，是在裁判文书生效后三个月内申请强制执行。逾期不申请的，人民法院应当裁定解除保全措施。这一点在《劳动争议解释（二）》第十五条中有规定。关于履行期间，法院的调解书或者判决书中都会载明，您要仔细阅读。

案件执行也存在法院的管辖问题。

《民事诉讼法》第二百零一条　发生法律效力的民事判决、裁定，以及刑事判决、裁定中的财产部分，由第一审人民法院或者与第一审人民法院同级的被执行的财产所在地人民法院执行。

法律规定由人民法院执行的其他法律文书，由被执行人住所地或者被执行的财产所在地人民法院执行。

执行法官会对您进行一整套的程序引导，包括让您提交执行申请书、交纳执行费、提供所了解的被执行人的财产状况或线索等。这在《最高人民法院关于人民法院执行工作若干问题的规定（试行）》（以下简称《执行规定》）中有规定。执行也有时间限制。根据《民事诉讼法》第二百零三条规定，人民法院自收到申请执行书之日起六个月执行结束。

有一点很重要：您的事情您做主。在整个诉讼过程中，您的诉讼权利和实体权利，可以适时、适当地处分，即您可以行使，也可以放弃。如果您在执行程序中与对方进行和解，这也是可以的。

法律文书示例 6

申 请 执 行 书

申请执行人白娘子，女，1977 年 7 月 7 日出生，汉族，云南省景洪市人，现住景洪市国营景洪农场×分场×队×号，公民身份号码 53280119770707××××。系死者段开宏的妻子。联系电话：133××××1111，电子邮箱：kaihong909@163. com。

申请执行人龙太子，男，2000 年 8 月 8 日出生，汉族，云南省景洪市人，现住景洪市国营景洪农场×分场×队×号，公民身份号码 53280120000808××××。系死者段开宏的长子。

法定代理人白娘子（系龙太子的母亲），女，1977 年 7 月 7 日出生，汉族，云南省景洪市人，现住景洪市国营景洪农场×分场×队×号，公民身份号码 53280119770707××××。

委托代理人兰采和（系白娘子的弟弟），男，1977 年 7 月 7 日出生，哈尼族，云南省景洪市人，现住景洪市勐龙镇××村委会××村民小组××号，公民身份号码 53280119770707××××。联系电话：133××××3333。

被执行人张果老，男，1977 年 7 月 7 日出生，傣族，云南省景洪市人，系景洪市勐养镇×××村民委员会××村民小组村民，现住该村小组 004 号，公民身份号码 53280119770707××××。联系电话：136××××6666。

被执行人中国仙人洞保险股份有限责任公司西双版纳中心支公司。地址：西双版纳州景洪市宣慰大道3×3号附3号。

代表人：太上老君，职务：经理。联系电话：5555555×，138××××8888。

2011年×月×日×××人民法院作出（2011）×民一初字第××××号民事判决已发生法律效力，但被执行人仙人洞保险公司与被执行人张果老现均未履行判决书中确定的义务。为此，特申请你院予以强制执行。

请 求 事 项

1. 请求强制被执行人仙人洞保险公司立即支付×××××元。

2. 请求被执行人仙人洞保险公司支付自判决书确定的履行期届满之日起至实际支付之日止迟延履行期间的债务利息。

3. 请求强制被执行人张果老立即支付×××××元。

4. 请求被执行人张果老支付自判决书确定的履行期届满之日起至实际支付之日止迟延履行期间的债务利息。

事实与理由

申请执行人白娘子、龙太子与被执行人仙人洞保险公司、被执行人张果老机动车交通事故责任纠纷一案，经×××人民法院于2011年×月×日作出的（2011）×民一初字第××××号民事判决书，现已发生法律效力。该判决书确定，被执行人仙人洞保险公司应于判决生效之日起十日内支付申请执行人赔偿款人民币×××××元，并负担诉讼费用××××元；被执行人张果老应于判决生效之日起十日内支付申请执行人赔偿款人民币×××××元，并负担诉讼费××××元；但二被执行人均未在人民法院指定的期间内履行义务，现依照《中华人民共和国民事诉讼法》之规定，特向贵院申请强制执行。

此 致

×××人民法院

申请执行人（签名）：
委托代理人（签名）：
年　月　日

附件：

1. 申请执行人白娘子和申请执行人龙太子的身份证复印件各1份；

2. 授权委托书1份；

3. ×××人民法院已生效的（2011）×民一初字第××××号民事判决书×份；

4. 被执行人张果老的财产状况清单1份。

爱心提醒：

1. 根据《民事诉讼法》第二百一十二条、第二百一十三条、第二百一十四条、《劳动争议调解仲裁法》第四十四条、第五十一条《人民调解法》第三十三条等法律的规定，对方当事人不履行发生法律效力的下列法律文书，您可以到有管辖权的人民法院申请执行，接受申请的人民法院应当执行。可以申请执行的法律文书包括：①人民法院的民事判决、裁定、调解书；②民商事仲裁机构的调解书、裁决书；③公证机关依法赋予强制执行效力的债权文书；④劳动人事争议仲裁委员会的调解书、裁决书，等等。

2. 您必须在《民事诉讼法》第二百一十五条规定的“从法律文书规定履行期间的最后一日起二年”内申请强制执行。

3. 法院很可能会让您提供被执行人的财产状况或线索，您要尽力协助，不要以为交了申请书就万事大吉了，事实上法院只是帮您维护权利，而真正维权的人是您自己。

4. 开宏一家之言，模仿时请谨慎。

7. 再审程序

除了以上诉讼程序外，诉讼法上还有一个程序叫审判监督程序（即再审程序），即当事人对已经发生法律效力的判决、裁定，认为有错误的，可以向上一级人民法院申请再审，但不停止判决、裁定的执行。这在《民事诉讼法》第一百七十八条中有规定。对生效裁判申请再审必须符合相应的法定情形。

《民事诉讼法》第一百七十九条　当事人的申请符合下列情形之一的，人民法院应当再审：

（一）有新的证据，足以推翻原判决、裁定的；

（二）原判决、裁定认定的基本事实缺乏证据证明的；

（三）原判决、裁定认定事实的主要证据是伪造的；

（四）原判决、裁定认定事实的主要证据未经质证的；

（五）对审理案件需要的证据，当事人因客观原因不能自行收集，书面申请人民法院调查收集，人民法院未调查收集的；

（六）原判决、裁定适用法律确有错误的；

（七）违反法律规定，管辖错误的；

（八）审判组织的组成不合法或者依法应当回避的审判人员没有回避的；

（九）无诉讼行为能力人未经法定代理人代为诉讼或者应当参加诉讼的当事人，因不能归责于本人或者其诉讼代理人的事由，未参加诉讼的；

（十）违反法律规定，剥夺当事人辩论权利的；

（十一）未经传票传唤，缺席判决的；

（十二）原判决、裁定遗漏或者超出诉讼请求的；

（十三）据以作出原判决、裁定的法律文书被撤销或者变更的。

对违反法定程序可能影响案件正确判决、裁定的情形，或者审判人员在审理该案件时有贪污受贿，徇私舞弊，枉法裁判行为的，人民法院应当再审。

生效的调解书符合法定情形的也可以申请再审。

《民事诉讼法》第一百八十二条　当事人对已经发生法律效力

的调解书，提出证据证明调解违反自愿原则或者调解协议的内容违反法律的，可以申请再审。经人民法院审查属实的，应当再审。

如果已离婚的善男信女觉得感情尚好，可以再次结婚，就不必申请再审了。

《民事诉讼法》第一百八十三条　当事人对已经发生法律效力的解除婚姻关系的判决，不得申请再审。

如果离婚后一方或双方已经另行结婚，是无法改判的。

注意申请再审的时间限制：在判决、裁定发生法律效力后两年内提出。根据《民事诉讼法》第一百八十四条规定，如果超过两年，还能启动再审程序的可能性只有两种：①据以作出原判决、裁定的法律文书被撤销或者变更，应当在自知道或者应当知道之日起三个月内提出再审请求；②审判人员在审理该案件时有贪污受贿，徇私舞弊，枉法裁判行为，应当在自知道或者应当知道之日起三个月内提出再审请求。

根据《民事诉讼法》第一百七十七条和第一百八十七条等规定，上级人民法院对下级人民法院已经发生法律效力的判决、裁定，发现确有错误的，有权提审或者指令下级人民法院再审。上级人民检察院对下级人民法院已经发生法律效力的判决、裁定，可以提出抗诉。

经过再审的案件，如果对生效的再审结果还不服，就只有一种救济途径了：信访。这种情况一般会被称为“缠诉”，如果到了这一步，您得好好反思一下：“为什么会有今天的结局?”

8.“一事不再理”是怎么回事

一事不再理原则，就是对判决、调解、裁定已经发生法律效力的案件的被告人，不得再次起诉和审理。所谓“一事”，一般来说，是指同一当事人，就同一法律关系，而为同一的诉讼请求。因为这个同一事件已在法院受理中或者已被法院裁判，当然就不得再起诉。它包括两个方面的含义：第一，当事人不得就已经向法院起诉的案件重新起诉；第二，从法院角度讲，也不得再受理，以避免当事人纠缠不清，造成诉累，也避免法院作出相互矛盾的裁判。这一点在《民事诉讼法》第一百一十一条第一款第（五）项中有规定："对判决、裁定已经发生法律效力的案件，当事人又起诉的，告知原告按照申诉处理，但人民法院准许撤诉的裁定除外。"此外，在《精神损害赔偿解释》第六条中也有明确的规定。

《精神损害赔偿解释》第六条　当事人在侵权诉讼中没有提出赔偿精神损害的诉讼请求，诉讼终结后又基于同一侵权事实另行起诉请求赔偿精神损害的，人民法院不予受理。

可见，您得想好了，一次性解决问题，不然，可能错过维权时机。在诉讼过程中，您应当用好您的诉讼权利，比如，拒绝签收有异议的调解书、进行上诉或申诉等，这些行为可能将未生效或已生效的法律文书进行改正。

在民事诉讼中，起诉和撤诉是当事人的一种诉讼权利，可以行使，也可以放弃。在民事诉讼中申请撤诉的，法院并未对案件进行实体处理，这种情况不属于"一事不再理"的情形。比如《适用民事诉讼法的意见》第 142 条和第 144 条第一款规定的情形。

《适用民事诉讼法的意见》第 142 条　裁定不予受理、驳回起诉的案件，原告再次起诉的，如果符合起诉条件，人民法院应予受理。

《适用民事诉讼法的意见》第 144 条第一款　当事人撤诉或人民法院按撤诉处理后，当事人以同一诉讼请求再次起诉的，人民法院应予受理。

刑事诉讼中也有相应的规定，但其法律后果却有不同：对于公诉案件，如果在宣告判决前，人民检察院要求撤回起诉，人民法院裁定准许人民检察院撤诉的案件，没有新的事实、证据，人民检察院重新起诉的，人民法院不予受理。对于自诉案件，自诉人撤回起诉，或者裁定驳回起诉后，自诉人就同一事实又告诉的，法院一般会说服自诉人撤回起诉或者裁定驳回起诉。也就是说，在刑事案件中，撤诉后再次起诉的，一般不予受理。此外，最高人民法院在对云南省高级人民法院作出的《关于人民法院是否受理刑事案件被害人提起精神损害赔偿民事诉讼问题的批复》中明确：在刑事案件审结以后，被害人另行提起精神损害赔偿民事诉讼的，人民法院不予受理。这也是“一事不再理”原则的体现。

在行政诉讼中，根据《行政诉讼解释》第三十六条、三十七条的规定，准许原告撤诉后，原告以同一事实和理由重新起诉的，人民法院一般也不予受理；如果是因未按规定的期限预交案件受理费而按自动撤诉处理的，再次起诉并依法解决诉讼费预交问题的，人民法院应予受理。

可见，针对撤诉后是否可以再诉的问题，在民事诉讼与刑事诉讼、行政诉讼中的规定是各不相同的：民事诉讼中一般是应当受理，而在刑事诉讼、行政诉讼中一般不受理。其根本原因在于，民事诉讼中当事人有相当大的诉权处分权，即：您的官司您做主。

诉讼也得讲究策略，需要熟悉法律制度并能巧妙运用，这不是一天能练就的，慢慢来。

五、到法院打官司（三）：刑事附带民事诉讼

前面曾经说过，在交通事故、医疗事故等侵权行为中，情节严重或造成严重后果的，还有可能触犯刑法，构成刑事犯罪。在这种情况下，作为受害方，您可以提起刑事附带民事诉讼，在追究肇事者刑事责任的同时，要求其对您的财产、人身损害承担赔偿责任。

1. 刑事自诉案件与公诉案件

在介绍刑事附带民事诉讼之前，先简单介绍一下刑事诉讼，它与民事诉讼程序有很大的不同。

根据《刑法》的规定，刑罚分为主刑和附加刑，主刑有五种：管制、拘役、有期徒刑、无期徒刑和死刑；附加刑有：罚金、剥夺政治权利、没收财产和对于犯罪的外国人驱逐出境。附加刑可以独立适用，也可以附加适用。让罪犯承担刑事责任，主要是通过对其进行刑罚处罚的方式。让对方承担刑事责任得由法院说了算，作为受害人一方是没有这个权利的，不光您没有这个权利，除了国家的审判机关——人民法院以外，其他任何机关或个人均没有这个权

力，这也是为什么刑事案件中没有仲裁等程序的原因。

刑事案件分为公诉案件和自诉案件。刑事案件多数是公诉案件。我们常见的公诉案件大致要经过侦查、提起公诉和审判三个阶段，分别由公安机关、检察院和法院负责。这里面没有说要让被害人来负责——在公诉案件中，您作为被害人一方，基本上没有多少发言权，因为这中间多数是相应国家机关应尽的职责。

《刑事诉讼法》第三条第一款　对刑事案件的侦查、拘留、执行逮捕、预审，由公安机关负责。检察、批准逮捕、检察机关直接受理的案件的侦查、提起公诉，由人民检察院负责。审判由人民法院负责。除法律特别规定的以外，其他任何机关、团体和个人都无权行使这些权力。

刑事自诉案件是被害人或其法定代理人向人民法院提起诉讼，由人民法院直接受理的轻微的刑事案件。即，此程序一般须由您自己到法院去告而不是国家机关来启动。您作为自诉人是控方，对方作为被告人是辩方。如果您想帮助对方将家搬到监狱里，让其为国家免费提供劳动力并享受免费的午餐和住房，您可以通过刑事自诉方式，直接将刑事自诉状交到法院去。当然，您必须有充分的证据，承担相应的举证责任。这在《刑事诉讼法》第十八条和《最高人民法院关于执行〈中华人民共和国刑事诉讼法〉若干问题的解释》（以下简称《刑诉解释》）第一百八十九条等法条中有规定。

刑事自诉案件的范围很有限，主要有三类：

《刑事诉讼法》第一百七十条　自诉案件包括下列案件：

（一）告诉才处理的案件；

（二）被害人有证据证明的轻微刑事案件；

（三）被害人有证据证明对被告人侵犯自己人身、财产权利的行为应当依法追究刑事责任，而公安机关或者人民检察院不予追究被告人刑事责任的案件。

《刑事诉讼法》第一百七十条中所说的“告诉才处理的案件”，根据《刑诉解释》第一条的解释，包括：①侮辱、诽谤案；②暴力干涉婚姻自由案；③虐待案；④侵占案。

“被害人有证据证明的轻微刑事案件”包括：①故意伤害案；②非法侵入住宅案；③侵犯通信自由案；④重婚案；⑤遗弃案；⑥生产、销售伪劣商品案；⑦侵犯知识产权案；⑧属于刑法分则第四章、第五章规定的，对被告人可能判处三年有期徒刑以下刑罚的案件。对于这种案件的情形，有个聪明的人用了这样一句话来记忆：“有人在一个受伤害的伪君的住宅里，捡到一封信，知道他犯有重婚并遗弃亲人的事，会被判处三年以下徒刑。”这句话中的“伤害”指“故意伤害案”，“伪君”指“生产、销售伪劣商品案”，“住宅”指“非法侵入住宅案”，“一封信”指“侵犯通信自由案”，“知道”指“侵犯知识产权案”，“重婚”指“重婚案”，“遗弃亲人”指“遗弃案”，“会被判处三年以下徒刑”指“刑法分则第四章、第五章规定的，对被告人可能判处三年有期徒刑以下刑罚的案件”。另外要注意的是，伪证罪、拒不执行判决裁定罪由公安机关立案侦查。

不论是刑事公诉案件还是自诉案件，都必须符合犯罪构成，才能判决被告人有罪。那什么叫犯罪构成呢？犯罪构成有四个共同要件，即犯罪客体、犯罪客观要件、犯罪主体和犯罪主观要件。某个具体的罪名，还有其犯罪构成的具体要件，只有符合某种犯罪的具体构成要件，才能成立犯罪。犯罪构成的具体要件也是区分此罪与彼罪的标志。要对犯罪构成有较全面的了解，您得阅读相关的刑法书籍，本书对其不作为重点进行讲述。

刑事公诉案件和自诉案件都可以提起附带民事诉讼。不过，在自诉案件中，自诉人要承担控方的举证责任，您得通过提交证据，从犯罪构成四个要件的角度来证明被告人构成犯罪，并且从侵权责任构成要件的四个方面来证明对方应当承担相应的侵权责任。因此，证据意识很重要，刑事自诉虽然是刑事诉讼程序，但该类纠纷根据《刑事诉讼法》第一百七十二条规定，也可以通过和解和调解的方式来解决。

另外，刑事案件中没有缺席审理制度，根据《刑诉解释》第一百八十一条规定，案件起诉到人民法院后被告人脱逃，致使案件在较长时间内无法继续审理的，人民法院应当裁定中止审理。只有当中止审理的原因消失后，才恢复审理。因此，如果您发现对方有潜逃的迹象，一定要尽可能与法院协调好，必要时对被告采取相应的强制措施，否则，一旦被告逃脱，您的维权之路将会遥遥无期。

2. 刑事附带民事诉讼中的原告人和被告人

哪些人可以是提起附带民事诉讼的原告人？如果被害人受到犯罪行为的侵害但还没有死亡，其本人应当是提起附带民事诉讼的原告人；如果被害人死亡，被害人近亲属可以参加到刑事诉讼中来，并提出民事赔偿主张。对此《刑诉解释》第八十四条有规定。特别提醒：这里的“近亲属”范围与民事诉讼中的范围不完全相同，在刑事诉讼中，近亲属是指夫、妻、父、母、子、女、同胞兄弟姊妹。这在《刑事诉讼法》第八十二条说得很清楚。怎么办呢？下面这一法条就很重要了。

《刑诉解释》第一百条　人民法院审判附带民事诉讼案件，除适用刑法、刑事诉讼法外，还应当适用民法通则、民事诉讼法有关规定。

看来这里的近亲属应当按照民事法律中的近亲属的范围来理解，也就是，祖父母或外祖母在法定的情形下也是可以作为原告的。

以谁为刑事附带民事诉讼被告人？①刑事被告人；②没有被追究刑事责任的其他共同致害人；③未成年刑事被告人的监护人；④已被执行死刑的罪犯的遗产继承人；⑤案件审结前已死亡的被告人的遗产继承人；⑥其他对刑事被告人的犯罪行为依法应当承担民事赔偿责任的单位和个人。对此可以参看《刑诉解释》第八十六条和第八十七条的规定。

以谁为刑事附带民事诉讼被告人，还得根据案件具体情况来决定。比如，在道路交通事故人身损害赔偿纠纷中，承保交强险的保险公司不是刑事案件的被告人，但应当作为刑事附带民事诉讼的被告人。

原告人和被告人确定了，什么时候提起刑事附带民事诉讼才恰当呢？

3. 提起刑事附带民事诉讼的时间和条件

只要在刑事诉讼过程中，无论是公安机关侦查阶段、检察院审查起诉阶段，还是法院审判阶段，均可以提起附带民事诉讼，但须在刑事案件立案以后第一审判决宣告以前提起，如果错过这个机会，可以在刑事判决生效后另行提起民事诉讼。对此《刑事诉讼法》第七十七条、《刑诉解释》第八十九条和第九十条有规定。

对起诉的条件，要满足下列规定。

《刑诉解释》第八十八条　附带民事诉讼的起诉条件是：

（一）提起附带民事诉讼的原告人、法定代理人符合法定条件；

（二）有明确的被告人；

（三）有请求赔偿的具体要求和事实根据；

（四）被害人的物质损失是由被告人的犯罪行为造成的；

（五）属于人民法院受理附带民事诉讼的范围。

刑事附带民事诉讼案件中也是贯彻“谁主张、谁举证”的原则。与在民事诉讼中一样，附带民事诉讼案件也可以调解，您要审时度势，如果调解对您更有利，您可以考虑这种方式。

4. 刑事附带民事诉讼的赔偿范围

在刑事案件中，被害人除了生命、健康和身体上遭受了打击，心灵上的创伤更难愈合。

“除了赔偿物质损失以外，强烈要求被告人进行精神损害赔偿！”

不要激动，激动对您的心理和身体健康不利。冷静点，再冷静点。在刑事附带民事诉讼中，不能针对精神损害提起诉讼，在刑事案件审结后也不可以提起精神损害赔偿的诉讼。

《最高人民法院关于刑事附带民事诉讼范围问题的规定》第一条　因人身权利受到犯罪侵犯而遭受物质损失或者财物被犯罪分子毁坏而遭受物质损失的，可以提起附带民事诉讼。

对于被害人因犯罪行为遭受精神损失而提起附带民事诉讼的，人民法院不予受理。

最高人民法院曾经在对云南省高级人民法院作出的《关于人民

法院是否受理刑事案件被害人提起精神损害赔偿民事诉讼问题的批复》中明确：在该刑事案件审结以后，被害人另行提起精神损害赔偿民事诉讼的，人民法院不予受理。

其他的赔偿项目与标准，与前面讲的是一致的，请注意参看第一章中的相关解说，这里不再重复。

5. 刑事附带民事诉讼的审理期限

据《刑事诉讼法》第七十八条和《刑诉解释》第九十七条的规定，"附带民事诉讼应当同刑事诉讼一并判决"。这非同小可！这就意味着审理期限适用刑事案件的审理期限。

先看立案的时间限制。《最高院审限规定》第六条规定："符合条件的应当在收到起诉书（状）或者执行申请书后七日内立案；收到自诉人自诉状或者口头告诉的，则应当在十五日内立案。"

《刑事诉讼法》第一百六十八条第一款　人民法院审理公诉案件，应当在受理后一个月以内宣判，至迟不得超过一个半月。有本法第一百二十六条规定情形之一的，经省、自治区、直辖市高级人民法院批准或者决定，可以再延长一个月。

《刑诉解释》第一百零九条第三款　适用普通程序审理的被告人未被羁押的自诉案件，应当在立案后六个月内宣判。有特殊情况需要延长审理期限的，由本院院长批准，可以延长三个月。

从《最高院审限规定》第一条中可以得知：适用普通程序审理的第一审刑事公诉案件、被告人被羁押的第一审刑事自诉案件和第二审刑事公诉、刑事自诉案件的期限为一个月，至迟不得超过一个半月；附带民事诉讼案件的审理期限，经本院院长批准，可以延长两个月。适用简易程序审理的刑事案件，审理期限为二十日。

如果您认为您的事情能够在这么短的时间内就能得到解决，那您就错了。这里说的"二十日"、"一个月"、"六个月"等只是法院审理第一审刑事案件的审理期限。并且，有些时间还会被扣除，不被计入审理期限。比如《最高院审限规定》第九条规定的对刑事案件对被告人作精神病鉴定的期间；刑事案件因另行委托、指定辩护人，法院决定延期审理的，自案件宣布延期审理之日起至第十日止准备辩护的时间；因当事人、诉讼代理人、辩护人申请通知新的证人到庭、调取新的证据、申请重新鉴定或者勘验，法院决定延期审理一个月之内的期间，等等。

在案件来到法院以前，还有检察院审查起诉的时间，再前面还有侦查机关的侦查时间。这些时间都不短，与您的想象相差很远。

当然您也可以在相应的刑事诉讼结束后，就民事赔偿另行起诉。但前面已经说了，精神损害赔偿已经无望了。

六、到法院打官司（四）：对被告的防守反击

2011 年夏天我国发生了令人心悸的洪水和泥石流，让我们想起了 2008 年的汶川大地震、冰雪灾害，1998 年的特大洪水……这些天灾夺走了多少生命啊。被告会说："这事是不可抗力引起的，被害人的死与我无关，我可以免责。"真的是这样吗？

1. 对"不可抗力免责"的防守反击

不可抗力免责?!

被告有时也强势，他会想尽办法让您的愿望落空，"不可抗力免责"就是他使出的"迷踪拳"。

《侵权责任法》第二十九条　因不可抗力造成他人损害的，不承担责任。法律另有规定的，依照其规定。

哦，还真有"不可抗力免责"这一说法呢。如果被告提出"不可抗力免责"的主张，作为原告您如何来防守？您得弄清楚什么叫不可抗力，以防被告混淆视听，把不属于不可抗力的情形说成是不可抗力。

《民法通则》第一百五十三条　本法所称的"不可抗力"，是指不能预见、不能避免并不能克服的客观情况。

一般的，像地震、台风等自然现象和罢工、战争、政府禁运等社会现象就属于不可抗力。这种不可抗力是独立于侵权行为人以外的，侵权行为人无法介入也无法避免的。不可抗力有时存在于违约责任或侵权责任中，但并不是只要出现不可抗力就可以免责。不可

抗力免责也是需要满足一定条件的：①只有不可抗力是造成损失的唯一原因时，才可以免责，否则不能免责。也就是，对方要主张“不可抗力”免责，须查清不可抗力与造成的损害后果之间的因果关系，并确定当事人的活动在发生不可抗力的条件下对损害后果的作用。②不可抗力免责须法律明确规定或当事人明确约定，比如《侵权责任法》第七十二条、第七十三条，《中华人民共和国铁路法》第十八条、第五十八条，《中华人民共和国电力法》第六十条，《中华人民共和国邮政法》第四十八条第一款，《中华人民共和国大气污染防治法》第六十三条，《中华人民共和国水污染防治法》第八十五条，《中华人民共和国海洋环境保护法》第九十二条，《中华人民共和国海商法》（以下简称《海商法》）第一百六十七条等很多法条中都规定了不可抗力免责的内容。③看法律是否有特别规定。有时候，出现了不可抗力还不能免责，比如下面的情形：

《环境保护法》第四十一条第三款　完全由于不可抗拒的自然灾害，并经及时采取合理措施，仍然不能避免造成环境污染损害的，免予承担责任。

这里的免责条件，除了“不可抗拒的自然灾害”（并没有包括战争等社会现象），还附带了一个条件：及时采取合理措施且仍然不能避免。还有，根据《侵权责任法》第七十条的规定，民用核设施发生核事故造成他人损害的，民用核设施的经营者仅能因不可抗力中的战争原因免责，这里也只将不可抗力限定于一种情形——战争。

当对方提出不可抗力免责时，您也不要惊惶失措，要从是否属于不可抗力、不可抗力是否是造成损害的唯一原因、事先是否有明确约定免责或者法律有明确规定免责等角度，给予有力的还击。

2. 对“已过诉讼时效拒赔”的防守反击

法律不保护躺在权利上睡觉的人！被告可能以“已经过了诉讼时效”而拒赔，这一招可是被告的杀手锏啊。您不要“好了伤疤忘了痛”，要维权，必须在法定的期间内进行，您的事情您做主，具体时间您把握。

（1）诉讼时效

究竟什么叫诉讼时效？诉讼时效是债权人怠于行使权利持续到法定期间，其胜诉权消灭，虽然其实体权利没有消灭，但不再受法律保护。设立诉讼时效制度的目的在于促使当事人及时行使自己的权利，有利于维护社会秩序的稳定。诉讼时效是法定的，当事人无法用约定方式来排除法定的诉讼时效制度。这在《最高人民法院关于审理民事案件适用诉讼时效制度若干问题的规定》（以下简称《诉讼时效规定》）第二条中有规定。《民法通则》采用专章对向人民法院请求保护民事权利的诉讼时效作了规定：一般的诉讼时效期间为二年，在一些特殊情形下为一年、三年、四年等。

《民法通则》第一百三十六条　下列的诉讼时效期间为一年：

（一）身体受到伤害要求赔偿的；

（二）出售质量不合格的商品未声明的；

（三）延付或者拒付租金的；

（四）寄存财物被丢失或者损毁的。

诉讼时效也存在竞合问题，比如因产品缺陷造成人身伤害，就不应适用上条中关于“身体受到伤害要求赔偿的”一般规定，而是要根据特别法优于普通法的原则，适用《产品质量法》第四十五条“因产品存在缺陷造成损害要求赔偿的诉讼时效期间为二年”的规定。此外，上条第二项“出售质量不合格的商品未声明的”，是指的合同中的违约责任，而《产品质量法》第四十五条说的是侵权责任的诉讼时效，这在第二章的“维权时的选择：违约责任或侵权责任”专题中已经讲过。《环境保护法》第四十二条中规定的诉讼时效为三年，还有诉讼时效为四年的，在《合同法》第一百二十九条中有规定。

《中华人民共和国民用航空法》（以下简称《民用航空法》）第一百三十五条和第一百七十一条规定的诉讼时效都是二年。但，其中另有玄机——请接着关注。

（2）诉讼时效的起算

坏了，过了一年了！我的赔偿泡汤了！

哦，是吗？也许没有那么悲观。或许还没有开始呢。这些“一年”、“二年”、“三年”等是从何时开始计算呢？

请记住《民法通则》第一百三十七条这个经典的表述：“从知道或者应当知道权利被侵害时起计算”。举个例子来说吧。张飞借孔明 100 个大洋，借条上没有写还款时间，三年来双方均不理不问。到第四年的儿童节时，孔明要张飞还钱，张飞哈哈一笑说：“小孔帅哥，不还了，二年的诉讼时效早就过了。”孔明也哈哈一笑说：“诉讼时效还刚开始呢，从你说不还钱那一秒钟起，诉讼时效才开始计算呢!”真的吗？真的！孔明说的是对的：从知道或者应当知道权利被侵害时起计算。这就是张帅哥学艺不精了。请看，《诉讼时效规定》中有更为详尽的规定。

可见，如果有明确的履行期限的，就好办，今后您再借钱给我，我就在借条上写清楚还款时间，这样，既让我不便赖账，也有利于您维权。

《诉讼时效规定》第五条　当事人约定同一债务分期履行的，诉讼时效期间从最后一期履行期限届满之日起计算。

如果是我的人身受到伤害，诉讼时效从什么时候开始起算呢？《贯彻民法通则意见》第 168 条是这样说的：“人身损害赔偿的诉讼时效期间，伤害明显的，从受伤害之日起算；伤害当时未曾发现，后经检查确诊并能证明是由侵害引起的，从伤势确诊之日起算。”这一说法与《民法通则》第一百三十七条的表述其实是一致的。

还得厘清一种想法——您别以为飞机与轮船离我们很遥远！除了嫦娥姑娘那里及更远的地方以外，只要在地球的大气层以内，我们要去的地方，往往有相应的航线、铁轨、道路相连，经过水路运输、航空运输、铁路运输或公路运输等，我们或我们的物品就可以从某地到达您心中理想的地方，如果您向运输者主张权利，就免不了会涉及《海商法》、《民用航空法》等法律。顺便提一下，海事诉讼由专门的海事法院管辖，您应该到海事法院进行诉讼，除适用《民事诉讼法》以外，还会适用涉及海事方面的特别法。刚才说了《民用航空法》中有玄机——

《民用航空法》第一百三十五条　航空运输的诉讼时效期间为二年，自民用航空器到达目的地点、应当到达目的地点或者运输终止之日起计算。

《民用航空法》第一百七十一条　地面第三人损害赔偿的诉讼时效期间为二年，自损害发生之日起计算；但是，在任何情况下，时效期间不得超过自损害发生之日起三年。

玄机在哪里？在诉讼时效的起算时间点上，这里的“二年”不是从“从知道或者应当知道权利被侵害时起计算”，而是“自民用航空器到达目的地点、应当到达目的地点或者运输终止之日起计算”，以及“自损害发生之日起计算”类似这样的特别规定，在不同法律中时常会出现，稍加留意吧。

(3) 诉讼时效的中止

诉讼时效的期间是一成不变的吗？不是。《民法通则》还规定了诉讼时效中止的情形。

《民法通则》第一百三十九条　在诉讼时效期间的最后六个月内，因不可抗力或者其他障碍不能行使请求权的，诉讼时效中止。从中止时效的原因消除之日起，诉讼时效期间继续计算。

上条中的“其他障碍”，在《诉讼时效规定》第二十条中有详细解释：“(一) 权利被侵害的无民事行为能力人、限制民事行为能力人没有法定代理人，或者法定代理人死亡、丧失代理权、丧失行为能力；(二) 继承开始后未确定继承人或者遗产管理人；(三) 权利人被义务人或者其他人控制无法主张权利；(四) 其他导致权利人不能主张权利的客观情形。”出现中止的情形，将相应的时间扣除后，时效继续计算。

(4) 诉讼时效的中断

在日常生活中，还有一种情形比诉讼时效的中止意义更大——诉讼时效的中断。诉讼时效的中断和中止是不一样的。中止原因消除后，时效期间继续计算；而中断后，时效期间重新计算。也就是，从中断之日起从头开始计算一年、二年等时效期间；再次中断，就再次从头计算。来看看有哪些事由可以引起诉讼时效的中断。

《民法通则》第一百四十条　诉讼时效因提起诉讼、当事人一方提出要求或者同意履行义务而中断。从中断时起，诉讼时效期间重新计算。

“提起诉讼”，按照《诉讼时效规定》第十二条规定，包括提交起诉状或者口头起诉，均能起到中断诉讼时效的结果。按照《民法通则》的规定，原告人撤回起诉或者起诉被裁定驳回的，诉讼时效同样会中断。不光是起诉，根据《诉讼时效规定》第十三条、十四条、十五条的规定，申请仲裁，申请支付令，为主张权利而申请宣告义务人失踪或死亡，申请诉前财产保全，申请诉前临时禁令，申请追加当事人或者被通知参加诉讼，向人民调解委员会请求调解，向依法有权解决相关民事纠纷的国家机关、事业单位、社会团体等社会组织提出保护相应民事权利的请求，向公安机关、人民检察院、人民法院报案或控告等，都能起到中断诉讼时效的结果。

“当事人一方提出要求”，根据《诉讼时效规定》第十条的规定，有以下四种情况：①当事人一方直接向对方当事人送交主张权利文书，对方当事人在文书上签字、盖章或者虽未签字、盖章但能够以其他方式证明该文书到达对方当事人的。哪些人签收后才会发生法律效力呢？对方当事人为法人或者其他组织的，签收人可以是其法定代表人、主要负责人、负责收发信件的部门或者被授权主体；对方当事人为自然人的，签收人可以是自然人本人、同住的具有完全行为能力的亲属或者被授权主体。②当事人一方以发送信件或者数据电文方式主张权利，信件或者数据电文到达或者应当到达对方当事人的。③当事人一方为金融机构，依照法律规定或者当事人约定从对方当事人账户中扣收欠款本息的。④当事人一方下落不明，对方当事人在国家级或者下落不明的当事人一方住所地的省级有影响的媒体上刊登具有主张权利内容的公告的，但法律和司法解释另有特别规定的，适用其规定。因此再次提醒，您要有证据意识，要有主张诉讼时效中断的相应证据，比如到达对方的电子邮件、对方签收的通知书、对方承诺书、重新出具的欠条等。单单说“曾经打过很多电话”是难以证明您“主张过相应权利”的。

在连带责任的情况下，如果对某一连带债权人产生诉讼时效中断效力，对其他连带债权人也产生诉讼时效中断的效力。同理，对于连带债务人中的一人发生诉讼时效中断效力的事由，应当认定对其他连带债务人也发生诉讼时效中断的效力。

从《民法通则》第一百三十八条的规定来看，超过诉讼时效期间，当事人自愿履行的，不受诉讼时效限制。这是在当事人的意思自治的范围内，法律不会主动干涉。而且，根据《贯彻民法通则意见》第171的规定，“过了诉讼时效期间，义务人履行义务后，又以超过诉讼时效为由翻悔的，不予支持。”呵呵，这也是您反击的一个关键点。

如果对方要以“已过诉讼时效”为由来对抗您的诉讼请求，应当一开始就要提出来。如果对方在一审中没有提出，他就丧失了以此来对抗您的机会，在二审和再审时再提出诉讼时效问题，是不会得到支持的。这时即使真的过了诉讼时效，您不必再为此担心了。法官也不主动审查诉讼时效问题，但您不要“自摆乌龙”哈。

同样，在劳动仲裁等其他渠道解决纠纷时，如果对方以时效问题来对抗，您同样可以用“尚未开始起算”、“诉讼时效中断”、“诉讼时效中止”等招数来破解。

我们从《民事诉讼法》第二百一十五条了解到：“申请执行的期间为二年，此处的二年从法律文书规定履行期间的最后一日起计算，如果法律文书规定分期履行的，从规定的每次履行期间的最后一日起计算，如果法律文书未规定履行期间的，从法律文书生效之日起计算。申请执行时效的中止、中断，适用法律有关诉讼时效中止、中断的规定。”我为什么要对您说这些呢？对了，对方也可能以“已过执行期限”来对抗您的请求，您得找出时效起算、中止、中断的法定理由并出示相应的证据，让对方哑口无言。

充分利用诉讼时效制度，为维权选择最佳时机，这也是对被告“已过诉讼时效拒赔”的有效防守反击。

七、您可以选择先发制人

为了成为守法公民，我就应当骂不还口、打不还手吗?

不，不，不!“骂不还口、打不还手”，这既不符合法律规定，也不符合道德要求，一般人都会这样认为；我这人从不记仇，一般有仇当场我就报了，这也是一种态度；“人不犯我，我不犯人，人若犯我，我必犯人。”这是多数人的立场。《孙子兵法·计篇》中说：“夫未战而庙算胜者，得算多也，未战而庙算不胜者，得算少也。多算胜，少算不胜，而况于无算乎!”意思是说，拉开战斗序幕之前，就已“庙算”（古时战前君主在宗庙里举行仪式，商讨作战计划）周密，充分估量了有利条件和不利条件，开战之后就往往会取得胜利；拉开战斗序幕之前，“庙算”不够周密，很少分析有利条件和不利条件，开战之后就往往会失败，更何况开战之前未进行“庙算”呢?可见，将帅的智慧谋略在战争中是何等的重要。

人生不也一样吗?凡事不动脑筋先想一想，在没有充分分析有利条件和不利条件的情况下就莽撞行事，难免碰壁。看来，长在我们肩膀之上的球形物体，关键时刻得动一动。面对侵权行为，我们有两种选择，一种叫公力救济，一种叫私力救济。我前面所讲的维权方式都是公力救济，都是借助国家的司法、行政等力量来为自己讨回公道。除了公力救济外，其实我们自己也有很多私力救济的方式，下面简单说说最常见的两种私力救济：正当防卫和紧急避险。

1. 审慎地选择正当防卫

有一种法律制度叫“正当防卫”，在《刑法》和《侵权责任法》等法律中均有明确的规定。正当防卫是一种合法行为，因此一般不必对其造成的损害承担赔偿责任。

《刑法》第二十条　为了使国家、公共利益、本人或者他人的人身、财产和其他权利免受正在进行的不法侵害，而采取的制止不法侵害的行为，对不法侵害人造成损害的，属于正当防卫，不负刑事责任。

正当防卫明显超过必要限度造成重大损害的，应当负刑事责任，但是应当减轻或者免除处罚。

对正在进行行凶、杀人、抢劫、强奸、绑架以及其他严重危及人身安全的暴力犯罪，采取防卫行为，造成不法侵害人伤亡的，不属于防卫过当，不负刑事责任。

先说刑法中的正当防卫。简单地说，别人打您，您可以打他。但要注意，不能超过必要的限度，我认为，合法的正当防卫应该满足以下几个条件：①正在行凶作恶：不法侵害现实存在，不是假想的。②千钧一发：不法侵害正在进行，不是尚未发生或已经结束的侵害。③水来土掩：目的是防卫，不是有意挑逗或恶意伤害对方。④以其人之道，还治其人之身：针对不法侵害者本人进行，而不是针对他的亲属或其他人的人身或财产。⑤恰到好处：足以有效制止侵害行为的强度，没有明显超过必要的限度造成重大损害。

举些例子来说吧。如果吕布唆使其饲养的赤兔马来踢您，您可以针对其财产——赤兔马进行防卫，也可以针对吕布本人的人身进行防卫。如果白发魔女为谋取您的银两悄悄将手伸进您的口袋——她开始侵害您的财产了，您完全可以对其进行防卫，比如您可以脱下您的高跟鞋或取下她的伞——敲她。如果飞车党 007 将您的耳环夺走后，您奋不顾身飞身上马追出 5 公里，将 007 打翻在地，而将耳环取回来，这个也可以。

但是，要分清几种不属于正当防卫的情况。①假想防卫：您误认为潇洒倜傥的秦始皇嬴政会侵害您，但其实这种侵害是不存在的，如果您先下手为强对其实施所谓的防卫行为，这不是正当防卫，而可能是侵权甚至犯罪了。②防卫不适时：如事前防卫或事后防卫，比如，到您家行窃的鼓上蚤时迁已经被制服并求饶，您再对其拳脚相加，这就不是正当防卫了。③防卫挑拨：比如，您为了治一下对您不敬的蒋门神，故意挑起他来打您，然后您再实施所谓的防卫行为，采用“乾坤大挪移”废掉蒋门神的武功，这也不是正当防卫。④故意针对第三人进行防卫：比如，令狐冲卡住您的脖子，而您的剑锋所指却是其师父岳不群，对其实施所谓的防卫行为，这同样不是正当防卫。⑤互相斗殴：比如，曹操、刘备、孙权为了争夺一块肥肉，在赤壁前面互相向对方扔汽油瓶，实施所谓的防卫行为，这仍旧不是正当防卫。⑥如果您在前述“飞车抢夺耳环”的情形中，将 007 打翻取回自己的耳环后，您为了犒劳自己，顺便拿走 007 的武林秘籍《葵花宝典》，您取得 007 的《葵花宝典》的行为，就不是正当防卫，而是侵权了甚至犯罪了。⑦对不具紧迫性的违法犯罪行为，不能进行正当防卫，比如您认为舜犯重婚罪了，但对其讨两个老婆的行为，就不能采取所谓的正当防卫。⑧非法利益：地痞松下与流氓拉灯在澳门进行赌博，输红眼的拉灯抢走松下的赌资，松下使用“排山倒海”功将拉灯搞成“熊猫”的行为就不属于正当防卫，因为其赌资不属于合法利益。⑨防卫过当：比如柔弱的蒙娜丽莎用她纤纤细手抚摸了您红润的脸蛋，而您却抽出您的倚天剑屠龙刀飞身将其砍倒在地以致其奄奄一息，您这种防卫行为就明显超过了必要的限度了。

怎样才叫没有明显超过必要限度？如何来把握防卫的度呢？这个比较难。通常情况下，根据双方的手段、强度、人员多少与力量强弱、现场环境与形势来判断，还要看所保护的合法权益的性质与防卫后造成的损害后果大小。一句话，用普通百姓的眼光来衡量，只要不太过分。不过也有特例，根据《刑法》的规定，对正在进行行凶、杀人、抢劫、强奸、绑架以及其他严重危及人身安全的暴力犯罪，采取防卫行为，造成不法侵害人伤亡的，不属于防卫过当，不负刑事责任。这叫特别防卫权。简单点说，对严重暴力犯罪者，怎样都不为过！注意，这里保护的仅限于人身安全，不包括财产安全；而且须是针对严重的暴力犯罪，也就是针对轻微的暴力犯罪是不能将凶手“弄死”的。

一般的，民事法律中正当防卫与刑事法律中的没有太多的区别。针对侵害民事权益的行为，如果还有其他方式可以制止或救济，就得采取其他的方法，从这一点来看，民事法律中的要求比刑事法律的要求更严格。比如，悟空正在向大气排放恶臭气体，您不能以避免空气继续受到污染为由而拿个炸药包将其炸飞，因为您还可以采取其他方法来制止悟空的排污行为或避免遭受更大损失。

《侵权责任法》第三十条　因正当防卫造成损害的，不承担责任。正当防卫超过必要的限度，造成不应有的损害的，正当防卫人应当承担适当的责任。

回到现实生活中来。正当防卫也是有风险的，这是您的权利，但不一定是最佳选择。如果您确信您能战胜对手，您就正当防卫；如果您审时度势后，对自己的力量没有把握，我建议您还是不要以卵击石，要以保存有生力量为目的，采取策略，先避开危险再说。

2. 紧急避险

夫妻间开玩笑时常说："我为了一颗星而放弃整个夜空，为了一棵树而放弃整片森林。"生活中我们时常面临选择。选择，就意味着放弃。两利相权取其重，两害相权取其轻。危急关头，我们更是得迅速做出正确的判断和选择。紧急避险，就是这样一种在危急关头的选择，是在不得已的情况下，以牺牲较小的利益，来保全较大的利益。这是一种合法的私力救济，因此一般也不承担赔偿责任。

《刑法》第二十一条　为了使国家、公共利益、本人或者他人的人身、财产和其他权利免受正在发生的危险，不得已采取的紧急避险行为，造成损害的，不负刑事责任。

紧急避险超过必要限度造成不应有的损害的，应当负刑事责任，但是应当减轻或者免除处罚。

第一款中关于避免本人危险的规定，不适用于职务上、业务上负有特定责任的人。

《侵权责任法》第三十一条　因紧急避险造成损害的，由引起险情发生的人承担责任。如果危险是由自然原因引起的，紧急避险人不承担责任或者给予适当补偿。紧急避险采取措施不当或者超过必要的限度，造成不应有的损害的，紧急避险人应当承担适当的责任。

紧急避险，是不得已而为之，是在没有其他更好的选择的情况下而牺牲别人的合法利益，这种利益可能是人身的也可能是财产的。我认为，紧急避险的条件有以下几个方面：①迫在眉睫：合法权益面临现实危险或危险正在发生；②迫不得已：为保全更大的利益损害另一较小的合法权益，可以针对第三人进行避险；③有意而为之：行为时具有紧急避险意识；④舍小保大：没有超过必要限度造成不应有的损害。

比如，您在西双版纳热带丛林中遭遇野象袭击，您为了躲避险情保全自己的性命而冲入布什家中，并在破门而入时不小心将其母亲的小手指撞伤，还踩死了一只宠物小鸡。虽然布什母亲的人身权和财产权受到损害，但相对您遭到野象威胁的生命权来说，您的权益更应当得到保护，毋庸置疑，您的这种行为是合法的。但是，布什家对您有救命之恩，您作为受益人应该感恩，或者给予适当补偿。即便受益人不是避险人本人，比如您怀抱邻居家的两岁小孩冲进布什家躲避突发的山洪时，伤及布什母亲的小手指，邻居家的孩子作为受益人，其家长也应对布什的母亲表示感谢，或给予适当补偿。

值得注意的是：紧急避险行为所引起的损害应当小于所避免发生的损害。这涉及价值判断。用什么标准来衡量利益的大小？一般来说，每个人的人身权是平等的，人身权利中的生命权大于其他人身权；人身权利大于财产权利，不允许牺牲他人生命来保护财产；财产权之间以价值来衡量大小，不允许损害他人重大财产利益来保护自己的较少财产利益。可见，“人为财死”是欠妥的。

如果您故意引起危险后以紧急避险为借口侵犯他人合法权益，这不是紧急避险，这可能是侵权，甚至可能涉嫌犯罪，这个玩笑就开大了。

在抗击 SARS（传染性非典型肺炎）的过程中，医务人员不能要求“紧急避险”，因为这是医务人员职责所在！在 2003 年抗击 SARS 的这场战争中，国人对医务人员的表现都竖起了大拇指。同样，警察面对恐怖袭击时，也不能对人民说“我要紧急避险”。因为，打击犯罪，这是警察应该做的。

最后，给大家讲几个小故事吧。

在一本名叫《乱来》的书中，作者毛尖讲了一个故事，大致意思是这样的：一个老大爷到菜市场去买西红柿。商贩称量后说：“3元5角钱。”大爷说：“我只是煮汤，用不了这么多。”商贩将两个最大的西红柿拿了出来，又装模作样地称了一下说：“3元。”大爷一言不发，将商贩拿出来的那两个又大又红的西红柿放进自己的袋子里，给了5角钱悠然而去。生活中确实存在缺斤少两的“乱来”情况，老大爷以自己的智慧巧妙地对付了这种现象，并且让对方哑口无言。既维护了权益，又避免了产生新的矛盾。

如果遇到神偷“燕子李三”入室盗窃的情况，您会作何种反应？有这样一个睿智的老者：一次，年轻的小偷入室行窃，发现了一个老者，老者立即将食指放在嘴边发出一声“嘘——”，并小声地对小偷说：“别出声，我也是干这行的，我们合作，利润平分。”遂两人合作，老人从柜中翻出贵重物品和现金。“瓜分”战利品时，老人说：“我年纪大了，没办法才干这个，这些东西你全部拿去，今后也别干了，拿这些钱去干点正经事。”后来，小偷改邪归正，真的发达了。他来感谢当时被偷的主人时，发现了屋里的遗像特别眼熟。原来，与他合作偷盗的人竟然是这家的主人。这位老者，没有用正当防卫的方式维权，而是用一种更巧妙的方式，他不光救了自己，还救了他人。

还有人给我讲过一个外国盲人老太太的故事：匪徒入室抢劫时，盲人老太太正在用棒针织毛衣，劫匪要挟老太太，老太太浑身哆嗦，手上的棒针在纸上“嗒嗒嗒”地抖动，并顺从地交出了财物。后来，警察在纸上发现了老太太用棒针敲击出的盲文，上面记录了劫匪口音等诸多有效信息。被抓获的劫匪绝未想到会栽在一个手无寸铁的盲人老太太手中。

化解危险的方法很多，关键看您是不是有心人。除了以上讲的方式，您还可以呼救、求助、求饶，等等。韩信是众所周知的历史名人，当初他面对强势的地痞，如果他选择所谓的尊严而不要生命的话，历史上就不可能有大名鼎鼎的韩信。子曰：“暴虎冯河，死而无悔者，吾不与也。必也临事而惧。好谋而成者也。”孔子说的意思是：赤手空拳和老虎搏斗，徒步涉水过河，死了都不会后悔的人，我是不会和他在一起共事的。我要找的，一定要是遇事小心谨慎、善于谋划而能完成任务的人。孔子是对的，面对危险，要斗智、斗勇，要智勇双全的人才会获胜。要用勇气和智慧化解风险，不要让危险降临。这也是本书反复强调的一个理念——化解风险，比维权更重要！

结束语：爱与哀愁

要说再见了，但我还想就化解风险再向您唠叨几句，还想说说感谢的话。

您不要觉得法律高深莫测，法律是拿来用的，且是被普天之下的老百姓所用的。但法律是一门社会科学，其中有很多无法回避的名词术语，还存在大量深厚的理论问题，自然也就增加了人们对其认识和理解的难度。

上初中时，曾学过一篇名叫《为学》的课文，一开篇就说："天下事有难易乎？为之，则难者亦易矣；不为，则易者亦难矣。"意思是说："天下的事情有困难和容易的区别吗？只要肯做，那么困难的事情也变得容易了；如果不做，那么容易的事情也变得困难了。"我们要坚信：办法总比困难多。另外，在成年人的世界里，就没有"容易"这两个字！事在人为，不要有畏难情绪。

法官乃会说话的法律，法律乃沉默的法官。打个比方来说，您玩过拼图游戏吧，法律制度就是拼图游戏中的那份样本，生活中的事件（包括具体的案件）就像您手中的拼图模块，您的任务就是将它拼得与样本一样或者大体一致，律师的任务就是帮您拼图，法官的任务就是看您拼图，当然他心里也在拼图。这样看法律，不就简单了吗？冷开水泡茶——慢慢来！

一、风险多，思化解

未成年的儿子问我："为什么要写《假如我死了》，听起来让人觉得很悲伤。"我说："世事难料啊！我是在为我的亲朋好友备课，我把我思考过的别人可能疏于思考的一些严肃的问题写出来，提醒大家也要思考。”

我知道，您难以割舍杯中佳酿、惦记着打不完的牌、足球和彩票魅力无穷……生活这般精彩，活着的时候开心点，因为我们要死很久！您想要的究竟是什么？这是您首先要弄清楚的。如果您不清楚您想要什么，您就永远也不会找到它。您必须听听您内心的声音，寻找真正能够使您获得快乐的东西，那才是您想要的。我不是让您放弃生活中的乐趣，而是让您在降低风险的前提下，尽情地享受生活。

生活中的风险太多了。对于风险，不同的人有不同的态度：一些人是明知山有虎，偏向虎山行，他们中的一部分人化险为夷成了英雄，比如武松；另一部分人却成了虎口大餐，他们是名不见经传的芸芸众生。有一些人知道山有虎，但结伴而行，很会趋利避害；还有一些人是不知山有虎，而向虎山行，结果葬身虎口，比如李逵的母亲。面对风险，您的态度是……

家庭和谐，社会才和谐。但是，您是否思考过：我们将家引向何方？是维护还是破坏？是将家庭引向富裕、民主、安乐、和谐的港湾，还是引向矛盾重重、破产、解体的深渊？不光要考虑您的言行对自己个人产生的影响，还要将其放在家庭中、放在社会上来考量，这样才是一个负责任的人。生病了家人要照顾，受伤了家人要维权……我们的有些行为可能会将家庭拖入泥潭。

主观意识决定人的行动。我的目的是想通过影响您的主观意识从而引导您正确行动。

“安全来自长期警惕，事故源于瞬间麻痹。”要具有良好的自我保护意识、方法和能力，采取各种方法保证自己的人身、财产和名誉安全，防患于未然，尽力避免自己的权益受到侵害。做好食品和饮用水安全，防止“祸从口入”；做到安全用水、用电、行走、驾驶，防溺水、触电，在公路、可能高空坠物和有陷阱等地方，要防止受伤和伤人；避免受到光、水、空气、噪音、微生物等环境污染的损害；在室内和户外活动要在有足够的物质条件、安全保证的前提下进行，不做危险游戏。

要防止孩子们在学校受到伤害。学校及周边的危险地带和情形有：①僻静处、厕所；②门窗附近；③桌角、墙棱等处；④拐角处；⑤阳台上、走廊上；⑥楼梯上；⑦校园周边（防止不良青年的干扰和侵害）；⑧上学、放学路上（预防交通事故等）；⑨劳动现场、体育运动场（减少运动和劳动损伤）；⑩与人嬉戏、争斗时（防止伤人和受伤）。远离狗、猫、鸡、蛇、蜂、蚁等可能伤人或传染疾病的动物，避免受到有毒害植物以及霉菌、病毒等微生物的伤害。

要树立名誉权、生命健康权大于财产权的意识。您和孩子们，要不断提升自己做人的品位，维护做人的尊严；良好的社会信用和声誉来自长期积累，任何时候都不要有损害自身良好形象的言行；正确面对来自家长、老师、领导、同学、同事、朋友和社会对自己的评价，保护自己的名誉不受侵害；不打探和偷窥他人的秘密和隐私，保守好自己的秘密和隐私。

要保管并使用好自己的财物，做到不损坏、不遗失、不被骗、不被敲诈。

“生于忧患，死于安乐。”要谋于未发，在安定的时候制定相关的应急预案，做好应对突发事件的思想、行为、人员和物质准备，保持清醒的头脑，关注异常情况，建立预警机制；学会在疾病、火灾、暴雨、地震、泥石流、车祸、拐卖、恐怖袭击以及痛失亲人等各种突发事件中自助和自救，也要学会有效地救助和求救。勇敢和智慧是应对突发事件的上策，轻率、粗暴和应激失当是没有修养、没有智慧、没有能力的表现。要像“砸缸的司马光”一样机智勇敢，沉着、灵活地应对生命、生活、感情、工作中出现的危机；危急关头，要克服恐慌情绪，勇敢面对，第一时间在事发现场采取恰当的处理方式，缓解危机；要善于调动一切可以调动的力量，有效地控制危机；危机过后要合理回应亲友的心理需求，并及时恢复与重建。

很多时候，看起来最近的路，其实是最远的路；看起来最远的路，其实是最近的路。降低风险和据理维权之间的关系就是这样的。平时不注意消除那1%的风险，就只能在危机到来时去面对100%的风险。子曰：诗三百，一言以蔽之，思无邪！我也套用孔子的这句话：风险多，一言以蔽之，思化解！我想让大家学会趋利避害，我希望关心和帮助过我的人——包括您——好好活着，不论我是活着还是死了。

二、段开宏的感恩行动

曾于1979年获得诺贝尔和平奖的德兰修女，在受到戴安娜王妃盛赞后微微一笑说："我不是一个伟大的人，只是在用伟大的爱来做生活中每一件小事，就像路边一朵小小的野花，用微弱的芬芳让不幸的人心旷神怡；我所做的，好比汪洋中的一滴水，但若欠缺了那一滴水，这汪洋总是少了一滴水。"

写作本书的过程中，我经常扪心自问：这本书对社会到底能起到怎样的作用？这个疑问，让我屡次放下笔，进退不定。然而，我不愿放弃我的理想——用文字建一座法律亲近寻常百姓的桥，是这个理想激励着我，让我一次又一次地坚定信心，重新提笔，并最终坚持下来了。这本书，就是开宏种下的一朵小花，我希望它能通过学校走向学生，通过社区走进家庭，希望每一位亲爱的读者都能分享到它的馨香。

作为一名后来者，我十分感谢中国革命和建设的前辈，慷慨地为我献出坚实的肩膀，让我站得更高、看得更远——我虔诚地向为法治建设作出杰出贡献的前辈们鞠躬致敬；我十分荣幸地接过前辈的火炬并融入其行列中，成为法治建设大道上一颗光荣的小石子——我自豪并真诚地说："我愿意！"谋事在人，事在人为，实事求是。我一直是这样想，也这样行动。起初，我只是想写千字小文，没有想到，竟然写成了一本书。这本书一共讲述了129个专题，涉及了一百多件现行法律文件，凝聚了众多勇者、能者的集体智慧。我也坦诚地对您说，本书中除了引用大量的法律条文外，还有少量信息来自互联网，无法查清作者是谁，开宏在此向各位大侠打拱致谢了。现在，我恭恭敬敬地把这本书作为向中国共产党九十岁华诞的献礼，在景洪市人民法院的五十五岁生日之际，我也小心翼翼地捧上这份薄礼！

写作的过程像是十月怀胎，艰辛而又满怀憧憬。我一边听音乐，一边敲键盘，长时间注视电脑，有时眼睛实在睁不开了，便到广场上溜达溜达。要么耀眼的阳光让我热汗淋漓，要么闪烁的群星向我传着秋波，我凝神远方悠闲的白云和婆娑的橡胶树，幻想着我的这个“孩子”能够给人以希望、给人以帮助……妻子十分爱我，每晚必从遥远的地方打来催促早点睡觉的电话，但正在“怀孕”的我，经常口是心非、言行不一。

我的可敬且可爱的家人，给了我大力支持，否则我写不出这本书。更应该感谢坦荡又精诚、友善且宽厚的我的领导、同事和朋友帮我审稿，这让我的观点更正确、文理更顺畅。其间，云南省景洪市人民法院的资深法官范文忠、李格、谢文生、刘文云、王燕以及云南省西双版纳傣族自治州中级人民法院博学的李德智法官，在完成异常繁重的工作后，抽出宝贵的精力对本书中诸多的法律问题提出了中肯的意见；景洪市民政局的刘艳女士、景洪市卫生局的杨军先生、景洪市司法局的陈海尖女士和西双版纳傣族自治州司法局的尹冬女士，在一些专业问题上与我进行了有益的探讨；书稿的最初读者四川省中江县的教师陈元华女士、肖开云先生和云南省景洪市的老板刘道文先生、邓元芳女士及退休教师冷勖忠先生建议我适当减少一些法律条文并增强一些书的趣味性；写作中，我还得到了西双版纳傣族自治州人大常委会主任杨建明先生的指点和帮助。

本书能得以顺利出版，其间也浸透了中国农业出版社领导的关爱，而责任编辑周珊的心血也在本书的字里行间得以体现。周编辑具有强烈的责任感和崇高的敬业精神，她用高超的沟通技巧耐心地点化木讷的开宏，还建议我时刻站在读者的角度进行写作，并对冗长的书稿进行瘦身，于是全书从原来的 32 万字变成现在的 27 万字，从时间和金钱两方面节省了您的阅读成本。

我爱您！这是绿叶对根的情义。其实，人们还需要很多座桥，各种规格和各种样式的桥，这只是开宏的感恩行动之一。铁杵能磨成针，但木杵只能磨成牙签，我已经努力了。因此，如果您觉得这本书很粗糙，那是因为制作开宏的材料不对，同时开宏制作本书的材料也不对，开宏会对本书存在的问题承担责任。

“雨林景洪，柔情傣乡”——我真诚地为您递上这张名片。

澜沧江蜿蜒于莽莽苍苍的原始森林，展示着它的雄奇和壮美，又流过一望无际的千年古茶园，其婀娜与秀丽让人一览无遗。或在郁郁葱葱的竹林边，或在冬暖夏凉的傣楼上，品味着浓酽的陈年普洱香茶，欣赏着欢快的少数民族歌舞……这世外桃源之意境一定会让您心旷神怡、流连忘返。

在这片神奇美丽的热土上，我以景洪人的名义，诚挚地向您发出邀请：西双版纳欢迎您！

在这分别时，让我们约定：西双版纳，不见不散！

段开宏

二〇一一年一月于西双版纳

附录　本书涉及的法律文件索引

序号	法律文件名称	本书简称	发布机关	颁布时间	施行起始时间	最近修改时间	效力等级
一、程序法类							
1	中华人民共和国人民调解法	人民调解法	全国人大常委会	2010年8月28日	2011年1月1日		法律
2	中华人民共和国仲裁法	仲裁法	全国人大常委会	1994年8月31日	1995年9月1日	2009年8月27日	法律
3	中华人民共和国劳动争议调解仲裁法	劳动争议调解仲裁法	全国人大常委会	2007年12月29日	2008年5月1日		法律
4	中华人民共和国民事诉讼法	民事诉讼法	全国人大	1991年4月9日	1991年4月9日	2007年10月28日	法律
5	中华人民共和国行政复议法	行政复议法	全国人大常委会	1999年4月29日	1999年10月1日	2009年8月27日	法律
6	中华人民共和国行政诉讼法	行政诉讼法	全国人大	1989年4月4日	1990年10月1日		法律
7	中华人民共和国刑事诉讼法	刑事诉讼法	全国人大	1979年7月1日	1979年7月1日	1996年3月17日	法律
8	中华人民共和国国家赔偿法	国家赔偿法	全国人大常委会	1994年5月12日	1995年1月1日	2010年4月29日	法律

（续）

序号	法律文件名称	本书简称	发布机关	颁布时间	施行起始时间	最近修改时间	效力等级
9	信访条例		国务院	2005年1月10日	2005年5月1日		行政法规
10	法律援助条例		国务院	2003年7月21日	2003年9月1日		行政法规
11	诉讼费交纳办法		国务院	2006年12月19日	2007年4月1日		行政法规
12	关于适用《中华人民共和国民事诉讼法》若干问题的意见	适用民事诉讼法的意见	最高人民法院	1992年7月14日	1992年7月15日	2008年12月18日	司法解释
13	关于民事诉讼证据的若干规定	民事诉讼证据规定	最高人民法院	2001年12月21日	2002年4月1日		司法解释
14	关于适用简易程序审理民事案件的若干规定	简易程序规定	最高人民法院	2003年9月10日	2003年12月1日		司法解释
15	关于人民法院执行工作若干问题的规定（试行）	执行规定	最高人民法院	1998年7月8日	1998年7月18日		司法解释
16	关于严格执行案件审理期限制度的若干规定	最高院审限规定	最高人民法院	2000年9月22日	2000年9月28日		司法解释
17	关于执行《中华人民共和国行政诉讼法》若干问题的解释	行政诉讼解释	最高人民法院	2000年3月8日	2000年3月10日		司法解释

（续）

序号	法律文件名称	本书简称	发布机关	颁布时间	施行起始时间	最近修改时间	效力等级
18	关于行政诉讼证据若干问题的规定	行政诉讼证据规定	最高人民法院	2002年7月24日	2002年10月1日		司法解释
19	关于审理行政赔偿案件若干问题的规定	行政赔偿规定	最高人民法院	1997年4月29日	1997年4月29日		司法解释
20	关于执行《中华人民共和国刑事诉讼法》若干问题的解释	刑诉解释	最高人民法院	1998年9月2日	1998年9月8日		司法解释
21	关于刑事附带民事诉讼范围问题的规定		最高人民法院	2000年12月13日	2000年12月19日		司法解释
22	关于对经济确有困难的当事人提供司法救助的规定		最高人民法院	2000年7月12日	2000年7月12日	2005年4月5日	司法解释
23	关于人民法院赔偿委员会审理国家赔偿案件程序的规定	审理国家赔偿案件程序的规定	最高人民法院	2011年3月17日	2011年3月22日		司法解释

（续）

序号	法律文件名称	本书简称	发布机关	颁布时间	施行起始时间	最近修改时间	效力等级
			二、道路交通损害类				
24	中华人民共和国侵权责任法	侵权责任法	全国人大常委会	2009年12月26日	2010年7月1日		法律
25	中华人民共和国道路交通安全法	道路交通安全法	全国人大常委会	2003年10月28日	2004年5月1日	2011年4月22日	法律
26	中华人民共和国公路法	公路法	全国人大常委会	1997年7月3日	1988年1月1日	2009年8月27日	法律
27	中华人民共和国道路交通安全法实施条例	道路交通法实施条例	国务院	2004年4月30日	2004年5月1日		行政法规
28	机动车交通事故责任强制保险条例	交强险条例	国务院	2006年3月21日	2006年7月1日		行政法规
29	道路交通事故处理程序规定		公安部	2008年8月17日	2009年1月1日		行政规章
30	关于调整交强险责任限额的公告		中国保险监督管理委员会	2008年1月11日	2008年2月1日		
31	关于审理人身损害赔偿案件适用法律若干问题的解释	人身损害赔偿解释	最高人民法院	2003年12月26日	2004年5月1日		司法解释
32	关于审理触电人身损害赔偿案件若干问题的解释	触电人身损害赔偿解释	最高人民法院	2001年1月10日	2001年1月21日		司法解释

（续）

序号	法律文件名称	本书简称	发布机关	颁布时间	施行起始时间	最近修改时间	效力等级
33	最高人民法院关于确定民事侵权精神损害赔偿责任若干问题的解释	精神损害赔偿解释	最高人民法院	2001年3月8日	2001年3月10日		司法解释
34	关于适用《中华人民共和国侵权责任法》若干问题的通知		最高人民法院	2010年6月30日	2010年7月1日		司法解释
35	关于审理交通肇事刑事案件具体应用法律若干问题的解释		最高人民法院	2000年11月15日	2000年11月21日		司法解释

三、医疗损害类

序号	法律文件名称	本书简称	发布机关	颁布时间	施行起始时间	最近修改时间	效力等级
36	中华人民共和国药品管理法	药品管理法	全国人大常委会	1984年9月20日	2001年12月1日	2001年2月28日	法律
37	中华人民共和国传染病防治法	传染病防治法	全国人大常委会	1989年2月21日	2004年12月1日	2004年8月28日	法律
38	中华人民共和国执业医师法	执业医师法	全国人大常委会	1998年6月26日	1999年5月1日	2009年8月27日	法律

（续）

序号	法律文件名称	本书简称	发布机关	颁布时间	施行起始时间	最近修改时间	效力等级
39	护士条例		国务院	2008年1月31日	2008年5月12日		行政法规
40	医疗事故处理条例		国务院	2002年4月4日	2002年9月1日		行政法规
41	医疗机构管理条例		国务院	1994年2月26日	1994年9月1日		行政法规
42	医疗机构管理条例实施细则		卫生部	1994年8月29日	1994年9月1日		行政规章
43	病历书写基本规范		卫生部	2010年1月22日	2010年3月1日		行政规章
	四、婚姻、继承、未成年人保护类						
44	中华人民共和国婚姻法	婚姻法	全国人大	1980年9月10日	1981年1月1日	2001年4月28日	法律
45	中华人民共和国继承法	继承法	全国人大	1985年4月10日	1985年10月1日		法律
46	中华人民共和国未成年人保护法	未成年人保护法	全国人大常委会	1991年9月4日	2007年6月1日	2006年12月29日	法律
47	中华人民共和国妇女权益保障法	妇女权益保障法	全国人大常委会	1992年4月3日	1992年10月1日	2005年8月28日	法律
48	学生伤害事故处理办法		教育部	2002年6月25日	2002年9月1日		行政规章

（续）

序号	法律文件名称	本书简称	发布机关	颁布时间	施行起始时间	最近修改时间	效力等级
49	关于贯彻执行〈中华人民共和国继承法〉若干问题的意见	继承意见	最高人民法院	1985年9月11日	1985年9月11日		司法解释
50	关于适用〈中华人民共和国婚姻法〉若干问题的解释(一)	婚姻法解释(一)	最高人民法院	2001年12月25日	2001年12月27日		司法解释
51	关于适用〈中华人民共和国婚姻法〉若干问题的解释(二)	婚姻法解释(二)	最高人民法院	2003年12月25日	2004年4月1日		司法解释
	五、产品责任类						
52	中华人民共和国消费者权益保护法	消费者法	全国人大常委会	1993年10月31日	1994年1月1日		法律
53	中华人民共和国产品质量法	产品质量法	全国人大常委会	1993年2月22日	1993年9月1日	2000年7月8日	法律
54	中华人民共和国农产品质量安全法	农产品质量安全法	全国人大常委会	2006年4月29日	2006年11月1日		法律
55	中华人民共和国食品安全法	食品安全法	全国人大常委会	2009年2月28日	2009年6月1日		法律
	六、劳动人事类						
56	中华人民共和国劳动法	劳动法	全国人大常委会	1994年7月5日	1995年1月1日	2009年8月27日	法律

（续）

序号	法律文件名称	本书简称	发布机关	颁布时间	施行起始时间	最近修改时间	效力等级
57	中华人民共和国劳动合同法	劳动合同法	全国人大常委会	2007年6月29日	2008年1月1日		法律
58	中华人民共和国职业病防治法	职业病防治法	全国人大常委会	2001年10月27日	2002年5月1日		法律
59	中华人民共和国安全生产法	安全生产法	全国人大常委会	2002年6月29日	2002年11月1日	2009年8月27日	法律
60	中华人民共和国公务员法	公务员法	全国人大常委会	2005年4月27日	2006年1月1日		法律
61	中华人民共和国人民警察法		全国人大常委会	1995年2月28日	1995年2月28日		法律
62	中华人民共和国社会保险法	社会保险法	全国人大常委会	2010年10月28日	2011年7月1日		法律
63	工伤保险条例	工伤保险条例	国务院	2003年4月27日	2004年1月1日	2010年12月20日	行政法规
64	革命烈士褒扬条例	烈士条例	国务院	1980年6月4日	1980年6月4日		行政法规
65	军人抚恤优待条例	优待条例	国务院、中央军委	2004年8月1日	2004年10月1日		行政法规
66	中华人民共和国劳动合同法实施条例	劳动合同条例	国务院	2008年9月18日	2008年9月18日		行政法规
67	中国人民解放军文职人员条例		国务院、中央军委	2005年6月23日	2005年8月1日		行政法规

（续）

序号	法律文件名称	本书简称	发布机关	颁布时间	施行起始时间	最近修改时间	效力等级
68	人事争议处理规定		中共中央组织部、人事部、总政治部	2007年8月9日	2007年10月1日		行政规章
69	劳动部关于贯彻执行《中华人民共和国劳动法》若干问题的意见	劳动部意见	劳动部	1995年8月4日	1995年8月4日		行政规章
70	工伤认定办法		劳动和社会保障部	2003年9月23日	2004年1月1日		行政规章
71	非法用工单位伤亡人员一次性赔偿办法	非法用工赔偿办法	劳动和社会保障部	2003年9月23日	2004年1月1日		行政规章
72	关于国家机关工作人员、人民警察伤亡抚恤有关问题的通知	民政部抚恤通知	民政部	2004年12月24日	2004年12月24日		
73	伤残抚恤管理办法		民政部	2007年7月31日	2007年8月1日		行政规章
74	关于事业单位工作人员和离退休人员死亡一次性抚恤金发放办法的通知		人力资源和社会保障部、民政部、财政部	2008年6月18日	2008年6月18日		

（续）

序号	法律文件名称	本书简称	发布机关	颁布时间	施行起始时间	最近修改时间	效力等级
75	关于印发国家统计局〈关于对职工日平均工资计算问题的复函〉的通知		最高人民法院	1996 年 2 月 13 日	1996年2月13日		司法解释
76	关于审理劳动争议案件适用法律若干问题的解释	劳动争议解释	最高人民法院	2001 年 4 月 16 日	2001年4月30日		司法解释
77	最高人民法院关于审理劳动争议案件适用法律若干问题的解释（二）	劳动争议解释（二）	最高人民法院	2006 年 8 月 14 日	2006年10月1日		司法解释
78	最高人民法院关于审理劳动争议案件适用法律若干问题的解释（三）	劳动争议解释（三）	最高人民法院	2010 年 9 月 13 日	2010年9月14日		司法解释

七、综合类

序号	法律文件名称	本书简称	发布机关	颁布时间	施行起始时间	最近修改时间	效力等级
79	中华人民共和国宪法	宪法	全国人大	1982 年 12 月 4 日	1982年12月4日	2004年3月14日	宪法
80	中华人民共和国立法法	立法法	全国人大	2000 年 3 月 15 日	2000年7月1日		法律
81	中华人民共和国民法通则	民法通则	全国人大	1986 年 4 月 12 日	1987年7月1日	2009年8月27日	法律

（续）

序号	法律文件名称	本书简称	发布机关	颁布时间	施行起始时间	最近修改时间	效力等级
82	中华人民共和国物权法	物权法	全国人大	2007年3月16日	2007年10月1日		法律
83	中华人民共和国合同法	合同法	全国人大	1999年3月15日	1999年10月1日		法律
84	中华人民共和国合伙企业法	合伙企业法	全国人大常委会	1997年2月23日	2007年6月1日	2006年8月27日	法律
85	中华人民共和国公司法	公司法	全国人大常委会	1993年12月29日	2006年1月1日	2005年10月27日	法律
86	中华人民共和国行政处罚法	行政处罚法	全国人大	1996年3月17日	1996年10月1日	2009年8月27日	法律
87	中华人民共和国治安管理处罚法	治安管理处罚法	全国人大常委会	2005年8月28日	2006年3月1日		法律
88	中华人民共和国刑法	刑法	全国人大	1997年3月14日	1997年10月1日	2009年8月27日	法律
89	中华人民共和国铁路法	铁路法	全国人大常委会	1990年9月7日	1991年5月1日	2009年8月27日	法律
90	中华人民共和国海商法	海商法	全国人大常委会	1992年11月7日	1993年7月1日		法律
91	中华人民共和国民用航空法	民用航空法	全国人大常委会	1995年10月30日	1996年3月1日	2009年8月27日	法律
92	中华人民共和国电力法	电力法	全国人大常委会	1995年12月28日	1996年4月1日	2009年8月27日	法律

（续）

序号	法律文件名称	本书简称	发布机关	颁布时间	施行起始时间	最近修改时间	效力等级
93	中华人民共和国广告法	广告法	全国人大常委会	1994年10月27日	1995年2月1日		法律
94	中华人民共和国邮政法	邮政法	全国人大常委会	1986年12月2日	2009年10月1日	2009年4月24日	法律
95	中华人民共和国森林法	森林法	全国人大常委会	1984年9月23日	1985年1月1日	2009年8月27日	法律
96	中华人民共和国环境保护法	环境保护法	全国人大常委会	1989年12月26日	1989年12月26日		法律
97	中华人民共和国大气污染防治法	大气污染防治法	全国人大常委会	2000年4月29日	2000年9月1日		法律
98	中华人民共和国水污染防治法	水污染防治法	全国人大常委会	1984年5月11日	2008年6月1日	2008年2月28日	法律
99	中华人民共和国海洋环境保护法	海洋环境保护法	全国人大常委会	1982年8月23日	2000年4月1日	1999年12月25日	法律
100	中华人民共和国企业破产法	企业破产法	全国人大常委会	2006年8月27日	2007年6月1日		法律
101	关于贯彻执行《中华人民共和国民法通则》若干问题的意见（试行）	贯彻民法通则意见	最高人民法院	1988年1月26日	1988年4月2日	2008年12月18日	司法解释
102	关于审理民事案件适用诉讼时效制度若干问题的规定	诉讼时效规定	最高人民法院	2008年8月21日	2008年9月1日		司法解释

（续）

序号	法律文件名称	本书简称	发布机关	颁布时间	施行起始时间	最近修改时间	效力等级
103	关于适用《中华人民共和国合同法》若干问题的解释(一)		最高人民法院	1999年12月19日	1999年12月29日		司法解释
104	关于审理名誉权案件若干问题的解释	名誉权解释	最高人民法院	1998年8月31日	1998年9月15日		司法解释
105	关于审理名誉权案件若干问题的解答	名誉权解答	最高人民法院	1993年8月7日	1993年8月7日		司法解释
106	关于人民法院审理借贷案件的若干意见		最高人民法院	1991年8月13日	1991年8月13日		司法解释
107	关于审理商品房买卖合同纠纷案件适用法律若干问题的解释		最高人民法院	2003年4月28日	2003年6月1日		司法解释

（续）

序号	法律文件名称	本书简称	发布机关	颁布时间	施行起始时间	最近修改时间	效力等级
108	关于审理旅游纠纷案件适用法律若干问题的规定	旅游纠纷规定	最高人民法院	2010年10月26日	2010年11月1日		司法解释

爱心提醒：

1. 部分法律文件以修订后的法律文件中规定的施行时间为“施行起始时间”；

2. 部分法律文件的“最后修订时间”，按照2009年8月27日《全国人民代表大会常务委员会关于修改部分法律的决定》和2008年12月18日《最高人民法院关于废止2007年底以前发布的有关司法解释（第七批）的决定》予以确定；

3. 本书中引用的法律条文可能存在谬误，相应的法律规定，请以权威机关发布的法律文件的文本为准。